U0574667

权威·前沿·原创

皮书系列为
"十二五""十三五"国家重点图书出版规划项目

北京城乡蓝皮书

BLUE BOOK OF
DESAKOTA IN BEIJING

北京城乡融合发展报告
（2018）

BEIJING URBAN-RURAL INTEGRATION
DEVELOPMENT REPORT (2018)

北京市农村经济研究中心
北京市哲学社会科学北京学研究基地
主　编／吴宝新　张宝秀　黄　序
副主编／张英洪　张景秋　孟　斌

社会科学文献出版社
SOCIAL SCIENCES ACADEMIC PRESS（CHINA）

图书在版编目（CIP）数据

北京城乡融合发展报告.2018／吴宝新，张宝秀，
黄序主编. -- 北京：社会科学文献出版社，2018.6
（北京城乡蓝皮书）
ISBN 978 - 7 - 5201 - 2844 - 5

Ⅰ.①北… Ⅱ.①吴… ②张… ③黄… Ⅲ.①城乡建
设 -经济发展 -研究报告 -北京 -2018 Ⅳ.
①F299.271

中国版本图书馆 CIP 数据核字（2018）第 118997 号

北京城乡蓝皮书
北京城乡融合发展报告（2018）

主　　编／吴宝新　张宝秀　黄　序
副 主 编／张英洪　张景秋　孟　斌

出 版 人／谢寿光
项目统筹／王玉山
责任编辑／王玉山

出　　版／社会科学文献出版社·经济与管理分社（010）59367226
　　　　　地址：北京市北三环中路甲29号院华龙大厦　邮编：100029
　　　　　网址：www.ssap.com.cn
发　　行／市场营销中心（010）59367081　59367018
印　　装／三河市龙林印务有限公司

规　　格／开　本：787mm×1092mm　1/16
　　　　　印　张：19.5　字　数：293千字
版　　次／2018年6月第1版　2018年6月第1次印刷
书　　号／ISBN 978 - 7 - 5201 - 2844 - 5
定　　价／89.00元

皮书序列号／PSN B - 2018 - 724 - 1/1

北京城乡蓝皮书编委会

主　编　吴宝新　张宝秀　黄　序

副主编　张英洪　张景秋　孟　斌

委　员　杨绍澄　杨鹤鸣　袁　蕾　柴浩放　张佰瑞
　　　　　张远索　张　艳　杜姗姗　逯燕玲　李雪妍

主要编撰者简介

吴宝新　经济学博士，高级农艺师。现任北京市农村经济研究中心（市农经办）党组书记、主任。历任北京市优质农产品产销服务站副站长、站长；北京市农业物资供应站站长；北京市农业局党组成员、副局长；北京市委农工委委员，北京市农委副主任，（兼）北京市农业局党组书记、局长。

张宝秀　北京联合大学应用文理学院院长、北京学研究基地主任、北京学研究所所长、市级重点建设学科人文地理学学科带头人、北京市级教学名师、北京市"长城学者"培养计划人选，博士，教授，硕士研究生导师。兼任中国地理学会文化地理专业委员会副主任委员。主要从事人文地理学、历史地理学教学和科研工作。

黄　序　北京联合大学北京学研究所特邀研究员，北京市行政区划学会副会长。自从事科研工作以来，一直从事城市化、城乡发展等方面的研究，曾多次参加国家及市级重大课题的研究，发表论文、调研报告40多篇，主编著作十余部。其中参加全国及北京市哲学社会科学"六五"规划重点课题"北京市人口与城市发展问题"研究，并主持其中一个子课题"北京远郊区县集镇与人口发展"，该课题曾获第一届北京市哲学社会科学优秀科研成果一等奖。1997～2000年参加北京市农村经济研究中心主持的市长交办课题"北京郊区城市化与城乡一体化研究"，课题成果——专著《北京郊区城市化探索》获第六届北京市哲学、社会科学优秀科研成果一等奖。

张英洪　法学博士，北京市农村经济研究中心研究员，兼任中国城郊经济研究会副秘书长、北京市城郊经济研究会秘书长，长期致力于农村问题研究，著有《给农民以宪法关怀》《农民权力论》《农民、公民权与国家》《认真对待农民权利》等。

张景秋　北京联合大学应用文理学院副院长、国家级特色专业建设点人文地理与城乡规划专业带头人、北京市"新世纪百千万人才工程"人选、北京市"长城学者"培养计划人选、首都劳动奖章获得者、北京市"三八"红旗手，博士，教授，硕士研究生导师。兼任中国地理学会理事和城市地理专业委员会秘书长。主要从事城市地理学以及城市与区域规划的教学与研究工作。

孟　斌　北京联合大学应用文理学院城市科学系主任，教授，博士，硕士研究生导师，北京市属高校高水平创新团队带头人，中国地理信息系统协会理论与方法委员会委员。主要研究领域为城市地理、地理信息科学和空间数据分析。

摘　要

2017 年，北京市以习近平新时代中国特色社会主义思想为指引，深入学习贯彻党的十九大精神，落实首都城市战略定位，大力推进京津冀协同发展，依据党中央、国务院正式批复的《北京城市总体规划（2016 年～2035 年）》，坚持疏解与提升并重，城乡经济、社会与生态同步发展，农村改革和建设深入推进，开创了首都城乡发展新局面。

2017 年，北京实施疏解整治促提升的专项行动，持续优化提升中心城的服务保障能力。拆除违法建设 5985 万平方米，整治"开墙打洞"2.9 万处，完成 100 个城乡结合部市级挂账重点地区综合整治任务。疏解提升市场和物流中心 296 个，关停退出一般制造业企业 651 家，均为 2016 年的近 2 倍。开展 10 个老旧小区综合整治，实施首都核心区背街小巷环境整治提升三年行动方案，启动整治背街小巷 1484 条。启动核心区城市公共空间改造提升示范工程 10 个试点项目，推动首都核心区架空线入地工作。

2017 年北京扎实建设城市副中心。坚持规划引领，编制通州区总体规划、城市副中心控制性详细规划和重点规划设计导则。2017 年重点工程竣工 62 项，在建 137 项。

2017 年，京津冀协同发展的重点领域率先突破。与河北省共同签订了推进雄安新区规划建设战略合作协议，规划了 8 个重点合作领域和一批先期支持项目。京津冀一体化交通网络快速形成；生态跨区域合作，联合津冀及周边地区发布实施大气污染防治强化措施和秋冬季大气污染综合治理攻坚行动方案；加强产业合作，制定京津冀产业转移承接重点平台建设意见，推动产业疏解；京津冀协同创新共同体积极推进。

2017 年，北京经济发展质量持续提高。2017 年北京市完成地区生产总

值 2.8 万亿元，同比增长 6.7%。创新发展态势明显，战略性新兴产业、高技术制造业产业增加值同比增长 12.1% 和 13.6%，服务业占比超过 80%。单位地区生产总值能耗、水耗各降低 3.7% 和 3%，连续 12 年超额完成国家能耗考核任务。

2017 年，北京市继续大力发展高效节水型农业，持续调整农林牧渔业生产结构，实现农林牧渔业总产值 308 亿元，比上年下降 8.8%，扣除价格因素实际下降 7.2%。

2017 年，北京继续加大投入支持城市发展薄弱区域，持续推动城乡融合发展。围绕补齐农村发展短板，改善农村人居环境，抓好特色镇村建设。扩大乡镇统筹利用集体经营性建设用地试点，总结有关区盘活闲置农民住宅的经验做法。

2017 年，北京大气治理成效显著。超额完成燃煤压减计划，北京市 PM2.5 年平均浓度为 58 微克/立方米，同比下降 20.5%，完成国家"大气十条"下达的 60 微克/立方米左右的目标，二氧化硫年均浓度首次降至个位数，其他污染物如可吸入颗粒物、二氧化氮等均有所降低。

2017 年，北京城乡公共服务水平进一步提高，社会民生持续改善，深化医药卫生体制改革，实施全面放开养老服务市场，引导居家养老服务专业化运营，保障性住房政策精准发力，低收入农户人均可支配收入达到 10698 元，同比增长 19.4%。

2018 年是深入贯彻党的十九大精神、全面实施乡村振兴战略的开局之年，是改革开放 40 周年，是决胜全面建成小康社会、实施"十三五"规划和新的城市总体规划的关键一年，北京城乡发展迎来新的发展机遇，一是疏解促提升为城乡发展转型提供了空间与动力；二是全面实施乡村振兴战略成为北京农业农村发展的重大机遇。同时北京城乡发展也仍然面临许多问题：农业结构调整和农民增收难度加大，城乡居民收入差距有所扩大，农村人居环境仍需长效管控。

展望 2018 年，北京城乡发展将迎来新的发展格局。持续开展疏解整治促提升专项行动，将进一步推动京津冀协同发展。城乡区域全面统筹，继续加大对城市发展薄弱区域的支持力度，加快城市基础设施和公共服务向农村延伸，努力形成北京市南北均衡发展、城乡共同繁荣的良好格局。落实乡村振兴战略，推动美丽乡村建设。以土地和产权制度改革为核心，持续深化农村综合改革。

关键词：城乡融合　城乡一体化　统筹发展　北京

Abstract

In 2017, guided by the Xi Jinping Thought on Socialism with Chinese Characteristics for a New Era, Beijing put the guiding principles from the 19th National Congressof CPCinto action: implemented the strategic positioning of the capital city, andfacilitated the coordinated development for the Beijing-Tianjin-Hebei Region. Based on the official reply of the Central Committee of the Communist Party of China and the State Council on the General City Plan for Beijing (2016 – 2035), Beijingemphasized on functions relocation and service improvements, realized the synchronized development of the urban-rural economy, the society and the ecology; and made further headway for the rural revolution and construction, initiating a new stage of the urban-rural development of the capital city.

Beijingimplemented the special operation of upgrading through function relocationand remediation in 2017, continuing improving the serviceability of the central city. Beijing torn down 5, 985 m^2 of illegal construction area, cleaned 29, 000 "Holes in the wall" (unauthorized commercial utilization of individual residence by opening a door onto the street) and remediated 100 municipal-level key urban-rural fringe areas. Also, Beijing relocated and improved 296 markets and logistics centers, closed 651 regular manufactories, which doubled the numbers in 2016. Moreover, Beijing initiated 10 remediation projects for the old residency communities, focusing on the 3-year environment improvement action plan of the 1, 484 residence communities in the core area of the capital. The 10 demonstration projects to improve and renovate the city public space in the core area have been launched, facilitating the efforts to transfer the overhead wires to the underground.

In 2017, Beijingsuccessfully constructed the subsidiary administrative center. Guided by the General City Plan, Beijing compiled the overall plan for Tongzhou

District, the detailed plan for controlling the subsidiary administrative center and the guiding principles for planning. As a result, 62 key projects of subsidiary administrative centers have been completed and 137 are under construction.

Major breakthroughs were seen in the key aspects of the coordinated development for the Beijing-Tianjin-Hebei Region in 2017. To start with, Beijing signed the strategic cooperation agreement with Hebei to facilitate the construction of Xiong'an new district, where 8 key areas and pre-projects were planned. The integrated traffic network between Beijing, Tianjin and Hebei has been formed. Cooperation across districts (Beijing, Tianjin Hebei and their adjacent areas) to improve the eco-system was realized, and the procedures of the air pollution prevention and enhanced action plan to fight against the air pollution in fall and winter were issued. In order tostrengthen the partnership between industries, consensuson constructing the essential platform for industrial transferring and outsourcing between Beijing, Tianjin and Hebei have been achieved, facilitating the industrial resource relocation. Beijing, Tianjin and Hebei have been working together as an innovative homogeneity actively.

The quality ofBeijing's economic development has been improving in 2017. The regionalGDP was 28, 00 billion, increased by 6. 7% compared with 2016. Innovation development with service industry taking over 80% was progressing significantly. The year-over-year increase of the industrial value added of the strategic emerging industry and the high-tech manufacturing were 12. 1% and 13. 6% respectively; whereas the energy and the water consumption per unit of the regional GDP went down by 3. 7% and 3% respectively. Beijing has been exceeding the national goal of saving energy consumption for a consecutive 12 years.

In 2017, Beijing continued developing the high efficiency and water saving agriculture, and adjusting the industrial structure of agriculture, forestry, animal husbandry and fishery. The gross annual value of agriculture, forestry, animal husbandry and fishery reached 30. 8 billion, decreased by 8. 8% from 2016, and 7. 2% after price factor.

Beijing has been increasing the investment in supporting thelessdevelopment areas, and facilitating the urban-rural integration. Aimed at shoring up areas of

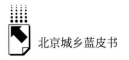
weakness in rural development, Beijing worked well onimproving the rural living condition and engaging in the construction of the featured villages. Also, Beijing expanded and balanced urban and rural development from the collectively-owned commercial construction pilots, and summarized how to re-utilize the spare rural housing.

In 2017, Beijing made a pronounced progress in air control. Having completed the goal of reducing coal emission ahead of schedule, Beijing's average PM 2. 5 was 58mg/m^3, decreased by 20. 5% compared with last year. In addition, Beijing achieved the goal (60mg/m^3) set by the Air Pollution Prevention and Control Action Plan, the average density of sulfur dioxide in the air dropped to digits the first time, and the densities of other pollutants, such as inhalable particles and nitrogen dioxide were also decreased.

Beijing further enhanced the public services in urban and rural area, social security system and the provision of affordable housing kept improving. Also, Beijing deepened the reform of the medical and health care system, opened up the elderly care market and improved elderly care services, and led the home-based care services for the aged population running professionally. Regarding to housing, Beijing ensured that the policy of indemnificatory housing was well-targeted for the low-income household. As a result, the per capita disposable income of rural household reached 10, 698 yuan, increased by 19. 4% vs. 2016.

2018 is thefirst year ofputting the guiding principles of the Congress into practice and fully implementing the strategy of rural vitalization; it's the 40th anniversary of reform and opening up; it's the crucial year for building a moderately prosperous society in all respects, for implementing the 13th Five-Year Plan and the new general city plan. Beijing urban-rural development is facing the new developmental opportunities; First, the functions transfer and service improvementsprovide the space and motivation for the urban-rural development and transformation; Second, the full implementation of rural vitalization strategy is becoming the important opportunity for Beijing agriculture and rural development. At the same time, there are also many inadequacies in urban-rural development: the increasing difficulty in adjusting the agricultural structure and raising the income of the farmers; the expanding difference between urban and rural residents' income; and the insufficiency of supervision of the rural living conditions.

Looking forward, Beijing urban-rural development willbreak new ground in development in 2018. In general, Beijing will continue the special operation of function transfer, remediation, and service improvement and further boost the coordinated development of Beijing-Tianjin-Hebei. To be specific, Beijing will implement the comprehensive development of urban and rural areas; continue reinforcing the support for the weaknesses in urban-rural development; accelerate the expansion of urban infrastructure and public services to the rural area; and strive to achieve the balanced development in both south and north of Beijing and shared prosperity in urban and rural area. For urban areas specifically, Beijing will implement the rural vitalization strategy, promote the construction of the Beautiful Countryside, and keep deepening the rural integrated reform with the land and property rights reform asthe core.

Keywords: Urban-rural Integration; Desakota; Overall Plan Development; Beijing

目 录

Ⅲ 都市型乡村篇

Ⅳ 特色小镇与传统村落篇

Ⅴ 城乡社区篇

皮书数据库阅读 **使用指南**

CONTENTS

I   General Report

II   Development Strategy

Ⅲ   Urban Countryside

Ⅳ   Featured Towns and Traditional Villages

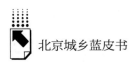
V Urban and Ruval Community

总 报 告

General Report

B.1

2017年北京城乡融合发展报告

袁蕾 黄序 张宝秀*

摘 要： 本文梳理了2017年首都城乡融合发展的主要工作和进展，在
实施京津冀协同发展战略和乡村振兴战略的背景下，分析北
京城乡融合发展面临的机遇和挑战，进而展望2018年北京城
乡融合的发展动向。2017年北京市实施疏解整治促提升行
动，京津冀协同发展成效显著；创新与改革带动城乡发展质
量效益的持续优化；城乡融合改革继续深化；大力治理"城
市病"，城乡环境大幅改善；公共服务供给能力提高，民生持
续改善。落实首都战略定位、实施乡村振兴战略成为首都城

---

* 袁蕾，北京市社会科学院城市问题研究所副研究员，博士，研究方向为城乡发展战略。黄序，
北京联合大学北京学研究所特邀研究员，研究方向为城市化、城乡统筹发展。张宝秀，北京
联合大学北京学研究所所长，北京联合大学应用文理学院院长，博士，研究方向为北京城市
研究。

乡融合发展的重大机遇，但是首都城乡发展依然存在农业结构调整和农民增收难度大、城乡居民收入差距大、农村环境问题突出等难题。展望 2018 年城乡融合发展，在促进京津冀协同发展、城乡均衡、乡村振兴以及民生发展等方面将会取得更大进展。

关键词： 北京　城乡融合　乡村振兴

2017 年，北京市深入学习贯彻党的十九大精神，以习近平新时代中国特色社会主义思想为指引，深入落实首都城市战略定位，大力推进京津冀协同发展，依据党中央、国务院正式批复的《北京城市总体规划（2016 年 ~ 2035 年)》，坚持疏解与提升并重，城乡经济、社会与生态同步发展，农村改革和建设深入推进，开创了首都城乡发展新局面。

一　城乡融合发展进展

（一）疏解与提升并重，京津冀协同发展成效显著

实施疏解整治促提升的专项行动，持续优化提升中心城的服务保障能力。依据新增产业禁止和限制目录，2017 年不予办理工商登记业务两千余件。2017 年拆除违法建设 5985 万平方米，整治"开墙打洞"2.9 万处，完成 100 个城乡结合部市级挂账重点地区综合整治任务。疏解提升市场和物流中心 296 个，关停退出一般制造业企业 651 家，均为 2016 年的近 2 倍。完成动物园地区、大红门地区、天意、万通等批发市场外迁和撤并升级，基本完成雅宝路等批发市场的转移疏解和升级。开展 10 个老旧小区综合整治，实施首都核心区背街小巷环境整治提升三年行动方案，启动整治背街小巷 1484 条。3200 公顷拆后土地"留白增绿"，建成西城广阳谷城市森林公园、

东城大通滨河公园等一批高质量的绿化工程，惠及周边居民。对南北长街、府右街西侧等重点区域进行了专项整治，启动核心区城市公共空间改造提升示范工程10个试点项目，推动首都核心区架空线入地工作。北京电影学院怀柔校区、北京工商大学良乡新校区建设进展顺利，北京城市学院、北京中医药大学等新校区投入使用，天坛医院新院试运行，同仁医院亦庄院区二期主体结构封顶，友谊医院顺义院区开工建设。

扎实建设城市副中心。坚持规划引领，编制通州区总体规划、城市副中心控制性详细规划和重点规划设计导则。2017年重点工程竣工62项，在建137项。行政办公区一期工程顺利进行，副中心城市绿心起步区剧院、图书馆和博物馆进行了建筑设计方案国际招标，运河商务区的重点项目扎实推进。环球影城主题公园核心区、台湖演艺小镇工程顺利推进。开工建设人民大学、首师大附中、景山学校通州校区等工程，安贞医院、首都儿研所通州院区前期工作有序进行。与河北省共同签订了推进雄安新区规划建设战略合作协议，规划了8个重点合作领域和一批先期支持项目。

京津冀协同发展的重点领域率先突破。京津冀一体化交通网络快速形成，北京新机场航站楼封顶封围，国家高速铁路网北京段全部开工，京开高速拓宽工程完成主路部分，京秦、延崇、兴延等高速公路有序建设；生态跨区域合作，联合津冀及周边地区发布实施大气污染防治强化措施和秋冬季大气污染综合治理攻坚行动方案，永定河综合治理与生态修复开工，试点长城国家公园建管体制，造林6.5万亩以防控京津风沙源；加强产业合作，制定京津冀产业转移承接重点平台建设意见，推动产业疏解，天津滨海—中关村科技园、曹妃甸示范区、北京·沧州渤海新区医药产业园、京津冀大数据综合试验区等承接北京项目进展顺利；京津冀协同创新共同体积极推进，京津冀系统推进全面创新改革试验方案累计13项举措在京落地，雄安新区中关村科技园规划建设顺利，初步形成跨京津冀区域科技创新园区链。公共服务领域合作进一步深化，其中教育领域合作项目70多个，医疗机构临床检验结果实现互认。冬奥会冬残奥会国家速滑馆、国家高山滑雪中心、国家雪车雪橇中心等工程开工，冬奥村项目前期工作有序进行。世园会建设顺利推进。

（二）创新与改革驱动经济转型，城乡发展质量效益持续优化

经济发展质量持续提高。2017 年北京市完成地区生产总值 2.8 万亿元，同比增长 6.7%。创新发展态势明显，战略性新兴产业、高技术制造业产业增加值同比增长 12.1% 和 13.6%，服务业占比超过 80%。单位地区生产总值能耗、水耗各降低 3.7% 和 3%，连续 12 年超额完成国家能耗考核任务。

中关村"三城一区"建设不断推进，创新创业活力加速释放，形成科技与文化双轮驱动态势。中关村一区多园高端化、差异化、协同化发展，股权激励、外债宏观审慎管理改革等 10 余项改革经验向全国复制推广，开展投贷联动改革试点。对接国家"科技创新 2030—重大项目"，一批项目落户。国家级众创空间增加到 125 家，"双创"示范基地共 20 家。设立 200 亿元北京市科技创新基金，中关村天使投资、创业投资案例和金额均占全国 1/3。引进全球优秀创新人才。文化创新创业产业蓬勃发展。积极推进"一核一城三带两区"① 建设，发布公共文化服务体系示范区建设意见，实施基层公共文化设施全覆盖建设规划，举办各类文化活动 2.2 万场、参与群众 3000 万人次。出台保护利用老旧厂房拓展文化空间的意见，国家文化产业创新实验区集聚文化产业园区（基地）50 余个，文创银行积极筹建，文博会、北京国际设计周等品牌活动成功举办。规模以上文化创意产业收入预计增长 9% 左右。

深化供给侧结构改革。首钢首秦钢铁公司停产搬迁，降低水泥产能 90 万吨，分流安置职工 1855 人，消除僵尸企业 90 户。规范整顿互联网金融从业机构 348 家，防控金融风险。出台一系列房地产调控政策，增加住宅用地供应，发布共有产权住房管理暂行办法，规范住房租赁市场，加快试点集体土地建设租赁住房，截至 2017 年底，实现新建商品住宅价格连续 15 个月环比未增长，二手住宅价格指数连续 8 个月回落。2017 年为实体经济企业减

---

① 即以培育和弘扬社会主义核心价值观为引领，以历史文化名城保护为根基，以大运河文化带、长城文化带、西山永定河文化带为抓手，推动公共文化服务体系示范区和文化创意产业引领区建设，着力发展首都文化。

负超过 400 亿元。

营商环境改革深入推进。制定了率先行动改革优化营商环境实施方案，在投资、贸易、生产经营、人才发展、法治等领域实施 26 项 136 条政策的改革。统一市区两级政府权力清单，实施减证便民专项行动。制定投融资体制改革实施意见，试点"一会三函"①审批改革，探索在北京经济技术开发区率先实行企业投资项目承诺制，建立并完善投资项目在线审批监管平台。实施"多证合一、一照一码"登记制度改革，推出人才出入境新政，向 571 名外籍高层次人才发放"绿卡"。

2017 年北京市继续大力发展高效节水型农业，持续调整农林牧渔业生产结构，实现农林牧渔业总产值 308 亿元，比上年下降 8.8%，扣除价格因素实际下降 7.2%。其中，林业和渔业产值同比分别增长 12.7% 和 4.1%；农业和牧业产值同比分别下降 10.6% 和 17.4%。第一产业增加值 120.4 亿元，同比下降 7.1%，扣除价格因素实际下降 6.2%。第一产业增加值占 GDP 的比例由上年的 0.5% 下降到 0.43%。农业生态功能增强。通过开展水源地保护、湿地恢复和造林绿化等生态工程，在生态涵养区进行生态景观造林和京津风沙源治理，生态环境得到很大改善；降低农业污染，发展节水农业。2017 年，出台"两田一园"②节水技术标准和运维标准，强化农艺节水，试验、示范推广农业节水技术 16 项，新增改善高效节水灌溉面积 8.3 万亩。坚持示范引领，建立小麦一体化示范区、高标准设施蔬菜高效节水示范区、露地蔬菜水肥一体化示范区，累计推广高效节水技术 140 万亩次，辐射带动农业节水 4000 余万立方米。推动水源保护区和河道周边畜禽散养退

---

① "一会三函"即北京市公共服务类建设项目投资审批改革试点。2016 年 8 月出台《北京市公共服务类建设项目投资审批改革试点实施方案》（京政发〔2016〕35 号），适用范围包括城市副中心的道路、停车设施、垃圾和污水处理设施以及教育、医疗、养老等公共服务类建设项目，中央国家机关在京重点建设项目参照执行，试点期限为三年。其中："一会"是指市政府召开会议集体审议决策；"三函"是指前期工作函、设计方案审查意见、施工意见登记书三份文件。项目单位只需满足"一会三函"4 项前置条件即可开工建设，其他各项法定审批手续在竣工验收前完成即可。

② 即粮田、菜田、鲜果果园。

出和肥药双控，综合利用农业废弃物，农作物秸秆全面禁烧；畜牧养殖产业缩减规模，从生态保护的需求出发，继续缩减养殖数量，2017 年生猪出栏 242 万头，同比下降 12%，家禽出栏 3115 万只，同比下降 20%；设施农业效益稳步提高，2017 年设施农业平均每亩收入达到两万四千余元，比上年增长 3%，特别是食用菌和草莓播种面积大大增加，收入同比分别增长 6% 和 8%。休闲观光农业创新发展模式，全市 1216 个观光园共实现收入 30 亿元，同比增长 7%，全年举办农业会展和农事节庆活动 27 项，接待人数超过 450 万人，总收入达到 2.5 亿元，国家现代农业示范区建设基本实现农业现代化水平；休闲农业和民俗旅游收入 44.1 亿元。

（三）统筹城乡区域发展，城乡一体化改革不断深化

继续加大投入支持城市发展薄弱区域，围绕北京新机场临空经济区建设推动城市南部基础设施和公共服务水平提升，优化南部生态环境，推动南部地区产业结构转型，使之成为北京市支持雄安新区建设、参与京津冀协同发展的重要区域。

持续推动城乡一体化建设。围绕补齐农村发展短板，改善农村人居环境，抓好特色镇村建设。一是加快城乡结合部建设。基本完成朝阳区第一批 6 个乡城市化试点，实现全面城市化的阶段性目标；全面推进第二批朝阳区 5 个乡和大兴区旧宫镇共 6 个实施单元的城市化试点，启动第三批 6 个实施单元城市化建设。实现城乡结合部产业、环境、基础设施和社会管理水平的同步提升。二是加快功能性特色小城镇建设。国家新型城镇化试点稳步推进，出台促进和规范功能性特色小城镇发展的有关意见，完成通州、房山、大兴国家新型城镇化综合试点阶段性任务。研究制定特色小城镇培育指导意见，紧紧围绕中心城产业功能疏解和承接、重大项目建设、自身产业园区提升三种发展类型，强化政策集成创新，争取启动一批特色小城镇的规划建设，聚焦特色产业发展。三是继续推进美丽乡村建设。制定《实施乡村振兴战略扎实推进美丽乡村建设专项行动计划（2018～2020 年)》，召开全市部署动员大会，对今后三年全市美丽乡村建设任务进行全面部署。全年新建

设美丽乡村 300 个，累计达 1300 个。在前期美丽乡村建设的基础上，增加建设内容，提高建管水平，全面提升农村环境质量。其中 2017 年主要完成 63 个试点村的规划编制工作。完成 6 万户农宅抗震节能改造，基本实现农宅应改尽改。确定了第一批 44 个市级传统村落，其中 21 个列入中国传统村落名录，启动门头沟区灵水村、房山区水峪村等传统村落保护修缮试点。完成 140 个村的污水治理。农村地区清洁取暖工作力度空前，超额完成 901 个村庄、36.9 万户的"煤改清洁能源"任务，全部实现正常取暖，同步完成 1514 个村委会及村民公共活动场所和 95 万平方米籽种农业设施的改造任务，基本实现南部平原地区农村"无煤化"。全面实施 46 个村、4715 户、10400 人的山区搬迁工程。

认真贯彻落实《中共中央国务院关于稳步推进农村集体产权制度改革的意见》及《北京市深化农村改革综合性实施方案》，加快推进各项改革任务落地见效。一是深化农村土地制度改革。2017 年基本完成土地承包经营权确权登记颁证工作，全市共有 125 个乡镇 2609 个村开展确权工作，分别占拟确权乡镇、村数的 100% 和 98.1%，涉及承包土地面积 278.5 万亩，占全市拟确权土地总面积的 98.5%。认真落实中办国办"三权分置"[1] 意见，探索北京市"三权分置"的有效实现形式，突出"放活经营权"，促进适度规模经营。扩大乡镇统筹利用集体经营性建设用地试点，2017 年在总结西红门等试点经验的基础上，每个区选择一个乡镇开展试点。总结有关区盘活闲置农民住宅的经验做法，扩大试点范围，创新管理方式、建设模式和服务手段，提高多元化主体共同参与闲置农宅盘活的积极性。二是深化农村集体产权制度改革。研究深化集体产权制度改革的政策，积极推进剩余 2% 难点村的村级集体产权制度改革，深入推进"一绿"（第一道绿化隔离带）"二绿"（第二道绿化隔离带）地区的乡镇级集体经济产权制度改革，解决好城镇化进程中集体资产分配问题。新启动 13 个农村集体产业用地乡镇统筹利用试点。全市完成农村集体经济产权制度改革单位达到 3920 个，其中村级

---

[1] 指农村承包地所有权、承包权和经营权的"三权分置"。

3899 个，乡级 21 个，村级完成比例为 99%。完成大兴区农村集体资产股份权能改革试点，海淀区被列为全国农村集体产权制度改革试点区。三是深化农村金融改革，进一步加大对新型农业经营主体融资贷款、发行债券票据的利息和费用补贴力度，继续稳步提高政策性农业保险的风险保障水平。四是农业合作社发展日趋规范，全市在工商登记注册的合作社达到 7447 个，成员 19.6 万人，出资总额 109.8 亿元，辐射带动农户 46 万户。

（四）大力治理"城市病"，城乡环境大幅改善

大气治理成效显著。超额完成燃煤压减计划，2017 年共 901 个村煤改清洁能源，1.3 万蒸吨燃煤锅炉改造，基本达到城六区和南部平原地区"无煤化"的目标，燃煤总量由 848 万吨降低到不足 600 万吨。建设完成四大热电中心、陕京四线天然气工程，管道天然气覆盖全市 16 区，提供了清洁能源设施保障能力。淘汰老旧机动车 49.6 万辆，为使用两年以上的出租车更换催化器，公交、环卫等部门新增重型柴油车全部安装颗粒捕集器。全部供应第六阶段车用汽柴油，实施"国Ⅰ""国Ⅱ"标准轻型汽油车限行政策。强化工程施工现场扬尘治理力度。整顿"散乱污"企业 6194 家，挥发性有机物减少排放 4400 吨。实施市级环保督察，严格落实问责机制。2017 年，北京市 PM2.5 年平均浓度为 58 微克/立方米，同比下降 20.5%，完成国家"大气十条"下达的 60 微克/立方米左右的目标，二氧化硫年均浓度首次降至个位数，其他污染物如可吸入颗粒物、二氧化氮等均有所降低。

持续改善生态环境。制定实施生态文明建设目标评价考核办法及指标体系，划定生态保护红线，执行排污许可"一证式"管理。加快绿色家园建设，全年造林 17.7 万亩，增加城市绿地 695 公顷，公园绿地 500 米服务半径覆盖率增为 77%，屋顶绿化面积增加 10 万平方米、垂直绿化 70 公里。垃圾处理水平持续提升，怀柔生活垃圾焚烧厂和海淀、丰台餐厨垃圾处理厂投入使用。强化水资源保障和水污染治理，实施四级"河长制"，密云水库蓄水量超过 20 亿立方米，是 2000 年以来的最高水量，新建污水管线 697 公

里，小流域综合治理 293 平方公里，治理 57 条段黑臭水体，重要水功能区水质达标率为 61%。

大力治理交通拥堵。轨道交通 S1 线、燕房线、西郊线建成通车，3 号线一期、12 号线、17 号线、平谷线顺利推进，亦庄现代有轨电车 T1 线开工，新增轨道交通运营里程 34.6 公里，总里程达 608 公里。市郊铁路城市副中心线、怀柔密云线等投入运营。城市道路通行能力不断提升，运河东大街、宋梁路、西三旗南路等建设完成。推动交通设施与城市功能有机结合，出台机动车停车条例，成为国家第一批城市停车场试点示范城市。出台鼓励规范发展共享自行车的指导意见，治理自行车道 600 公里。

（五）城乡公共服务水平进一步提高，社会民生持续改善

北京深化医药卫生体制改革，成为第一批公立医院综合改革国家级示范城市，启动医药分开，实施公立医疗机构药品采购"两票制"，统筹城乡居民医保制度，率先实现跨省异地就医住院医疗费用直接结算，老年人等重点人群家庭医生签约服务率持续提高。

公共服务水平持续提升。实施学前教育三年行动计划，新增学位共计 17 万个，城区跨区支持远郊区建设 23 所优质中小学校，推动义务教育就近入学，小学、初中就近入学比例分别为 99.7% 和 95.8%，通过乡村教师特岗计划和岗位生活补助政策支持农村教育。出台"健康北京 2030"规划纲要，建设平谷等一批区级妇幼保健医院，加快促进第二批 6 家公立医疗机构向康复护理医院转型，提高区属中医医院能力。实施全面放开养老服务市场、进一步促进养老服务业发展的意见，提高养老机构服务质量，健全"四级三边"① 养老服务体系，引导居家养老服务专业化运营，扎实推进街

---

① "四级"即市、区、街道乡镇和社区四个层面。市级负责统筹谋划、出台政策以及行业监督，区级建立养老服务指导中心，统筹区里的养老服务资源，街道和社区居委会通过养老照料中心和养老服务驿站直接为老人提供服务。"三边"指老年人的周边、身边、床边。周边是让老年人在活动区域内能享受到应该享受的服务，身边就是老年人下楼以后就可以有贴心的服务，床边是指养老服务要延伸到家里。

乡镇养老照料中心三年建设行动计划，建设养老照料中心共计208个，社区养老服务驿站380家。落实社区基本公共服务"十大覆盖工程"，建设"社区之家"示范点208个。

社会保障能力进一步提升。保障性住房政策精准发力，各类保障房新开工套数均超过年度任务，完成棚户区改造4.9万户。制定实施城乡居民基本医疗保险办法，一年内两次调整城乡居民养老保险基础养老金和福利养老金待遇标准，企业职工五项保险参保人数同比平均增长4.3%。完善积极就业政策体系，推行以失业保险来补贴企业职工技能提升的措施，"一对一"帮扶离校未就业困难家庭高校毕业生，动态消除城乡"零就业家庭"。

2017年，北京市城镇居民人均可支配收入62406元、同比实际增长7%。农村居民人均可支配收入达到24240元，同比增长6.7%，低收入农户人均可支配收入达到10698元，同比增长19.4%。围绕抓就业、抓产业、抓环境、抓救助的要求，出台了《促进本市农民增收及低收入农户增收工作的若干政策措施》，不断加大农民增收工作力度。一是突出重点促进就业增收。出台了《关于进一步做好本市农村劳动力转移就业工作的通知》，支持引导用人单位招用农村劳动力就业，对招用本市农村就业困难人员的，给予最长5年的岗位补贴[5000元/（人·年）]和社会保险补贴。加强农村劳动力就业培训，深化"城乡手拉手"就业协作机制，组织城市公共服务岗位成建制招用1000个本市农村劳动力，由失业保险基金按照不高于每人每月2500元的标准给予岗位补贴。年内帮助4万名农村劳动力转移就业，动态保持"零就业家庭"至少一人就业。落实提高山区生态林管护标准政策，将生态林管护员岗位补贴由532元/（人·月）提高20%左右，达到638元/（人·月）。二是精准施策加大低收入农户帮扶。深入推进"六个一批"（扶持产业帮扶一批、促进就业帮扶一批、山区搬迁帮扶一批、生态建设帮扶一批、社会保障兜底一批、社会力量帮扶一批）分类帮扶措施。印发了《关于进一步加强低收入村户产业发展帮扶项目和资金管理的通知》，督促落实4.8亿元产业帮扶专项资金项目，安排项目415个，截至2017年底，92%产业项目开工建设，62%已完工。开展针对性就业服务，共对

4.72万名低收入户劳动力进行了信息登记，办理2.29万名失业登记，调整提高生态公益林补偿金（由每年每亩40元，提高到每年每亩70元），山区6.1万低收入农户、13.1万人直接受益。全年低收入农户收入将过万元，增速将在两位数以上。三是强化兜底继续提高社保水平。年内两次提高城乡居民基础养老金和福利养老金标准，每次均提高50元/（人·月），分别达到了610元/（人·月）和525元/（人·月），全市85.2万人受益，其中农民70.6万人。落实提高低收入农户家庭救助水平的相关政策，对全市低收入农户开展全面筛查，对符合条件的低收入农户做到应保尽保，将2017年城乡低保标准和低收入家庭认定标准，分别由家庭月人均800元和1050元提高到家庭月人均900元和1410元。四是继续做好一事一议财政奖补工作。印发了《关于进一步加强村级公益事业建设一事一议财政奖补项目和资金管理的意见》，稳步扩大奖补覆盖面，切实加强项目监管，重点支持低收入村项目建设，明确项目用工的60%以上要使用本村村民。各级财政投入奖补资金5.4亿元，建设项目537个，其中低收入村项目129个、奖补资金1.4亿元。2017年低收入农户人均可支配收入突破万元，达到10698元，同比增长19.4%，明显快于全市农村居民收入增速。

二 北京城乡融合发展的机遇与问题

2018年是深入贯彻党的十九大精神、全面实施乡村振兴战略的开局之年，是改革开放40周年，是决胜全面建成小康社会、实施"十三五"规划和新的城市总体规划的关键一年。北京城乡发展迎来了新的发展机遇，同时一些问题仍然存在。

（一）实施乡村振兴战略成为北京市"三农"发展的重大机遇

全面实施乡村振兴战略成为北京农业农村发展的重大机遇。一是大力推进美丽乡村建设。按照三年专项行动计划，2018年将有1000多个村庄开展规划建设，同时有450个村推进煤改清洁能源工作，两项工程市级累计投资

在百亿元以上。二是更加重视低收入农户帮扶工作。市委已将精准脱贫列为全市"三大攻坚战"之一，明确要求确保7.26万户低收入农户如期实现增收目标，市纪委市监委也将其列入专项治理重要内容。三是大力推进城乡生态环境建设。2018年将启动新一轮百万亩造林计划，全年将新增造林绿化面积23万亩。四是进一步提高社会保障标准。城乡统一的居民医疗保险制度正式实施，低保、低收入家庭标准将进一步提高。五是深入推进农村改革。2018年是改革开放40周年，改革经验逐步成熟，改革成果转化空间增大，改革红利有望加快释放。

（二）疏解促提升为城乡发展转型提供了空间与动力

落实首都城市战略定位，促进京津冀协同发展是北京市近几年的重要任务。不断深化的疏解促提升专项整治行动将推动北京市郊区加快城市化进程，促进城乡产业转型升级。疏解非首都功能将推动郊区产业形态、空间开发模式、治理模式的转型，从而优化人口结构；2017年党中央、国务院批复的新一版北京城市总体规划，为"一张蓝图干到底"奠定了坚实基础，将优化区域规划，打破城乡要素、发展规划的二元体制，促进农村集体土地的集约优化利用，提高农村地区单位土地产出水平，为城乡发展创造更为广阔的空间资源；首都副中心建设是城乡融合发展的重要推动力，副中心建设的全面铺开将快速推动北京市东南部区域交通、市政基础设施、生态环境的优化升级，加快周边农村城市化、产业结构调整及综合治理水平的提升；京津冀协同发展战略进入中期实施阶段，为首都城乡发展转型提供了空间与动力，协调共享的发展理念有利于京津冀三地资源统筹、产业对接、城乡统筹、优势互补、共建共享，将释放郊区内生发展能力，推动经济、社会和城市管理的城乡二元体制融合，系统提升郊区公共服务水平，改善民生。

（三）农业结构调整和农民增收难度加大，城乡居民收入差距有所扩大

农业"调转节"难度越来越大。新形势下，北京市对生态、环境和安

全的要求越来越高，农业节水、节肥、节药、节能及防疫的工作力度越来越大。近年来农产品价格总体疲软，本地的优质农产品没有优价销售，造成在执行农业"调转节"政策的过程中，一些地区没有按照既定的规划有序、稳步推进，实施中往往选择简单的"一刀切"，有的地区畜禽养殖全部关停、农业全面退出，造成部分农民难以适应、无所适从。

2017年农村居民可支配收入增速比城镇居民低0.3个百分点，结束了自2009年以来连续8年"快于"（农村居民可支配收入增长快于城镇居民收入增长）的走势。回头看，自2011年起，农村居民可支配收入增速已经连续7年放缓，对城镇居民收入增速的领先幅度逐年收窄，到2016年仅高0.1个百分点。2017年，城乡居民收入差距有所扩大，收入比由2016年的2.567:1扩大至2.575:1。

2017年出台了促进农民及低收入农户增收的十条政策措施，通过部门密切配合，各区积极行动，强化专项督查，狠抓政策落地，做到了政策制定及时、执行有力、成效显著，扭转了农村居民增收放缓的走势，实现了既定目标。但在农民学历偏低（初中及以下文化程度占比达80%）、外出就业意愿不强（未就业劳动力中80%左右意向选择在本乡镇、本区就业）、本地农业空间缩减等客观不利因素制约下，加之低端业态加快退出，农民就业主渠道明显收窄，未来几年保持农民较快增收的动能仍明显不足。财产性收入增幅降低，主要是受到规范经营、拆除违建和疏解的影响，农民出租房屋收入降幅明显。

（四）农村人居环境仍需长效管控

作为北京的生态屏障和水源涵养区，农村地区尤其是山区整体的生态文明建设力度还需要进一步加大。生态文明建设的城乡二元管理体制，导致近些年，北京市持续加大对郊区农村的建设投入力度，农村基础设施和人居环境总体上有了很大改观，但在局部、在细部农村环境"脏乱差"问题依然突出，农村环境边整治边反弹问题比较严重，与首都形象不相匹配，与先进地区相比有较大差距。农村地区人居环境不理想，地表水质污染、污水直排

及垃圾污染河道等问题仍然较为突出，尤其是城乡结合部地区环境"脏乱差"、社会秩序混乱的顽症长期存在。与日新月异的城市发展相比，农村基础设施、公共服务质量偏低的态势没有根本扭转，农村综合承载能力不足。农村城市化的相关配套设施建设相对滞后，教育、医疗、文化等公共服务标准化、优质化的进展仍然难以满足农村居民发展的现实需求，更难以支撑高端产业发展对环境的需求，难以承接中心城功能的疏解，导致农村地区产业转型升级困难。

从北京市近年农村环境建设的情况看，农村环境建设根本上还是缺乏系统治理、精细管理和有效监管，亟待建立健全运维机制和培育养成文明习惯，这需要根据山区、平原、城乡结合部等不同类型地区的实际情况，因地制宜地建立各类问题的解决渠道和长效管控机制。

三　北京城乡融合发展展望

2018 年是深入贯彻党的十九大精神、落实首都战略定位、全面实施乡村振兴战略的开局之年。北京城乡发展将迎来新的发展格局。

（一）疏解促提升，推动京津冀协同发展

持续开展疏解整治促提升专项行动，实施一批标志性、有影响力的重大疏解项目，强化央地、市区联动机制，加强疏解的精细化和人文关怀。2018年计划拆除违法建设 4000 万平方米以上，并严格控制新增违法建设。疏解一般制造业企业 500 家，削减城六区市属国有企业 40 余家。开展"开墙打洞"区域综合整治行动，力争疏解市场 159 个。北京联合大学新校区、同仁医院亦庄院区、北京口腔医院新院区等扎实推进，中央高校再入住高教园区 5000 人。系统考虑拆后土地和腾退空间的利用方向，"留白增绿"并完善产业引入综合评价指标，发展 1400 家基本便民商业网点。制定并实施公共空间改造提升三年行动方案，"菜单式"推动新一轮老旧小区改造。

城市副中心主要工作由行政办公区建设向整体功能完善转变。建成城市

副中心行政办公区一期工程及配套设施，有序组织推动市级机关和市属行政部门搬迁工作，按规划建设行政办公区二期工程。搭建首都副中心的市政道路、生态环境以及公共服务的大框架，有序建设 17 号线、平谷线、广渠路东延、宋梁路北延等综合交通网络，加快建设环城绿色休闲游憩环、东部生态绿带和西部生态绿带，有效提高水生态环境质量，加快推进人大附中通州校区、安贞医院通州院区等教育医疗优质项目，深入研究如何高标准配置优质公共服务资源。加快建设重要的城市功能节点，如城市副中心站、东夏园综合交通枢纽以及重大公共文化设施如城市绿心剧院、图书馆和博物馆等，统筹考虑运河商务区的产业布局和企业入驻标准。

京津冀协同发展战略进入中期实施阶段。研究制订北京市推进京津冀协同发展新三年行动计划和 2018 年工作要点，三地共同签署新一轮的三年合作协议，计划实施新一批项目。加快交通一体化进程，打通市域内国家高速公路"断头路"，建设以京张高铁、延崇高速、京唐城际等组成的高效便利的城市群综合交通网络。加强区域生态环境合作。实现京津冀区域大气污染的联防联控，共同实施永定河综合治理与生态修复工程，统筹协调潮白河、北运河等跨界河流水域治理。成立长城国家公园管理中心，并设立试点探索人文与自然生态资源的保护机制。有序推进京津风沙源治理二期生态工程，合作建成 10 万亩京冀生态水源保护林。优化"4＋N"产业协作格局。强化区域产业链合作，建设北京新机场临空经济区，加快推进首钢京唐二期等项目，成立天津滨海—中关村科技园产业发展基金，与河北省 23 个国家级贫困县结对帮扶。将北京优质教育、医疗等公共资源输入周边地区，对接合作、共建共享。统筹发展通州区与"北三县"①，实现规划、政策和管控的协调统一。将支持雄安新区规划建设作为分内之事，制定科技和公共服务等8 个重点领域的合作方案，加快建设京雄城际和京港台高铁京雄段，积极推进雄安新区中关村科技园区的发展。

---

① 所谓"北三县"，是指廊坊市下辖的三河市、大厂回族自治县、香河县，这三个县市行政上隶属河北廊坊市，却被京津包得严严实实，成为河北的"飞地"。

（二）城乡区域全面统筹，城市发展更为均衡

继续加大对城市发展薄弱区域的支持力度，加快城市基础设施和公共服务向农村延伸，努力形成北京市南北均衡发展、城乡共同繁荣的良好格局。

积极推动城乡结合部改造。继续对城乡结合部 100 个市级挂账重点地区进行综合治理，尤其是重大公共安全隐患和治安问题。全面完成"一绿"地区第一批 6 个乡城市化试点建设任务，加快推动第二批和第三批 12 个乡镇（农场）试点，尽快开始启动第四批改造试点工作。综合整治"二绿"地区，积极推动 13 个乡镇统筹利用集体产业用地试点工作，引导有条件的地区启动区级统筹用地试点。调整升级城乡结合部地区的产业结构，根据资源禀赋、区位条件和功能定位的不同，因地制宜发展都市型休闲产业。

扎实推动城市南部地区发展。制订并实施新一轮城南地区发展三年行动计划，引导优质资源在城南地区集聚，不断增强城市南部地区的内生发展动力。优化"一轴一带多点"功能和产业布局，加快文化、科技创新和国际交往功能的形成，继续引进重点项目、龙头企业和重大活动，促进城南地区产业转型升级。建设一批区域重大提升项目，在北京新机场外围建设"五纵两横"交通网络，争取建设完成新机场高速，启动丽泽城市候机楼、房山国际旅游休闲区等项目。创新管理体制机制，推动南部地区在土地利用制度和产业发展政策等方面进行创新，先行先试，持续强化对城市南部地区的财政投入力度，市级固定资产投资投向南部地区的比例不低于 30%。

大力建设新首钢高端产业综合服务区，打造城市复兴新地标，引导西部地区转型发展。加快腾笼换鸟，进一步承接核心区功能疏解，促进高精尖产业发展。

（三）落实乡村振兴战略，推动美丽乡村建设

以乡村振兴战略作为新时代首都"三农"工作的总抓手，把城乡统筹发展放到京津冀协同发展大背景中谋划，以产业兴旺、生态宜居、乡风文明、治理有效、生活富裕为根本要求，以促进农民增收为主要目标，以美丽

乡村建设为重点任务，以农产品优质安全示范区和"四张牌"为农业供给侧结构性改革的主要载体，以深化改革为根本手段，加快推进高水平的农业现代化、高质量的农村现代化和高标准的乡村治理体系现代化建设，实现城乡融合发展、一体发展、绿色发展。

围绕美丽乡村建设，持续改善农村人居环境。扎实推进《关于开展"实施乡村振兴战略 推进美丽乡村建设"专项行动（2017～2020年）的实施意见》。制定《美丽乡村建设导则》和《村庄规划编制导则》，规范指导各村庄编制。以"干净、整洁、有序"为目标，重点进行"清脏、治乱、增绿"，全面开展村庄环境整治行动，与全市安全隐患大排查大清理大整治专项行动同步，启动农村的拆除违法建设，治理农村违法用地、违法经营等乱象。开展郊区主要道路沿线、旅游区及重点场所周边1000个左右村庄的环境整治及美丽乡村建设任务，进一步推动农村地区"煤改清洁能源"。2018年完成平原地区剩余村庄的"煤改清洁能源"任务，基本实现北京市平原村庄的"无煤化"，扎实推动一批山区村庄的冬季清洁取暖试点，开展2022年北京冬奥会场馆周边村庄的"煤改清洁能源"改造。加大力度保护传统村落，以"能保则保，应保尽保"为原则，深入挖掘和保护传统村落，将其塑造成为美丽乡村的标杆，市民乡村休闲的好去处。尤其要加强"三大文化带"范围内的传统村落发掘保护，为首都文化中心建设提供更多乡村元素。进一步引导山区绿色发展。加强浅山区土地承包（租赁）、设施农业规范管理，推动禁养区范围内的畜禽养殖关停退出。强化农村荒山荒滩承包（租赁）合同管理和实际使用状况的日常监管，杜绝新增违章建设。全面完成第三轮山区搬迁工程，启动第四轮山区农民搬迁工程，根据"搬得出、稳得住、能致富"的原则，引导符合标准、有搬迁意愿的险村险户搬迁。大力建设特色小城镇。通过加强重大项目引领，积极承接中心城功能，加快培育特色产业，发展一批特色功能性小城镇。全面提升小城镇中心区的公共服务、水环境、生态绿化水平。依据首都战略定位整治镇村产业小区和工业大院，清退一般制造业和污染产业，引导发展适宜的绿色产业。

持续推动农业"调转节"，提高农业绿色发展水平，实施农业全域绿色

发展。在保障生态安全的前提下，大力创建国家现代农业示范区、农业可持续发展试验区、国家农产品质量安全市和国家现代种业创新试验示范区（简称首都都市型现代农业发展"四张牌"）。在种植业方面，进一步调整减少高耗水作物种植规模，增加轮作休耕试点；养殖业方面，继续扩大禁养区范围，探索建设"美丽生态牧场"，制定政策引导禁养区内经营性畜禽养殖散户有序退出。鼓励建设现代农业产业园，引导发展"互联网＋"现代农业。与农业部共建北京农产品优质安全示范区，并以此为契机全面推广绿色循环农业，全面提升农产品绿色有效供给，实现质量兴农、绿色兴农、品牌强农。继续大力发展高效节水农业，推动农业水价综合改革，建设"两田一园"高效节水灌溉设施。在市域内全面推广休闲农业和乡村旅游。改变一家一户、单村发展的原有模式，以创建全域旅游示范区、田园综合体为契机，全域式组团化地发展高品质、有特点的休闲农业和观光旅游，使之成为农村支柱型产业。进一步推动旅游休闲村镇创建，将民俗旅游村镇、传统村落和休闲农庄打造成为美丽乡村的标杆和市民休闲的首选目的地。通过举办各类农业会展、农事节庆活动，树立一批乡村美食、创意产品、节庆活动等特色品牌，组织举办第六届北京农业嘉年华，积极筹办世界园艺博览会及2022年世界休闲大会。引导农村新产业新业态创新发展。完善农村一、二、三产业融合发展体系，推广"公司＋农民合作社＋农户"的发展模式，成立一批带动作用强、综合竞争力强、具备可持续发展能力的现代农业产业化联合体，打造上下游相互衔接协作的全产业链。探索并完善农村新产业新业态发展用地保障机制，研究将村庄改造、宅基地整理等腾退的建设用地建设特色民宿和农村电商。加强京津冀现代农业协作。继续在环京地区建设"菜篮子"生产基地和1小时鲜活农产品物流圈。各区立足地理环境和产业优势，强化与津冀两地在产业协同、生态合作、科技交流以及市场流通等方面的共建共赢。

以土地和产权制度改革为核心，持续深化农村综合改革。实施农村承包土地适度规模经营。严格落实第二轮土地承包到期后再延长30年的政策。全面完成农村土地承包经营权确权登记颁证。健全承包地"三权"分置制度，引导和规范土地经营权有序流转，构建以农民合作社和农村集体经济组织为主体的新型农业经营体系，发展适度规模经营，提高农业生产效率。实现集体经营性建设用地集约利用、集约发展。扎实开展集体经营性建设用地入市的试点工作，继续推动 13 个乡镇的集体产业用地改革试点，试点利用集体建设用地建设租赁住房。严控农村集体建设用地经营权转让，深入研究"村地乡管"的有效机制，有效管理农村地区特别是浅山区的集体土地。有序引导闲置农宅及宅基地盘活利用，提高农民收入。多种形式研究闲置农民房屋盘活利用，不断完善规范利用农民闲置房屋试点政策，确保宅基地集体所有权和农民房屋财产权，加强农民主体地位，规范集体统一组织，依法合规利用，确保建设运营安全。改革集体产权制度，规范集体资产监管，促进集体资产提质增效。制定实施《深化农村集体产权制度改革意见》，完成剩余农村的改革，扎实推动"一绿""二绿"及重点城镇化地区乡镇级集体产权制度改革。清理核查北京市农村集体资产，建立健全农村集体资产动态管理机制。开展海淀区全国农村产权制度改革试点。

加大生态涵养区转移支付力度，创建生态保护和绿色发展全域旅游示范区，健全多元化生态补偿机制，试点长城国家公园体制，提高生态涵养功能和绿色发展能力。加快推动门头沟区京西特色历史文化旅游休闲区建设，大力支持平谷、延庆、密云等区创建国家森林城市，支持密云区创建国家卫生城市。提高农村基层文化活力。继续实施广播电视全覆盖、万场演出下基层等一批惠民工程，城乡文化"结对子"，出台政策引导城市文化资源向农村地区流动。

（四）社会发展质量提高，民生持续改善

以人民为中心，优化公共服务供给，在教育、医疗、就业、养老和住房等市民关心的方面取得新进展，提升居民生活质量和便利程度。

发展高质均衡的教育。强化教育教学、安全管理和师德师风师能建设，培养高素质、专业化、创新型的队伍。执行第三期学前教育行动计划，引导社会力量举办普惠性幼儿园，力争 2018 年新增学位 3 万个。制定政策加强

学前教育管理，引导家长参与，强化责任督学的作用。在重点新城、生态涵养区和人才引进密集地区统筹规划建设一批示范性学校，进一步支持学区制改革、集团化办学和乡村学校的发展，从而均衡城乡、区域、校际教育差距。发展公平可及、系统连续的医疗健康服务。根据"健康北京2030"规划推动全民健身和全民健康深度融合，促进心理健康，将疏解空间依据实际建设成为群众健身场所。加强投入，促进农村基本医疗卫生服务的软硬件建设。建设全民健康信息平台，实现市区两级互联互通。推动顺义、密云等区级妇幼保健院的建设，提升助产能力，完善儿科医疗设施布局，提高妇女儿童医疗服务能力。试点发展国际医疗机构，满足高水平多层次多样化的医疗卫生服务需求。向社会开放养老服务市场，政府大力购买基本养老服务，提高养老机构服务质量，以社区养老机构医养结合为纽带多种方式发展医养结合，进一步提高基层医疗卫生机构为高龄、重病、失能老人提供上门服务的能力。制定政策支持家庭孝老、居家社区养老和社会敬老，发放综合性老年津贴，实行居家养老巡视探访等制度，新建、改扩建街道、乡镇公办养老机构，社区养老服务驿站新增150家，"社区之家"示范点新增200个。

从以往关注就业率向提高就业质量转变，制定政策贯彻落实国家就业创业工作意见，力争充分高质就业。推行终身职业技能培训，建立企业新型学徒制。支持大学生就业创业，帮扶企业分流职工就业，强化就业的供需对接和精准帮扶，力争实现城镇新增就业36万人。激发科研人员、技术人才等重点群体的活力，提高中等收入群体的收入。

多渠道促进农民增收，改善民生。扎实推进"六个一批"① 低收入农户分类帮扶措施，完善生态林管护员岗位补贴标准动态增长机制，千方百计增加农民收入。2018年将以精准帮扶低收入村和低收入户为重点，深入健全和完善提高农民收入长效机制。落实《关于进一步做好本市农村劳动力转移就业工作的通知》，大力推动农民专业就业，推行更加积极的就业政策，

---

① 即扶持产业帮扶一批、促进就业帮扶一批、山区搬迁帮扶一批、生态建设帮扶一批、社会保障兜底一批、社会力量帮扶一批。

实现在城市公共服务类岗位安置北京市农村劳动力就业1万人，将城市公共服务类岗位吸纳北京市农村劳动力的试点，由过去的公交、环卫、地铁等向停车管理和物业服务等领域拓展。督导落实北京市平原造林养护、农村管水员、保洁员、保安等雇用本地劳动力的政策要求，积极帮扶"4050"等群体就业，争取新增农村劳动力转移就业4万人以上；加大政策投入，培育新型经营主体和职业农民。根据全国首届"双新双创"博览会①精神和相关工作部署，进一步落实新型职业农民激励计划，运用好首都高校院所、科研推广机构等资源，开创职业农民培训的新模式，以需求为导向，对农民进行精准培训，力争培养一批青年农场主、专业大户和现代农业职业经理人。鼓励引导大中专毕业生、退役军人、"农二代"、科技人员等人员返乡下乡进行创业创新，带领农民创办合作社、家庭农场、林场以及农业园区等经营组织。深入实施"精准扶贫"的要求，继续实施低收入户有进有出的动态管理，确保精准认定帮扶对象。打通政策落实"最后一公里"，狠抓"六个一批"分类帮扶措施落地。将帮扶工作进一步向还没有过线的低收入农户倾斜，做到因村、因户、因人而精准施策。持续帮扶其他低收入农户，提高增加收入能力，巩固增加收入的成果。改善帮扶的方式方法，通过以工代赈、投工投劳等方式，尽量优先吸收低收入农户参与平原造林、美丽乡村以及"一事一议"奖补等农村重要工程。强化产业帮扶，建立健全产业项目与低收入农户的利益联结机制，争取2018年上半年产业项目全部开工。2018年，北京市还将开展帮扶领域腐败和作风问题的专项治理，强化各项工作落实的督查巡查和考核评估，完善帮扶资金投入和使用管理，保障每一项政策落地见效，让低收入农户从中受益。

进一步完善城乡统筹的社会保障体系，力争全民参保，逐步提高城乡居民养老保障水平，完善城乡居民基础养老金和福利养老金的动态增长机制，实施特困职工医疗救助机制，完善医疗保险支付方式，调整生育保险政策，推动发展第三代社保卡。建立与北京市发展水平相适应的福利体系，强化基

---

① 全称为全国"互联网＋"现代农业新技术和新农民创业创新博览会。

层社会救助能力、规范临时救助意见，成立市区两级困难群众帮扶中心，以社会化形式建立街乡镇困难群众救助所。发展残疾人康复服务，大力建设残疾人福利设施，保障残疾人合法权益。

参考文献

1. 《2018 年北京市政府工作报告》。
2. 北京市农村工作委员会：《落实乡村振兴战略，推进美丽乡村建设》，http：//zhengwu. beijing. gov. cn/zwzt/ZWZT/CXFZ/NYLSFZ/t1504116. html。
3. 北京市发展和改革委员会：《关于北京市 2017 年国民经济和社会发展计划执行情况与 2018 年国民经济和社会发展计划草案的报告》。
4. 北京市统计局：《北京市 2017 年国民经济和社会发展统计公报》。

发展战略篇

Development Strategy

B.2
北京市城乡人口分布格局演变
及其影响因素分析

逯燕玲　杨广林　李艳涛　高玉　冯竞*

摘　要： 北京作为超大城市，在经济发展的同时也伴随着人口过快增
长、密度过高带来的一系列城市问题。本文以 2000～2015 年
北京市常住人口以及相关经济指标为样本数据，采用多元回
归分析方法分析北京市常住人口增长与各影响因素的关系，
针对 2005～2015 年北京市各功能区常住人口与相关经济指标
从空间经济视角研究空间分布格局的演变规律及其影响因素，

---

* 逯燕玲，北京联合大学应用文理学院教授，主要研究方向为数据分析、算法分析和软件工程。杨广
林，北京联合大学应用文理学院副教授，主要研究方向为算法分析和模式识别等。李艳涛，北京联
合大学应用文理学院讲师，主要研究方向为图的对称性及应用、计量地理学等。高玉，北京联合大
学应用文理学院地理信息科学专业学生，主要研究方向为空间数据分析。冯竞，北京联合大学应用
文理学院地理信息科学专业学生，主要研究方向为空间数据分析。

并利用地理信息系统将北京市各行政区常住人口与 GDP、人
均收入统计数据进行地图化，得到专题分析图。

关键词：　人口分布　多元回归分析　北京

一　城乡人口分布与社会经济发展关系研究现状

人口数量和规模的地域分布是一个地区在发展过程中人口与其经济因
素、社会因素、资源及自然环境等因素共同作用的结果，一个区域人口的聚集
既是区域经济繁荣的结果又是经济发展的原因，城乡人口分布与社会经济协调
发展是影响区域经济可持续发展的关键因素。而城市人口空间分布格局的演变
综合体现了城市经济、社会发展与资源环境等的空间聚散①，人口规模的改变又
会对个别地区的资源环境造成压力。随着中国改革开放的不断深入、经济的快
速发展和城市化进程的加快，各大中城市尤其是特大城市的人口过快增长、密
度过高带来交通恶化、环境污染等一系列城市问题。北京作为特大城市，所面
临的"城市病"尤为严重，在城市扩张、经济发展的同时，也伴生着以人口膨
胀为核心原因的"城市病"；在城市人口总量增长的同时，城市内部地域之间呈
现明显的空间差异特征。② 研究北京市城乡人口分布格局演变及其与各影响因素
的关系，对于掌握人口空间分布情况及影响规律，促进人口与资源相协调，协
调发展以及首都核心功能的优化和非首都功能的有序疏解具有重要意义。

国外学者对人口分布的研究主要侧重于人口空间分布模型方面，大多是
宏观探讨、定性描述和理论分析。20 世纪 80 年代以来，国内外学者对城市
人口分布的空间格局演化及影响人口空间分布的因素做了相关研究，如经济

---

① 牛叔文、李怡涵、马利邦等：《资源环境约束下的中国人口增长问题研究》，《中国人口·
资源与环境》2010 年第 3 期。
② 冯健、周一星：《近 20 年来北京都市区人口增长与分布》，《地理学报》2003 年第 6 期。

发展政策和土地利用模式等对人口分布的影响,很多学者分析了社会经济发展、经济体制和产业结构变动、区域公共政策以及交通运输等因素对城市人口分布格局的影响。近 20 年来,特大型城市人口分布问题开始备受关注,多核心城市结构成为热点领域。国内学者对北京市人口空间分布的研究较为关注改革开放后的动态演变,对 1982～2010 年以来北京市四次人口普查数据和近 30 年的相关数据进行分析研究,认为北京在 1982～1990 年期间已经出现了人口的离心扩散问题[1],1990～2000 年北京城市各圈层人口分布变化的差异加大[2],2000～2010 年北京总人口越来越多地集中到城市功能拓展区和城市发展新区。[3] 北京核心区人口分布趋于疏散和合理,城市功能拓展区趋于集中和不均衡;[4] 北京市人口呈圈层梯度推移式辐射扩张和沿放射状干道外向发展,[5] 近 30 年来北京市人口离差椭圆的覆盖范围总体变化不大,这个离差椭圆覆盖区域既是北京人口分布的核心区域,也是北京市经济活动的主要承载区。[6] 尽管针对城市人口空间分布演变的研究取得一定成果,但尚缺乏从城乡一体化协调发展视角对人口分布与行政区社会经济发展关系的研究。

二 北京市常住人口增长的影响因素分析

(一) 数据采集

改革开放促进了北京市经济繁荣和各项社会事业的发展,尽管人口计划生育政策的效果已开始显著体现,1990～2015 年常住人口的自然增长率大幅下

---

① 周一星、孟延春:《北京的郊区化及其对策》,科学出版社,2000,第 51～55 页。
② 冯健、周一星:《1990 年代北京市人口空间分布的最新变化》,《城市规划》2003 年第 5 期。
③ 倪娜、易成栋、高菠阳:《2000～2010 年北京市人口空间分布与变动研究》,《城市发展研究》2012 年第 6 期。
④ 张耀军、刘沁、韩雪:《北京城市人口空间分布变动研究》,《人口研究》2013 年第 6 期。
⑤ 蔡安宁、张华、唐于渝等:《1982 年以来北京人口时空演变研究》,《西北人口》2016 年第 4 期。
⑥ 孟延春、汤苍松:《改革开放以来北京市人口空间分布的变动特征》,《中国人口·资源与环境》2015 年第 3 期。

降，但人口流动和迁入迁出速度加快，人口向超大城市集中的趋势更加显著，使北京市人口处于持续快速增长期，人口过度集聚，人口密度增长了81.27%。为了分析与北京市常住人口分布相关的影响因素，本研究从北京市统计年鉴中提取了常住人口及地区生产总值（GDP）、人均收入、就业人数、住宅开发投资、普通中学学校数、卫生机构数量与公共管理投入2005～2015年的数据，并采集了北京市16个区的相应数据。从北京市整体数据来看（见表1），除了普通中学数量逐年减少外，常住人口及地区生产总值、人均收入、就业人数、住宅开发投资、卫生机构数量与公共管理投入指标均呈现不断上升的趋势。进入21世纪以来，北京市为了集中建设高质量的中小学，关停合并使得普通中小学学校数量有所减少，虽然具有优质教育资源的示范校在校学生人数有所增加，学校周边的"学区房"房价也被炒得火热，但这些示范校多数集中在中心城区，周边的"学区房"数量有限，并不能对常住人口的增加产生太大影响。

表1　北京市2000～2015年常住人口与GDP等指标数据

年份	常住人口（万人）	GDP（亿元）	人均收入（元）	就业人数（万人）	住宅开发投资(亿元)	普通中学学校数(所)	卫生机构数量(所)	公共管理投入（亿元）
2000	1363.6	3161.7	10349.7	619.3	288.3	1159	6176	97.7
2001	1385.1	3708.0	11577.8	628.9	464.2	1111	5969	111.6
2002	1423.2	4315.0	12463.9	679.2	586.7	998	4998	127.7
2003	1456.4	5007.2	13882.6	703.3	633.0	977	5075	152.5
2004	1492.7	6033.2	15637.8	854.1	776.0	945	4835	201.6
2005	1538.0	6969.5	17653.0	878.0	779.5	917	4818	237.3
2006	1601.0	8117.8	19978.0	919.7	863.6	888	4878	287.0
2007	1676.0	9846.8	21989.0	942.7	991.7	863	6189	326.0
2008	1771.0	11115.0	24725.0	980.9	940.6	838	6523	369.6
2009	1860.0	12153.0	26738.0	998.3	906.2	804	6603	418.8
2010	1961.9	14113.6	29073.0	1031.6	1509.0	779	6539	464.6
2011	2018.6	16251.9	32903.0	1069.7	1778.3	769	9699	529.5
2012	2069.3	17879.4	36469.0	1107.3	1628.0	760	9974	565.2
2013	2114.8	19800.8	40321.0	1141.0	1724.6	757	10141	597.7
2014	2151.6	21330.8	43910.0	1156.7	1962.0	766	10265	576.8
2015	2170.5	23014.6	52859.0	1186.1	1962.7	768	10425	735.3

资料来源：历年《北京市统计年鉴》。

（二）相关性分析与回归分析方法

相关性分析是研究变量间密切程度的一种常用统计方法，是数据分析与挖掘的基础工作。常用的相关性分析方法为皮尔逊相关系数，它是描述相关关系强弱程度和方向的统计量，通常用 r 来表示，r 的绝对值越接近 1，则说明两个变量线性关系越密切。但是，计算皮尔逊相关系数要求各变量的总体情况是正态分布或者近似于正态分布，而表 1 中各项指标历年的数据并不近似于正态分布，所以不适于采用皮尔逊相关系数分析相关性。

在数据分析中，回归分析（Regression Analysis）是一种预测性的建模技术，研究的是两组或两组以上变量间的关系。回归分析是预测分析、时间序列模型以及发现变量之间因果关系的统计方法，社会经济现象的复杂性更适于采取多元回归分析方法。将表 1 中的 GDP、人均收入、就业人数、住宅开发投资、卫生机构数量、公共管理投入与常住人口数据进行多元线性回归分析，得到表 2 的统计结果。

表 2　回归统计结果

回归统计		回归分析参数	系数	标准误差
Multiple R（复相关系数）	0.9990248	Intercept（截距）	1710.5149	124.96987
R Square（判定系数）	0.9980506	地区生产总值（GDP）x_1	0.0941361	0.0118211
Adjusted R Square（校正决定系数）	0.996751	人均收入 x_2	−0.030513	0.003662
标准误差	16.888647	就业人数 x_3	−0.433048	0.1491325
观测值	16	住宅开发投资 x_4	−0.049361	0.0361941
F 统计量	767.960736	卫生机构数量 x_5	−0.024352	0.0081687
Significance F（F 统计量显著性）	1.1361E−11	公共管理投入 x_6	1.0495303	0.1979129

由上述回归统计结果可以看出，北京市常住人口数量变化与 GDP、人均收入、就业人数、公共管理投入等 6 个指标的多元回归相关系数大于 0.99，F 统计量显著性远远小于显著性水平，说明这 6 个指标与常住人口的相关性显著，置信度大于 95%。由此建立多元线性回归模型：

$$f(x) = 0.09 \times x_1 - 0.03 \times x_2 - 0.43 \times x_3 - 0.05 \times x_4 - 0.02 \times x_5 + 1.05 \times x_6 + 1710.5 \quad (1)$$

其中，x_1 为 GDP，x_2 为人均收入，x_3 为就业人数，x_4 为住宅开发投资，x_5 为卫生机构数量，x_6 为公共管理投入。

R Square 大于 0.99，接近 1，说明多元线性回归模型（1）拟合的精确度很高，北京市常住人口数量变化与 GDP、人均收入、就业人数、公共管理投入等 6 个指标的线性关系很强。

三　城乡人口分布的空间差异特征

（一）城市各功能区人口增长趋势

根据 2006 年出台的北京市"十一五"功能区域发展规划，将北京市 16 个区划分成了四大功能区。2005～2015 年北京市各个区常住人口的增长趋势如图 1 和图 2 所示，首都功能核心区（东城、西城）和生态涵养发展区（门头沟、怀柔、平谷、密云、延庆）十年间的人口数量变化比较平缓，人口总数几乎没有太大的变化，只是略有增加。而城市功能拓展区中的朝阳、丰台、海淀和城市发展新区（房山、通州、顺义、昌平、大兴）的总人口数量却在 2005～2010 年有较明显的变化，其中，海淀区和朝阳区人口数量增长最为突出，这也是北京地区生产总值最大的两个区；昌平、大兴、通州和丰台在 2008 年前后也都有明显的增幅。

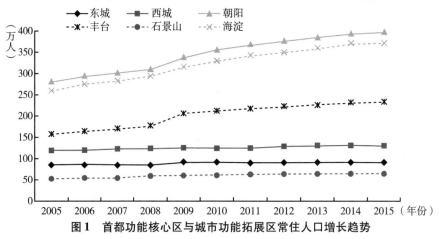

图1　首都功能核心区与城市功能拓展区常住人口增长趋势

资料来源：历年《北京市统计年鉴》。

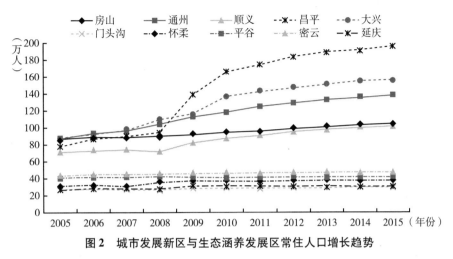

图2 城市发展新区与生态涵养发展区常住人口增长趋势

资料来源：历年《北京市统计年鉴》。

北京市总人口不断增长的情况下，四大功能区人口所占比例变化不大，如图3所示，人口占比最大的城市功能拓展区基本没有变化，城市发展新区人口占比有所增加，首都功能核心区和生态涵养发展区人口占比略有下降。首都功能核心区的常住人口数量虽少，但是人口密度大，其常住人口密度从2005年的22210人/平方公里增加到2015年的23845人/平方公里，人口密度大约是生态涵养发展区的110倍。

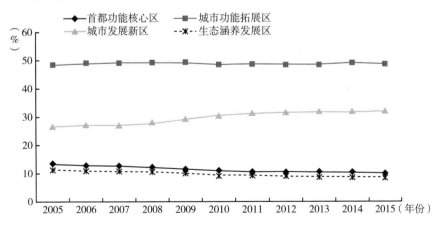

图3 四个功能区人口占比

资料来源：历年《北京市统计年鉴》。

（二）城乡人口分布空间差异的影响因素

从北京市各个功能区 2005～2015 年的常住人口数量与社会经济指标的变化情况来看，常住人口数量、GDP、人均收入、就业人数、卫生机构数量各功能区都呈逐步增长的趋势，住宅开发投资、公共管理投入却有增有减，如首都功能核心区的住宅开发面积受空间限制而大幅降低。由此说明各个功能区常住人口数量增长的影响因素主要是 GDP、人均收入、就业人数和卫生机构数量，故而以 GDP、人均收入、就业人数、卫生机构数量对各功能区的常住人口数量进行多元线性回归分析，回归统计结果如表 3 所示。

表 3　回归统计结果

回归统计	首都功能核心区	城市功能拓展区	城市发展新区	生态涵养发展区
Multiple R（复相关系数）	0.97616034	0.99148876	0.98873072	0.9904765
R Square（判定系数）	0.95288902	0.98304996	0.97758843	0.9810437
Adjusted R Square（校正决定系数）	0.92148169	0.97174994	0.96264739	0.9684062
标准误差	1.78608477	19.7757165	21.8676522	1.172301
观测值	11	11	11	11
回归分析参数	系数			
Intercept（截距）	240.404835	431.454003	411.660524	125.11613
地区生产总值（GDP）x_1	0.01153028	0.03867813	0.16528889	- 0.011966
人均收入 x_2	- 0.0002737	- 0.0050628	- 0.0173967	0.0001386
就业人数 x_3	- 0.0993241	1.59096012	0.45558608	1.5819571
卫生机构数量 x_4	- 0.0372827	- 0.0473847	0.01881634	0.0002046

各个功能区的回归统计结果相关系数均大于 0.97，F 检验结果均小于0.00045，远远小于显著性水平 0.05，说明 GDP、人均收入、就业人数和卫生机构数量与常住人口的相关性显著，置信度大于 95%。由此建立多元线

性回归模型：

$$H(x) = 0.0115 \times x_1 - 0.0003 \times x_2 - 0.0993 \times x_3 - 0.0373 \times x_4 + 240.4 \qquad (2)$$

$$T(x) = 0.0387 \times x_1 - 0.005 \times x_2 + 1.59 \times x_3 - 0.0474 \times x_4 + 431.45 \qquad (3)$$

$$F(x) = 0.1653 \times x_1 - 0.0175 \times x_2 + 0.4556 \times x_3 + 0.0188 \times x_4 + 411.66 \qquad (4)$$

$$S(x) = -0.012 \times x_1 + 0.0001 \times x_2 + 1.582 \times x_3 + 0.0002 \times x_4 + 125.12 \qquad (5)$$

其中，x_1 为 GDP，x_2 为人均收入，x_3 为就业人数，x_4 为卫生机构数量。从模型（2）、（3）、（4）可以预测未来首都功能核心区、城市功能拓展区和城市发展新区的人口数量，只有抑制 GDP 过快增长才能降低首都功能核心区人口增长速度。

（三）城乡人口分布与 GDP、人均收入分析

利用地理信息系统将北京市各功能区常住人口 GDP、人均收入统计数据与其空间位置紧密结合，对 2005 年、2010 年和 2015 年的统计数据进行地图化，使用 ArcGIS 软件绘制专题分析图（见图 4）。从图 4 中可以看出，北京市常住人口分布与 GDP 城乡差异很大，而城乡人均可支配收入没有明显差异。

综合以上研究发现：占北京市总人口比例最大的城市功能拓展区，人口比例在 48.63% ~ 48.95% 间上下浮动，基本保持平稳；占比较小的首都功能核心区和生态涵养发展区的人口比例还在下降，特别是人口密度较大的首都功能核心区比例下降相对大一些；人口比例稳步提升的是城市发展新区。而人口空间分布格局的演变与地区 GDP、公共管理投入、人均收入和就业关系密切；与房地产开发、房价及学区房关系并不大。按照北京作为全国政治和文化中心以及现代化国际大都市的建设要求，不断提高人均可支配收入、提高公共管理与服务水平、稳定就业都是必要的，而调控 GDP 的增幅无疑是首都功能核心区人口与非首都功能有序疏散的有效途径。

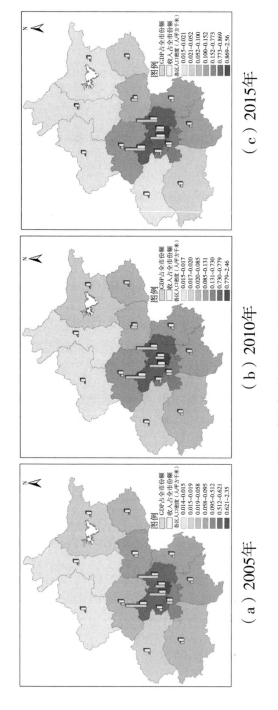

（a）2005年 （b）2010年 （c）2015年

图 4 常住人口与 GDP、人均收入统计分析

资料来源：历年《北京市统计年鉴》。

B.3
对提升核心区疏解整治工作的研究

张家明*

摘　要： 本文围绕东城遵循习近平总书记考察北京时强调要抓住北京疏解北京非首都功能这个"牛鼻子"的指示精神，从提升核心区疏解整治工作的战略意义，东城区在深入推进"疏解整治促提升"工作，加快从聚集资源求增长向疏解功能谋发展转变，已经取得的成果和经验，尚存的问题和挑战，以及如何进一步推进疏解提升工作，力争取得新突破，全面提升核心区发展质量和水平的思路、重点，为深入谋划北京东城区开创国际一流和谐宜居之区做深入研究。

关键词： 首都核心区　非首都功能　人口疏解　和谐宜居

围绕东城遵循习近平总书记考察北京时强调要抓住北京疏解非首都功能这个"牛鼻子"的指示精神，本文对东城区如何深入推进"疏解整治促提升"工作，加快从聚集资源求增长向疏解功能谋发展转变，力争取得新突破，全面提升核心区发展质量和水平，努力开创国际一流的和谐宜居之区建设的新局面，做如下研究。

一　深刻认识做好核心区疏解整治促提升工作的战略意义

作为核心区，深入推进"疏解整治促提升"工作既是东城区服务首都

---

* 张家明，中共北京市东城区委书记。

发展大局的使命担当，对核心区可持续发展也意义重大。

一是贯彻践行党的十九大精神，实现人民群众对美好生活向往的客观要求。

党的十九大站在新的历史方位，做出了中国特色社会主义进入新时代的重大政治论断。学习贯彻十九大精神，必须深刻认识我国社会主要矛盾发生变化的新特点，不断满足人民群众对美好生活向往的新期待。

经过改革开放40年的发展，北京社会生产力和居民生活水平明显提高。2016年，北京人均GDP达到1.78万美元，总体上达到世界高收入国家和地区水平，人民对美好生活的需求更加强调便利性、宜居性、多样性、公正性、安全性。对东城区而言，全区人均GDP达到近3.5万美元，但发展不平衡不充分问题依然突出。推进"疏解整治促提升"工作就是要深刻把握不平衡不充分的主要矛盾，顺应市民对美好生活的新期待，聚焦人民群众最关心最直接最现实的利益问题，在发展中补齐民生短板、促进社会公平正义，使人民获得感、幸福感、安全感更加充实、更有保障、更可持续。

二是落实北京市城市总体规划，高标准履行核心区职责的使命担当。

北京市新"总规"明确了"一核一主一副两轴多点一区"城市格局，强调核心区是全国政治中心、文化中心和国际交往中心的核心承载区，是历史文化名城保护的重点地区，是展示国家首都形象的重要窗口地区，明确建设政务环境优良、文化魅力彰显和人居环境一流的首都功能核心区。北京市委书记蔡奇在市第十二次党代会上也强调，要紧紧抓住疏解非首都功能这个推动京津冀协同发展的"牛鼻子"，坚持疏解与提升同步推进，努力形成优良的政务环境和人居环境，展现大国首都形象和城市魅力。

东城区作为展示首都形象的重要窗口，辖区集中了30多个中央部委机关以及100多个国家局级单位，是党政军首脑机关及其大部分职能机构所在地，政治文化以及对外交流交往活动频繁。落实好全国政治中心定位，保障好中央政务功能，是东城区首要职责所在。深入疏解整治促提升就是更好地履行"四个服务"职责，为中央党政机关高效开展工作创造良好条件，就是更好地落实"四个中心"定位、支撑国家首都建设。

三是深化供给侧结构性改革，缓解治理核心区"大城市病"的重要抓手。

对北京来说，疏解非首都功能是供给侧结构性改革的重要突破口。作为现代化国际大都市，北京当前人口资源环境矛盾日益严峻，环境容量顶到"天花板"，大气污染、交通拥堵等"城市病"越发令人揪心。这些难题表面上看是人多带来的，但深层症结还在于城市功能扎堆，承载空间不足。城市并非越大越好，功能并非多多益善，城市功能的供需错配极易导致资源环境的不堪重负。从这个意义上说，疏解城市功能中的无效和低端供给，扩大有效和中高端供给，实为北京破解"大城市病"，更好落实城市战略定位的必由之路。

东城区既承载着首都核心功能，还承担着经济社会发展、城市运行管理、居民居住生活等一般城市功能。人口、政务、教育、医疗等资源的高度聚集和城市超载运行，诸多问题交织在一起，"大城市病"日趋严重。推进疏解整治促提升，就是要聚焦核心区功能定位，把超载的人口、过度聚集的公共资源以及不适合核心区发展的市场、产业等功能疏解出去，从"供给端"分散非首都功能对人口的吸附效应，推动核心区可持续发展。

四是推进核心区治理能力现代化，建设国际一流和谐宜居之区的关键所在。

建设和管理好首都，是国家治理体系和治理能力现代化的重要内容。习近平总书记在视察北京的讲话中，要求北京加快形成与世界城市相匹配的城市管理能力，城市管理目标、方法、模式都要现代化。北京市党代会也明确提出"要坚持人民城市为人民，牢固树立以人民为中心的发展理念，用群众满意度来衡量城市管理水平"。

核心区是首都发展的窗口，核心区城市管理水平的高低直接影响到首都治理体系和治理能力现代化建设，直接影响到北京国际一流和谐宜居之都目标的实现。深入推进疏解整治工作，就是要按照国际一流和谐宜居的标准，不断提升核心区城市现代化治理能力，让环境更宜居、让人民更幸福、让城市更美好。

二 东城区疏解整治工作的成效与经验

（一）主要成效

1.人口调控取得明显成效

常住人口、户籍人口实现"双下降"。2017年末，东城区常住人口为85.1万人，较2014年末减少6万人，降幅为6.6%。同时，户籍管控力度不断加大，户籍人口96.7万人，比2014年末减少了1.3万人。全区连续三年实现了常住人口和户籍人口双下降，也是全市唯一实现双下降的区（见图1）。

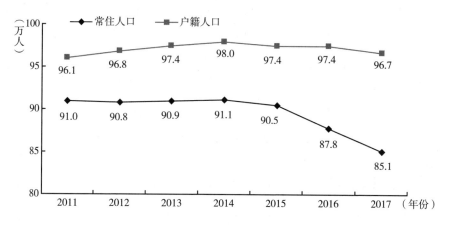

图1 2011~2017年东城区常住人口和户籍人口变动情况

常住外来人口占比持续下降。2017年末，东城区常住外来人口为17.8万人，较2014年末减少3.4万人，下降16%。常住外来人口占常住人口的比重为20.9%，自2014年以来呈现持续下降态势（见图2）。

专项整治行动推动人口疏解。东城区非首都功能疏解各项工作持续推进，人口调控工作取得显著成效，2017年1~10月，全区非首都功能疏解各领域共涉及各类人口变化158927人次，完成全年涉及人口变化目标任务的134.8%。

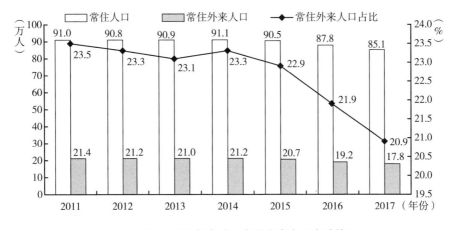

图2　2011～2017年东城区常住外来人口变动情况

2.非首都功能疏解稳步推进

改造升级和关停一批商品批发市场。2017年，疏解提升商品交易市场共6家，疏解商户1600户，涉及各类人口变化6500人次。

积极推进工业企业疏解和低端业态清退。在全市率先制定产业调整退出目录和高精尖产业指导目录，完成16家工业企业调整退出，累计4000余家企业及个体工商户未通过落户审批。规范引导商业街区业态转型升级，严控平房区、特色商业街区工商注册登记，取缔无证无照"七小"业态[①]，实现重点管控街区低端业态零增长。

辖区优质教育医疗资源加快向周边辐射。支持副中心建设，五中、史家小学完成选址，景山学校建设项目启动推进，东直门中医医院、北京市中医医院、北京市妇产医院等优质医疗资源加快在通州布局。东交民巷小学、一师附小等学校与顺义、房山、延庆等区学校实施一体化办学，同仁医院、天坛医院疏解搬迁工作有序推进。

与津冀地区对接合作积极推进。主动融入京津冀协同发展，围绕区域性专业市场疏解、文化服务、教育合作、卫生服务等领域，先后与石家庄、张家口、天津、承德等市在教育、卫生、文化、旅游、商务合作交流等领域签

① "七小"：小餐饮、小食杂、小旅店、小歌厅、小发廊、小洗浴、小建材等。

订了 17 项战略合作协议。

3. 城市治理能力逐步提升

下大力气推进城市环境整治。制定并实施环境整治、直管公房管理等 5 类 11 项管理标准规范。以重点街区综合整治为突破口，着力提升城市品质，主动申请取消南锣鼓巷 3A 级景区资质，完成南锣鼓巷主街、篮街等环境综合提升工程。持续开展专项整治，2017 年，全区完成 134 条大街和 496 条背街小巷整治任务，15 项专项行动全部提前超额完成目标任务。

率先探索平房区物业管理。制定出台一系列文件规范，确定了平房区物业管理服务的内容、标准体系和实施步骤，实现全区平房区物业管理服务全覆盖。

4. 城市更新改造积极推进

重大项目实现突破。宝华里、西河沿等长期滞留项目取得突破性进展，重新启动南中轴路环境整治项目征收和天坛东里北区 1 ~ 8 号楼腾退工作，顺利实施了全市最大规模简易楼群——天坛周边简易楼腾退项目，基本完成西忠实里环境整治项目，启动并基本完成核心区体量最大的望坛棚改项目签约工作。

名城保护扎实推进。继续推进南锣四条胡同"申请式腾退"；强力整治东四三至八条，着力打造东四四至六条精品胡同；东四南历史街区保护更新公众参与项目荣获"中国人居环境范例奖"。精心打造前门历史文化展示区"金名片"，完成西打磨厂街修缮改造、重张开街，三里河、玉河南区重现"碧水穿街巷"历史景观。制订实施未来三年文物腾退计划，启动丰城会馆、安乐禅林等 11 处文物腾退工作。

（二）经验总结

一是注重顶层谋划，高位统筹。成立协同发展领导小组，下设产业转移升级、市场疏解、城市更新改造等专项小组。区主要领导靠前指挥，密集调度，分管区领导定期召开调度会，区政府常务会每月听取工作汇报，确保任务逐级细化落实。

二是注重工作落实，系统推进。围绕打好疏解整治、人口调控的"整体仗"和"组合拳"，研究形成"四个三"① 工作思路和"点线面"② 工作格局。

三是注重政企合作，多元参与。在城市建设和治理中强化多元参与，探索共治共享的城市治理新模式。围绕历史街区保护、城市更新改造、平房区物业管理等，加强政企合作，城市环境明显改善。注重发挥社会组织作用，成立了南锣商会、簋街商会、五道营商会等社会组织，引导其参与街区治理，充分发挥商会连接企业和政府的桥梁纽带作用。

四是注重改革创新，试点示范。在10个平房区街道16个片区推广物业管理服务试点工作，为物业管理全覆盖打下了基础；选取景山街道和建国门街道作为开墙打洞整治行动试点，形成了冻结房产、拆违促治、物防巩固等一系列经验做法；围绕老旧小区综合整治，确定了胡家园东区和春秀路小区2个试点推进实施；启动南锣四条胡同居民申请式搬迁和东四三至八条保护整治项目试点，促进居民腾退、文物保护、低端业态清理，为推进街区整体保护和有机更新积累了宝贵经验。

三 东城区继续推进疏解整治促提升工作面临的问题挑战

东城区在肯定成绩的同时，也要深刻认识当前疏解整治任务重、要求高，工作推进仍然面临诸多制约和挑战。

---

① "四个三"，工作原则做到"三个两"，即抓好"疏"与"控"两条线，用好政府和市场两只手，算好人口和效益两笔账；工作基础做到"三起来"，即推进工作体系、政策制度体系、台账体系建立起来；工作机制做到"三个双"，即坚持常住人口和户籍人口双调控，调控结果和调控过程双监测，属地街道和职能部门双考核。

② "点线面"，围绕重点项目、专项整治行动以及"三起来"体系建设，全面推进疏解整治促提升工作。

（一）人口疏解调控任务依然艰巨

虽然东城区常住人口与常住外来人口总量实现双下降，但人口高度密集现象依然存在。2017 年，东城区人口密度为 20330 人/平方公里，比上年下降 645 人/平方公里，仅低于西城区 24144 人/平方公里，是城六区平均水平（8834 人/平方公里）的 2.3 倍，是全市平均水平（1323 人/平方公里）的 15.4 倍，城市生活品质的提升仍然面临压力。就当前人口调控工作而言，面临两大挑战。

一是推动人口持续下降的调控压力大。落实京津冀协同发展要求，东城区"十三五"规划纲要明确，到 2020 年，常住人口比 2014 年下降 15% 左右，控制在 77.4 万人以内。然而，考虑到全面放开二孩后政策影响，人口自然增长和机械增长因素，实际需要疏解的常住人口更多，人口调控任务非常艰巨。特别是随着天坛简易楼腾退等重大城市改造项目陆续完成，对人口调控的带动效应逐步减弱，持续推动人口明显下降的着力点欠缺、路径不明确，完成 2020 年的人口调控目标难度非常大。

二是人口疏解工作面临诸多现实制约。一方面，外迁安置房源缺口大、成本高，跨区关系难协调，据统计全区尚有"三房"轮候家庭[①] 2.8 万户，在册搬迁征收项目中 3 万余户居民待外迁疏解[②]，存在较大房源缺口，且房源位置偏远、建设成本偏高、周边环境和配套设施欠缺，对搬迁居民缺乏吸引力。另一方面，受全市房价攀升以及市场大环境影响，居民对搬迁补偿安置的预期越来越高，通过疏解改善生活质量的要求越来越强烈，搬迁项目进展艰难。

（二）非首都功能疏解面临诸多制约

商品交易市场疏解方面。一是部分市场主体对市场疏解工作缺乏主动调

整意识，主因是市、区目前没有相关的资金支持办法和补偿标准，同时也对转型新的业态缺乏信心。二是协同发展优惠政策不明。津冀地区在市场对接方面虽有合作意愿，但各地政府在土地、税收、基础设施商业配套等方面尚无明确的优惠政策，造成了现阶段的合作仅限于两地框架性合作，深入合作及项目落地难。三是部分市场关停疏解过程中维稳压力大。被关停及疏解商户情绪反应比较强烈，商户补偿等问题协调难，维稳压力和应诉压力不断加大。

低效工业企业疏解方面。一是由于部分企业属于市属企业或保密企业，调整退出工作从区级层面推动存在一定阻力和难度；另外，推动市属国有大型企业（集团）下属子、分公司和有关保密单位逐步退出首都功能核心区，仅靠区级力量困难重重。二是企业以搬迁方式实现调整退出，涉及环节和流程较多，如会计、税务流程、资质转移审批手续复杂，耗时较长，给调整退出工作的推进带来一定阻力。三是对于调整退出企业外迁，津冀地区尚无实质性优惠政策，需要对接津冀地方政府在协调用地、相关配套等方面有针对性地给予实质性优惠政策。

（三）名城保护和城市更新改造挑战多

东城区属于老城区，旧城约占全区总面积的74.2%，城市发展既面临风貌保护高要求，也面临城市更新改造的迫切需求，面临着诸多挑战。

一是历史文物腾退修缮推进困难。由于历史原因，仍有相当数量的文物建筑因不合理占用，无法得到有效保护。据不完全统计，全区文物中不合理使用的近224处，占总数63%，其中年久失修、用于居住的151处，占不合理使用总数的67.4%。目前不合理使用文物腾退修缮工作推进面临的主要困难有：一方面产权复杂，协调难度大。356处文物中，央产98处、市产55处、区产120处、军产18处、企业和个人产41处、混合产24处，依靠区级层面难以调动这些单位参与腾退或修缮。另一方面，腾退资金量大。因搬迁腾退成本高以及再利用等方面的制约，

对社会资本没有吸引力，使用周期长，且投资回报率低，目前基本上全部需要政府投入，资金缺口大，如孚王府现有居民约 400 户，初步测算腾退资金达 12 亿元。

二是拆迁滞留项目是城市更新改造的难点。据统计，截至 2016 年底，全区还有 27 个拆迁滞留项目，其中最长的滞留项目是金宝街 6 号地，自取得拆迁许可证至今已有 13 年。这些滞留项目涉及居民总户数 21563 户，其中滞留总户数 12112 户，仅崇外 6 号地就有 6585 户滞留，占全部滞留户的 54%。滞留项目不仅影响项目的整体推进，也给社会维稳带来压力。从实际操作来看，目前这些滞留项目面临推进手段有限、利益协调难等现实挑战，推进难度大。

（四）城市管理的长效机制尚未建立起来

当前，核心区城市管理长效化管理机制尚处于探索阶段，与国际一流和谐宜居之区的要求还存在较大差距。

一是城市精细化管理水平还不够高。目前东城区城市管理水平在一些区域，如长安街、王府井、前门大街等已经达到了精细化水平，而在一些旅游景区、交通枢纽、医院学校、老旧小区、背街小巷等区域脏乱差问题仍很突出。有的街道基本是楼房区和新建小区，问题相对较少；有的街道老旧平房多，外来人口混杂，城市基础设施较差，相对而言，各种问题较多，管理难度也大。

二是平房区物业管理服务模式尚需完善。通过实施平房区物业管理服务，城市环境得到了一定改善，但仍然存在诸多问题，比如平房区概念不明晰、平房区物业管理服务统筹机制不完善、居民自治与物业管理未实现有效结合、物业服务企业与行政执法部门的衔接不足、物业考核奖惩机制"不落地"等。

三是条块管理体制机制尚需进一步理顺。一方面，统筹管理不到位，条条之间、条块之间在许多城市管理问题处理上职责划分并不清晰，推诿扯皮、条块脱节时有发生，综合执法、协作配合、监督评价等机制都需进一步完善。另一方面，街道权责不匹配，属地责任落实不到位，部门往往把工作下派给街道，但考核权、资金还留在手上，街道办事处难以发挥统筹协调和监督专业管理部门的作用。

（五）疏解整治工作面临诸多政策障碍

核心区疏解整治工作推进的关键制约之一还在于政策不适应、机制不匹配，诸多方面亟须市级支持、创新突破。

一是人口疏解配套政策不完善。人口疏解工作涉及资源配置、外迁安置、城市规划、政策法规、产业布局、名城保护、人口管理等方面的问题，具有涵盖面广、协调难度大的特点。目前全市尚无明确的思路、统一的配套政策和上下一致的工作机构，在疏解成本巨大、社会资本引入困难、外迁房源吸引力不足的情况下，人口疏解工作举步维艰。

二是直管公房管理政策滞后。自 20 世纪 90 年代末住房制度改革以来，平房区的直管公房低租金福利体制一直没有改变（租金水平目前为 2.29 元/平方米）。公房租金标准过低，房租与生活成本倒挂，造成转租转借突出，私搭乱建现象严重，导致流动人口不断聚集，而房管部门缺少有效回收机制，公房收回操作难度较大。

三是城市更新改造政策难支撑。在疏解与人口调控的大背景下，中心城区在规划上强化减规模、减人口的发展方向。一批处于前期研究的项目，如金鱼池西、北京站周边项目，由于旧城风貌保护的原因，规划控制严格，前期投资大，很难通过自身改造升级实现资金平衡，需要通过区域外自有用地调整规划、建设外迁安置房等方式，跨区联动实现异地平衡。然而，目前关于核心区平房区腾退改造及项目内外联动、异地平衡的政策还不够完善，项目推动受到制约，需要破解立项、规划、成本核算和土地出让等一系列问题。

四是文物腾退法规政策缺失。现有国有土地征收条例中，提出可以对文物实施征收，但尚未出台文物征收实施细则，现实操作中难以确定腾退主体。按一般建设项目办理手续，缺乏对文物腾退的适用性，导致文物腾退征

收难以实施。此外，当前的文物开放使用政策对文物的利用限制过多，以文博类为主，可适用的功能较少，没有给文物合理利用发挥更大价值和产生更大效益的足够空间。

四 东城区疏解整治促提升工作推进思路

深入贯彻落实党的十九大精神，以习近平新时代中国特色社会主义思想为根本遵循，围绕"四个中心"功能建设，以首善标准履行好"四个服务"职责，聚焦"一条主线、四个重点"战略任务，以改革创新为动力，统筹好服务中央、调控人口、优化环境、改善民生的关系，坚持人口规模与建设规模双调控，减量发展与创新发展双促进，首都功能与城市品质双提升，突出"两导向、五结合、四降低"战略思路，抓好"疏非控人、项目攻坚、品质提升、文化强区、民生改善、机制创新、跨区协同"七大着力点，努力在全市疏解整治促提升工作中发挥示范作用，更好地满足人民群众对美好生活的期待，为东城区国际一流的和谐宜居之区建设提供有力支撑。

（一）坚持两导向

东城区的疏解整治促提升工作要站在国家首都功能核心承载区的高度去认识，以国际一流的标准去要求，重点坚持"两个导向"，即：功能导向。要贯彻好"一核"建设要求，紧紧围绕"中央政务服务区、首都文化中心区"总体定位，推进疏解整治促提升工作。目标导向。要将提升居民生活品质和宜居环境作为工作的落脚点，多措并举逐步解决辖区群众关心的居住问题、环境问题、生活服务问题等，提高民生保障和公共服务供给水平，增强群众获得感。

（二）注重五结合

疏解整治促提升工作涉及面广，是一项系统工程，在工作推进中要坚持统筹推进，注重"五个结合"。

一是疏控结合。所谓"疏"，就是要做到疏解存量，运用行政、经济、法律等手段，打好非首都功能疏解攻坚战，以功能疏解推动人口疏解。所谓"控"，就是要做到严控增量，落实好新增产业禁限目录，强化人口和业态调控，防止功能疏解后人口再聚集。

二是治管结合。按照"整治为先、管理并进"的思路推进城市治理工作，实施精治、共治、法治，既要围绕城市环境"痼疾顽症"加强整治，更要注重城市管理长效机制建设，推动城市管理从单一管理向多元共治转变、从末端管理向源头治理转变、从粗放管理向精细管理服务转变，巩固整治成果，建设"花园东城"，全面提升区域环境品质。

三是腾用结合。聚焦发展空间约束的现实挑战，结合不合理使用文物腾退、低端产业关停淘汰等疏解整治工作，积极腾退空间，推进"腾笼换鸟"，补足城市服务功能的短板，改善城市环境，合理引导符合功能定位的"高精尖"产业发展，实现功能疏解与提质增效协调并进。

四是统专结合。在推进方式上，要注重统筹推进和专项深化相结合，一方面，要注重全区统筹，推进体制机制创新，强化部门协调联动，形成推进合力；另一方面，要深化专项推进，聚焦重点任务，抓好工作着力点，形成创新突破。

五是政企结合。在推进主体上，要把握和处理好政府和市场的关系，重点围绕历史文化名城保护、城市更新改造、城市精细化管理、公共服务供给等方面，创新完善机制政策，积极引入社会力量，探索政府引导、市场化运作的发展新模式，形成政企共同推动城市健康持续发展的合力。

（三）着力四降低

一是降低人口密度。深化"以房管人、以房控业"，推动"人随功能走、人随产业走"，降低区域人口密度。二是降低建筑密度。启动简易楼腾退，实施棚改项目，推动历史遗留项目建设以及零散用地整治，推进建筑规模持续下降。三是降低商业密度。坚持疏提并举，实现区域业态

整体升级，全面完成商品交易市场疏解转型，切实降低商业密度。四是
降低旅游密度。清理整治小旅馆，规范旅游秩序，提高旅游品质，着力
降低旅游密度。

五　东城区疏解整治促提升工作推进重点

（一）　抓疏非控人，打好非首都功能疏解攻坚战

紧抓功能疏解这条主线，实现疏解中转型提升，推动更高质量、更加健
康、更可持续地发展。

多措并举推进人口疏解调控工作。人口疏解是疏解整治促提升工作的重
中之重。一是巩固棚户区改造成果，强化群租治理和直管公房转租转借治理
等城市环境治理途径，保持常住人口、户籍人口双下降态势。二是探索推进
申请式疏解模式，有序推进平房院落、简易楼等腾退改造和人口疏解工作。
三是积极争取北京市在资金、房源、政策等方面的支持，加快对接安置房建
设及医疗、教育等资源配置，增强外迁区吸引力，为人口疏解工作创造条
件。四是开展全区人口、住房、产业等基础信息摸底调查，严格落实居住证
制度，开展户籍人口清理整顿，强化对外来人口集聚行业从业人员管理，从
源头加强人口调控。

重点推动市场疏解和转型。重点推进百荣世贸商城疏解，围绕"腾退
空间如何用、产业业态如何转"等现实问题，强化规划引领，加强市场疏
解腾退后地区发展定位和产业研究，按照核心区功能定位要求，加强产业规
划引导，明确未来产业转型升级方向。

加强低端业态清理整治。深入推进"占道经营整治专项行动""无
证无照整治专项行动""'七小'业态清理整治""违规开墙打洞整治
专项行动"等工作任务，加大低端业态整治力度。重点推进"断尾行
动"，有效解决"开墙打洞"整治后遗留的继续经营、证照清理等
问题。

（二）抓项目攻坚，统筹推进城市更新改造工作

深入实施历史文化街区保护复兴、非文保区更新改造、基础设施优化提升"三大行动计划"，加快推进一批重大项目，力争取得新突破。

推动历史文化街区保护复兴。一是加快推进南锣鼓巷地区、东四三至八条、隆福寺地区、前门地区、故宫周边、雍和宫地区、国子监地区等历史文化精华区整治提升。二是实施文物保护腾退专项整治，协调推动文物征收办法和文物利用政策的制定和完善。三是探索居民"申请式"搬迁，研究破解平房区更新改造难题的政策、路径，不断改善居民生活环境，实现"老胡同、静生活"的目标。

加快非文保区更新改造步伐。未来，要多措并举，借助市级棚改政策，完成天坛周边、望坛等项目，加快宝华里项目滞留户搬迁工作，重点解决崇外6号地等滞留项目问题。围绕王府井地区、北京站等重点区域发展，启动实施一批重点项目，提升地区环境品质，促进区域优化升级。

稳步推进简易楼腾退工作。东城区现存需要及时通过改造解危的四类以上简易楼152栋，约3400户、12万平方米，其中已列入危改、棚改等项目的有70栋，约1200户、5万平方米。未来，要积极推进直管公房简易楼腾退工作，明确实施主体和方向要求，探索简易楼腾退和改造提升的模式路径，努力实现消除居民居住安全隐患、群众居住条件显著改善、环境秩序显著改观的目标。

推进市政基础设施改造提升。东城区属于建成区，配套设施薄弱、市政管线老化、容量不足等问题突出。一方面，以缓堵保畅、改善民生为目标，积极推进道路设施改造提升项目，加快区内道路微循环建设，力争到2020年建设完成41条次支路，道路基本实现率提升至90%。另一方面，强化规划衔接、促进部门协同，重点推进"低洼院落改造""架空线入地"等工程，采用新技术、新标准，创新性解决胡同内市政问题，如雨污分流问题、管线敷设路由紧张问题等。

统筹解决危改棚改项目推进困难问题。聚焦项目推进中的难点和制约，创新工作机制，积极争取相关政策支持和创新试点，利用一次性招标、异地平衡等政策，加大项目支持力度，调动企业参与的积极性，加快推动项目建设。

（三）抓优化提升，全力打造"花园东城"

在疏解整治的同时，下更大力气做好"促提升"文章，更加注重运用法规、制度、标准管理城市，切实让核心区静下来、美起来，全面提升"四个中心"功能承载力。

着力降低商业、旅游密度。修订产业禁限目录，提高产业准入门槛和住宿、餐饮、零售、房屋出租业等标准，优化便民商业、升级零售商业、管控旅游商业。推进旅游产品供给端创新，通过降低小旅馆数量、推行景点预约参观机制、加强旅游大巴管控等措施，引导大众旅游向小众高端旅游发展。

提升"高精尖"发展质量。编制落实好王府井、前门等重点功能区新一轮发展规划，促进产业向高端化发展。加强税源管控，优化产业结构，采取综合施策、管理与服务并进等方式，引导企业将"五证"及纳税关系落户东城。

持续提升生态环境品质。坚持留白增绿、见缝插绿、拆违还绿、能绿则绿，坚持大尺度绿化和口袋公园建设相结合，建好天坛周边、大通滨河公园二期、景泰桥东南等公园绿地。推动树池连通，以景观绿化等方式，逐步取消围挡的栏杆，给城市戴上"绿色项链"。做好大气污染防治工作，严格落实"河长制"，实现垃圾分类全覆盖，营造整洁优美宜居的生态环境。

进一步提升城市文明程度。巩固文明城区创建成果，把社会主义核心价值观融入市民教育，在"疏整促"过程中找准精神文明工作的着力点。深入开展文明社区、文明商户等精神文明创建活动，健全志愿服务常态化机制，广泛发动党员干部群众开展"大扫除"、美化身边环境，营造良好经济社会秩序，不断提高市民文明素质和城市文明程度。

（四）抓文化强区，擦亮历史文化名城"金名片"

文化是东城区最大的特色和优势。要深刻认识新时期北京建设全国文化中心的新要求，强化文化功能建设，发挥好在首都文化发展中的核心支撑和"排头兵"作用。

着力提升古都风貌。强化"天际线、架空线"整治，努力塑造传统文化与现代文明交相辉映的城市特色风貌。一方面，开展集中清理建筑物天际线专项行动，保护老城平缓有序的城市天际线，严格控制老城建筑高度与体量，维护故宫、钟鼓楼、永定门城楼等重要建筑（群）周边传统空间轮廓的完整；另一方面，围绕"百街千巷"环境整治，推进架空线治理与智慧城市、雪亮工程、数字化管网相结合，逐步实现主要大街无架空线，努力推进支路胡同架空线入地工作。另外，强化"首都风范、古都风韵、时代风貌"城市特色，制定出台街巷胡同和全区整体风貌管控导则，加强建筑高度、城市色彩、城市第五立面等管控，实现"以控促保"，保护好古都风貌"金名片"。

着力推动文化科技融合发展。围绕"高精尖"发展导向，坚持做"菜心"，不做"白菜帮子"，紧抓北京建设科技创新中心的契机，充分发挥中关村东城园的辐射带动作用，积极争创"国家文化与金融合作示范区"，努力培育发展文化科技融合新业态，不断提升区域经济"高精尖"水平。积极推动"胡同里的创意工厂"升级发展，优化胡同创意生态，促进文化业态升级，构筑适宜文化科技企业创新的生态群落。统筹做好产业空间的再利用，明确产业定位和引入标准，提高企业落户门槛，努力打造文化科技融合发展的新载体。

提升"文化东城"品牌影响力。持续举办好王府井国际品牌节、前门历史文化节、孔庙国子监国学文化节、地坛中医药健康文化节等品牌文化节庆活动，提升国际化运作水平，提高活动的品牌影响力和知名度。紧抓"一带一路"国家重大开放战略机遇，进一步完善友城布局，积极开展与友好城市之间的文化交流与合作，通过互办文化年、联合举办文化周、城市艺术节等，培育具有品牌影响力的友城文化交流精品活动。

（五）抓民生改善，着力提升和谐宜居生活水平

把握居民生活服务需求，补齐城市建设和服务短板，多措并举解决好居民关心的难点、热点问题，不断提升和谐宜居水平，增强居民幸福感。

缓解交通停车供需矛盾。胡同"停车难""停车乱"是民生反映最强烈、最集中的问题之一。要下大力气改善停车秩序，缓解供需矛盾。一要抓新增。创新工作机制，积极吸引市属国有企业等社会资本参与停车场建设运营，通过平改立等方式，建设立体停车设施。二要抓盘活。利用地下人防、路侧空间夜间停车等，增加停车位供给。三要抓整合。积极鼓励社会单位有偿提供停车资源，大力推进错时停车，有序引导公建配建停车场向周边居民开放，增加停车位供给。

增强公共服务供给能力。一方面，要结合人口调控，科学研究测算幼儿园、社区卫生站、养老驿站等为民服务设施需求，做好顶层规划部署。另一方面，要统筹腾退空间利用，做好"留白增绿"，优先满足居民公共服务和生活配套设施需求。此外，要创新公共服务供给模式，围绕养老、助残、公共文化等，探索公共服务市场化、社会化供给机制，拓展公共服务供给渠道。

提升生活性服务业品质。积极利用疏解腾退空间完善便民商业设施，优化便民服务网络布局，科学规划、合理配置"一刻钟服务圈"服务设施。探索生活性服务业集成供给模式，合理规划建设现代化、综合化、品质化的"社区商业便民综合体"；深入开展"互联网＋智慧民生"行动，创新发展生活服务产业，实现电商O2O平台业态功能覆盖率100%。

（六）抓机制创新，努力形成区域发展持续推力

要总结试点探索经验，积极争取政策支持，加大机制创新力度，为疏解整治促提升工作提供有力保障。

完善疏解整治工作统筹机制。一是建立健全非首都功能疏解工作体系，科学设置监测指标，明晰工作责任，完善考评机制，扎实推进各项工作。二

是建立健全东城区非首都功能政策制度体系，推进"疏非控人"各项工作有章可循。三是建立健全工作台账，摸清家底，强化对疏解整治各项工作节点把控。四是建立"疏解""整治""提升"指标体系，完善考评内容和方式，健全考核激励机制，充分利用信息化监测和移动通信大数据监测等多种方法，优化人口动态监测手段，提供全面、系统、科学、准确的基础信息。

建立健全"三级治理、五方联动"①机制。积极推动城市管理创新，不断提升城市精细化管理水平，探索政府主导、市场参与、社会协同、多元共治的"大城管"模式，坚持重心下移、力量下沉，强化街道属地管理主体责任，推广"小巷管家""社区议事厅"等自治经验，着力构建"三级治理、五方联动"机制，破解基层治理"最后一公里"难题和群众关心的不平衡不充分问题，形成多方参与、共治共享的合力。

深化政企合作机制。引入社会资本，推动政企合作是近年来东城区疏解整治和城市建设实践总结的宝贵经验。未来，要进一步完善政企合作机制，创新探索调动企业参与积极性的模式和路径，在疏解腾退、历史文化街区保护复兴、非文保区更新改造等方面开展深度合作，发挥好国有企业的模范带头作用，合力推进疏解整治促提升。

建立央地、市区联动的名城保护机制。当前，保护好古都风貌这张"金名片"最基础、最紧迫的任务之一就是推进不合理占用的文物腾退修缮，因此，必须建立央地、市区联动的统筹协调机制。一方面，积极争取北京市乃至国家支持，将文物腾退修缮纳入协同发展、"疏非控人"工作中统筹考虑，借鉴市老旧小区综合整治联席会制度，建立市级层面的文物腾退专项协调指挥机构和工作例会制度，加大对占用文物的中央和市属单位的协调力度，统筹解决好安置占用重点文物的中央和市属单位腾退问题；另一方面，完善相关法规和政策，加强资金、房源等支持，研究文物征收腾退实施细则，明确立项等程序要求，畅通征收腾退路径，使文物腾退有据可依。

---

① 三级指区、街、社区三级，五方联动指党委主导、媒体聚焦、群众参与、督查督办、执纪问责。

（七）抓跨区协同，发挥好东城区辐射带动作用

立足协同发展，加强与北京远郊区以及津冀地区对接协作，为疏解工作推进创造条件。

有序推动公共服务资源向远郊区疏解辐射。继续探索推进集团化办学模式，扩大人口疏解地和城乡合作办学地的优质资源输出，发挥优质教育资源的辐射带动作用。引导区域医疗卫生机构以整体迁建、建设分院等方式向郊区、新城和医疗资源匮乏的大型居住区转移，同时压缩原址医疗规模，有序疏解医疗资源。

促进与津冀地区跨区合作。积极主动融入京津冀协同发展大局，加强与津冀地区产业对接、资源对接、功能对接，不断开创疏功能、促协同发展新格局。一是要建立与津冀地区产业对接机制，搭建并完善商品交易市场、制造业等转移或协作平台，引导非首都功能产业向津冀地区布局发展。二是要依托东城区丰富的戏剧演艺资源优势，促进与津冀市区的文化协作和资源互补，推进"京津冀公共文化服务示范走廊"建设。三是要深化教育合作交流，鼓励和支持区域内优质医疗机构通过对口支援、共建共管、办分院、组建医疗联合体等方式向津冀地区发展。

（注：本文数据系作者调研、汇总所得。）

B.4
海淀区优化调整城市功能布局研究

摘　要： 本文总结了在新版北京城市总体规划提出的北京"四个中心"背景下，海淀区的城市功能定位：国际科教交往活动的重要集聚区、全国科技创新中心的核心区、国际科教交往活动的重要集聚区、全国科技创新中心的核心区。针对现存的城市功能布局不平衡不协调、土地空间资源供需矛盾突出、区域优质资源挖掘利用不充分、城市配套服务功能还不完善等主要问题与不足，着力探析海淀区城市功能布局优化调整的思路、原则、重点和措施建议，对海淀区城市功能布局的优化发展，有很强的现实意义。

关键词： 海淀区　城市功能布局　优化调整

在新时代大背景下，如何依照习近平总书记视察北京重要讲话精神和市委要求，落实好新版北京城市总体规划，改变过去依靠产业聚集推动城市发展的传统模式，聚焦中关村科学城，优化调整城市功能布局，推动城市有机更新和城市形态重塑，形成首都"四个中心"功能在海淀的独特表达，成为新时代海淀区必须破解的重大现实课题。

一　"四个中心"背景下的海淀区城市功能定位

近年来，海淀区的城市功能定位经历了从首都城市功能拓展区到首都中

心城区的演变历程，目前已成为首都"四个中心"功能的主要承载区。新版北京城市总体规划（2016年～2035年）对海淀城市功能的"五区"定位，与首都"四个中心"核心功能高度契合。结合海淀实际考量，海淀区主要承载四个城市功能。

（一）中央政务功能重要承载区

海淀区内驻有众多中央单位和驻区部队，有包括住建部、国安部、科技部、税务总局、国家知识产权局、中央党校、国家行政学院等一批重要中央机关单位，中国人民解放军军事科学院、火箭军、空军指挥学院、国防大学等一批驻区部队。特别是有以玉泉山为核心的中央党政军政务中心和钓鱼台国宾馆等众多党务、政务、军务活动场所。可以说，海淀区承担了政治中心核心区的部分功能。近年来，海淀区认真履行"四个服务"职责，对中央党校、玉泉山周边地区进行环境整治，积极与中科院及其院所开展深入的科技和产业方面的合作，联系军工企业推动民营企业融入军工产品研发，与驻区单位携手共创全国文明城区，为驻区中央单位和驻区部队创造了良好的发展环境。在新时代大背景下，海淀区要在提升首都政务服务保障能力上当好先锋表率，全面提升城市内涵品质，为党和国家重大政务活动提供优美、整洁、舒适、安全、稳定、和谐的服务环境。

（二）历史文化传承发展典范区

海淀区内驻有包括中央电视台、总政歌舞团、解放军艺术学院、北京电影学院在内的众多国内一流文化文艺单位，文化底蕴厚重、文化资源丰富、文化人才荟萃，有以世界历史文化遗产"三山五园"为代表的皇家园林群，有西山历史文化带的重要节点，有以清华、北大为代表的世界著名高校智力资源，有活跃在中关村的创新创业文化，古老的中华传统文明与引领时代潮流的现代文明在此交汇，成为首都文化名城的重要组成部分。近年来，海淀区在文化发展上不断加大投入和改革创新力度，"三山五园"地区整治改造和历史文化传承、保护、利用取得突破性进展，打造了一批中关村文化品牌和特色文化产业园区，成长起来一批骨干领军文化企业。历史传统文化与中关村创新文化交相辉映，成为名副其实的全国文化中心的重要组成部分。在新时代大背景下，海淀区要在全国文化中心建设上树立标杆示范，发挥好古老中华传统文明与引领时代潮流现代文明交汇的独特作用，为擦亮首都文化名城"金名片"做出贡献。

（三）国际科教交往活动重要集聚区

国际交往中心是指在国际交往中具有一定影响，能够在地区或全球发挥重要作用的城市。国际交往中心主要体现以下几个特点：外交机构及友好城市、国际组织、国际商业机构数量众多，外交访问及友好往来、大型国际会议活动、重大国际文化活动和体育活动频繁，接待入境人口规模、常住外国人口规模和高端国际人才规模庞大，城市形象和世界著名景点有着极具吸引力的国际魅力。海淀区高校科研院所和高科技企业众多，国际教育科技交往活动成为海淀承接首都国际交往中心功能的重要体现。海淀区是国际学术活动的主要举办地，是我国最重要的国际技术转移集聚区，还是国际科技组织和园区驻华机构的首选落户地，是国际高端人才的重要集聚区，更是高新技术企业与国际进行接轨的纽带和桥梁。在新时代大背景下，海淀区要承担起国际交往中心的职责使命，建设高度发达的城市文明、开放包容的精神品质、公平正义的社会环境、繁荣进步的思想文化，不断拓宽国际视野、适应国际环境、对接国际规则，全面提升城市环境、科技创新、产业发展、生态文明、文化活力和居民文明素养的国际化水平，展示国际一流的现代化城市形象。

（四）全国科技创新中心的核心区

科技创新中心通常是指科技创新资源密集、科技创新实力雄厚、创新文化发达、创新氛围浓郁、科技辐射带动能力较强、具有良好科技发展潜力和人文自然环境、拥有较强国际竞争力和影响力的城市或区域，是全球新知识、新技术和新产品的创新策源地和产生中心。中关村一直是北京科技创新的中流砥柱,海淀区拥有全国最密集的科技创新资源。驻有北京大学、清华大学等33所普通高校;有以中科院为代表的国家级科研机构100多家;有两院院士550名,占全国的37%;集聚了航天科技、航天科工、中船重工、中国兵器装备等众多央企总部和联想、百度在内的5100多家国家级高新技术企业和12000家中关村高新技术企业,汇聚了全国最优质的高等教育资源,可以说是世界范围内科技、人才资源最为密集的地区之一,这是推动科技创新的重要基础。海淀区还是全国的科技创新政策先行先试区,是科技创新成果转化和辐射的策源地,拥有北京最为发达的科技创新服务体系,形成了富有活力的创新创业生态链。近年来,海淀区在科技体制改革、创新要素聚集、人力资源储备、产业组织水平、创新生态体系建设和政务服务能力提升等方面都有了长足进步,一些领域科技创新能力和创新成果已率先进入世界"领跑"行列,已成为全国科技创新中心的核心区。在新时代大背景下,海淀区要在全国科技创新中心建设上当好主力军,担当好全国科技创新的"旗手",在北京"三城一区"建设和打造发展新高地的进程中发挥好示范引领与核心支撑作用,为建设创新型国家和世界科技强国做出贡献。

二 海淀区城市功能布局存在的问题与不足

长期以来,由于历史原因形成的城市积淀,海淀区承载的非首都功能较多,生态环境和城市承载力面临巨大压力,依靠园区带动、聚集资源、聚集产业的传统城市发展模式,导致海淀的城市功能凸显出碎片化等一系列问题,积累了大量"城市病"。坚持问题导向,对照首都城市战略定位和新版北京城市总体规划对海淀城市功能定位的要求,紧密结合当前和今后一个时期的发展实际,深入剖析现有城市功能布局存在的问题与不足,是调整优化城市功能布局、构建新型城市形态的基础和前提。

（一）城市功能布局不平衡不协调

中心城区的城市功能定位对海淀区的"高精尖"经济布局、产业疏解与转移、人口规模控制、棚户区改造、文化传承与开发、国际交往、教育科研、基础设施建设、城市运行管理、生态环境保护等各方面都提出了新的更高要求。当前海淀区城乡状况与中心城区的城市功能定位还不匹配，全面城市化还需要闯过很多难关。从区域空间总体来看，东部、南部建成区与西部、北部地区的发展不平衡问题还十分突出，特别是在产业结构、基础设施、教育医疗、综合环境等方面，东南地区与西北地区的差距还很大。从城乡发展差距来看，区域内城市建成区街道与农村地区乡镇之间、乡镇与乡镇之间、村与村之间，经济社会发展水平还不均衡。突出表现为西部和北部城乡结合部地区的城市化进程还没有完成，产业结构水平、基础设施建设、城市运行管理、城市形象塑造、生态环境保护、区域绿化美化等方面离中心城区的要求还有不小差距。从"四个服务"角度来看，"四个中心"功能承载呈现碎片化且需求多样化的特征，如何平衡好区内资源，推动区域均等化发展，统筹协调地为政治、文化、科技、国际交往各个首都核心功能定位更高效地提供服务保障，是区域规划特别是控制性详规要面对和破解的一个重大课题。

（二）土地空间资源供需矛盾突出

海淀区产业发展较快，但用地增量资源稀缺，产业发展空间严重受限。中关村科学城发展空间不足，需要合理拓展，并需要解决拓展中的交通连接等有关问题。从未来空间拓展来看，南部和东部是较为成熟的城市建成区，向东、向南拓展的空间非常有限。西部和西南部，虽有部分城乡结合部地区可以改造升级，但纵深较浅，且邻近玉泉山、香山、颐和园等"三山五园"历史文化区，空间也很小。北部地区建设空间相对充裕，但市政设施基础薄弱，同时大量部队大院、国有企业和科研院所散布其中。从产业发展空间来看，海淀区还存在不少低端业态，突出表现在城乡结合部地区面临的工业业态低端、土地利用粗放低效等问题。同时南部建成区产业空间接近饱和，只能依靠疏解挖潜，释放部分存量空间；北部产业空间也受到新版城市总规"三线""双控"① 的严格约束，增量空间有限。减量集约发展正在倒逼城市发展模式、治理方式和路径的全面转型。通过优化城市功能布局和存量空间挖潜，是海淀区实现更高质量、更可持续发展的必由之路。

（三）区域优质资源挖掘利用不充分

多年来，海淀缺乏对区域优质科教文化资源整合、挖掘和利用，优质资源带动区域发展的效应没有充分显现。比如，在科技金融功能区建设上，中关村科技型创新创业中小企业数量多、领域广，股权融资需求旺盛，相比之下，海淀区股权交易市场要素建设相对滞后，原中关村中小企业股权交易试点落户西城，如何深入把握"新三板"未来发展需求，通过提供优质服务和土地空间支持，吸引"新三板"到中关村核心区来发展，助推科技企业升级发展，助力科技创新中心功能建设，弥补海淀区金融市场交易要素的不足，是一项重大课题。

比如，在历史文化资源保护修缮与挖掘利用上，海淀区历史文化、古城风貌保护与开发相对滞后。在城市建设过程中，对"三山五园"历史文化风貌、西山中法文化交流史迹群、曹雪芹西山故里、纳兰遗迹等传统历史文化保护修缮和合理开发利用不够充分，在如何处理好传统历史文化保护与城市建设发展、改善民生需求的矛盾方面缺乏高水平顶层设计、整体策划和精细化实施方案，还有相当大的改进和提升空间。再比如，从承载首都国际交往中心的功能定位出发，海淀区对外合作交流领域仍需拓宽深化，整合区域创新资源，实现政府搭台、院所支撑、企业唱戏的活动不多、影响不大，具有全球影响力的科技文化品牌活动较少，缺少国际科技文化交往的相对固定空间场所和对相关项目的整合集聚及系统规划安排。

---

① "三线"指人口总量上限、生态控制线和城市开发边界三条红线；"双控"指控制人口规模和建设规模。

（四）城市配套服务功能还不完善

在减量发展大背景下，海淀城市发展正在由扩张型向紧缩型转变，城市功能优化提升和经济发展面临土地指标缩减、开发强度下降、人口规模调控、生态环境保护等多种约束。与此同时，人民群众对城市基础设施和公共服务的需求和期待也在不断提高。如何提高规划的统筹性、协调性，发挥好规划的龙头和引导作用，统筹考虑人口规模、经济发展、土地开发、交通路网、住房保障、医疗卫生、文化体育、基础设施、生态环境、旧区改造、公共安全等城市建设关键环节，突出以人为本的发展导向，以提升城市的宜居属性为重要目标，是制订区域控制性详细规划、优化完善城市功能必须要充分考虑的问题。从分区差异化功能定位来看，经济发展水平最高的南部和东部建成区城市功能相对完备。但是，与其承载的政治中心和国际交往中心功能的高标准、高要求相比，交通保障、综合环境、城市更新改造还有很大提升空间。西北部山后地区在医疗卫生、基础教育等方面存在薄弱环节，对于吸引高端人才入驻形成明显制约。"三山五园"及其周边地区环境污染指数较高，综合能源消耗强度大，景区内外综合环境差异较大、对比强烈，如何通过统筹规划，处理好传统历史文化风貌保护和周边村落改造、城市建设发展的关系，破解保护与发展的矛盾，实现景区发展与周边发展的良性互动，是提升区域综合环境水平的一项艰巨任务。

三　海淀区城市功能布局优化调整的思路原则与重点

海淀区城市功能布局优化调整要以新版北京城市总体规划为法定依据，紧紧围绕"都"的功能来谋划"城"的发展、以"城"的更高水平发展服务保障好"都"的功能，聚焦中关村科学城，构建创新生态体系和新型城市形态，努力把海淀建设成为具有全球影响力的科学智慧之城、创新引领之城、人文活力之城、生态优美之城、和谐宜居之城，成为能够更好地支撑科技创新和首都"四个中心"功能建设的现代化国际化创

新型宜居宜业城区，成为新时代具有全球影响力的全国科技创新中心核心区。

（一）城市功能布局优化调整的总体思路

深入学习贯彻党的十九大精神，以习近平新时代中国特色社会主义思想为指导，以习近平总书记两次视察北京重要讲话精神为根本遵循，紧密对接北京市第十二次党代会决策部署，坚定不移落实北京新版城市总体规划要求，坚持规划引领、减量发展，综合考量各类创新要素布局和城市配套服务功能，从内在功能和外在形象两方面入手，大尺度、精细化开展城市有机更新和城市功能"再造"，推动由以园区支撑城市发展向城市支撑创新发展的深刻转型，着力打造能够融合政治、经济、文化、社会、生态、科技创新、居住创业等多元要素的新型城市形态，把海淀建设成为以创新为引领和支撑、服务首都"四个中心"功能的现代化国际化宜居宜业城区。通过实施南北贯通、轴带连接、多点带动、两区联动等策略，构建城市功能更加完善、布局更加合理、运行更加有序的创新型宜居宜业城区新格局，为建设具有全球影响力的全国科技创新中心核心区搭建空间功能的"四梁八柱"。

（二）城市功能布局优化调整的基本原则

海淀区城市功能布局调整优化，要坚持六个基本原则。一是历史沿革的延续性原则。要基于海淀多年创新发展形成的现有格局，对接海淀区"十三五"规划纲要、海淀园"十三五"规划等文件，采取建设性思路，对区域城市功能和发展要素配置进行优化重构，在一定程度上保持各区域的既有优势和发展方向的延续性。二是现实需求必要性原则。要以需求导向和问题导向为指引，围绕中关村科学城建设，聚焦实现"五区"① 功能的具体需求，聚焦区内高等学校、科研机构、创新型企业、社会组织发展对区域城市

---

① 五区指：高端双创要素集聚示范区、创新创业服务生态区、创新创业人才首选区、科技金融创新先行区、全球创新创业活动标志区。

功能体系的具体需求，聚焦创新创业、生活、生态融合发展的具体需求，有针对性地优化调整城市功能布局。三是区域之间的均衡性原则。要立足于海淀区南部地区和北部地区的发展差异，以中关村科学城南区、北区以及西山历史文化带为重点，通过优化功能布局和要素配置，实现三大重点区域的联动协同发展，打造形成南部原始创新辐射支撑、北部"高精尖"产业功能承载、西部历史文化和绿色生态涵养的均衡发展格局。四是未来发展的前瞻性原则。要着眼于服务创新型国家建设，立足海淀、放眼全球，对标全球主要创新中心建设经验，关注全球创新型城区发展趋势，前瞻谋划海淀区城市功能布局，推动海淀进入全球创新型城区领先梯队；要着眼于服务创新驱动发展、京津冀协同发展等国家战略实施，超前考虑海淀区城市功能与京津冀地区、雄安新区的联动机制，建设推动京津冀协同发展的示范区。五是城市功能的宜居性原则。和谐宜居是城市的本质属性。"和谐"涉及人与人、人与自然、人与空间、人与社会等多种关系，要求城市要素协调共生、安全稳定、充满人文气息、公共服务发达，社会关系和谐，居民安居乐业。"宜居"主要考量城市功能和社会治理能力，涉及资源、环境、交通等各个方面，要求经济繁荣富裕、社会文明程度高、生态环境优美宜人、生活舒适便捷、资源承载能力强、公共安全度高。海淀城市功能布局的调整，要综合考量科学研究、生产发展、创新创业、居住生活等多种价值取向，把和谐宜居作为最高追求。六是思路措施的可行性原则。要围绕海淀实际区情，充分梳理相关事项涉及权限，以海淀为主体，以海淀区级权限事项为优先，出台相关工作举措，推动城市功能布局调整；要善于借助国家、北京市、海淀区三级推力，合理、有序、有效地实施功能布局调整优化。

（三）城市功能布局优化调整的重点方向

海淀区城市功能布局调整优化的重点方向是构建独特的创新型城市形态。这个创新型城市形态，是高端科研院所、研发机构及创业企业、孵化器及金融辅助机构等高度聚集、创新活动旺盛、各主体网络化互动特征明显的城市新经济空间。要以打造孕育催生创新创意的灵动城市，展现海淀深厚文

化底蕴魅力的雅致城市，彰显现代科技支撑的智慧城市，体现生态宜居的绿色城市，保障可持续发展的安全城市为目标导向，以推动城市功能、发展动力、城市形态、治理方式深刻变革为主要抓手，强化中关村科学城外在形象的独特标识性、功能上的高度复合性、沟通交流上的连接畅通性、经济形态上的高端引领性，构建支撑创新发展富有生气活力、保障政治功能展现大气庄重、文化传承发展实践迸发灵气创新、生态和谐宜居厚植底气支撑、现代城市与田园风貌交相辉映的城市形态。

四 海淀区城市功能布局优化调整的措施建议

全面对接新版城市总体规划对海淀的"五区"城市功能定位，以中关村科学城建设为核心，以中关村大街为主纵轴，以北清路创新发展带为主横轴，以中关村科学城南部地区（山前地区）、北部地区（山后地区）以及西山历史文化带为基础区域，以翠湖、永丰、上地、中知学、玉渊潭、西长安街等区域为重点，构建两轴、一带、两区、多中心的创新型城区新格局。

一是以升级版中关村大街为载体，构建贯通海淀南部和北部的创新发展主纵轴。以升级版的中关村大街，即自首体南路起，北向上，经友谊路、唐家岭、中关村公园、航天城，接北清路，以全线总长20公里中关村大街为载体，建设贯通中关村科学城南区、北区的创新发展主纵轴，形成一条科技创新走廊。中关村大街应以汇聚全球高端创新资源，协同沿线创新主体，串联科学城南区和北区主要创新节点，辐射海淀东部和西部广阔区域为目标，通过交通系统建设和相关功能区布局，将海淀南部和北部连通起来，将科技服务功能、原始创新功能、产业创新功能、城市生活功能连接起来，打造海淀城市功能的基础支撑。可分两期推进，一期自白石桥到清华西门，全长7.2公里；二期向北向、南向继续延伸，总长13公里。抓好视觉系统提升工程、盘活存量、优化增量、补齐短板，以国际一流的理念和标准加强城市设计，塑造安全、绿色、活力、文化、智慧的高品质、个性化公共空间，构建完整的街区生态系统和最优的创新生态环境。

二是以北清路为载体，构建联通海淀东西、链接昌平未来科学城的创新发展主横轴。以北清路为载体，西至翠湖科技园，东接昌平未来科学城，贯穿翠湖、永丰、生命科学园三大组团，形成辐射带动海淀北部区域发展的核心区域。北清路创新发展带应以技术创新功能为主，聚焦新一代网络信息技术、生物技术、新材料、人工智能等前沿产业领域，布局一批产业技术创新中心，承载一批重大科技创新成果转化和产业化，为构建海淀区"高精尖"产业结构提供重要支撑。以"主横轴"为载体，东西两端延伸，形成与昌平未来科学城协同发展、联动发展新格局，打造一条完整的创新链、价值链和产业链。

三是以永丰、上地、中知学、玉渊潭、西直门为重点，构建海淀城市功能的多节点格局。在永丰地区，以永丰产业基地、中关村壹号为重点，面向生物医药与大健康、新材料、新能源与节能环保、网络信息安全等重点领域，布局一批成果转化中心和高端技术创新中心，打造北部创新发展的核心区域。在大上地区域，要结合软件园一期、二期建设，一方面以枢纽和轨道交通建设为契机，优化综合交通体系，完善城市生活服务体系，提升城市服务品质；另一方面要聚焦新一代信息技术和人工智能等前沿领域，通过引入重大科技创新平台和国际化研发机构，打造新一代信息技术的前沿创新中心。此外，发挥上地地区的技术和产业的外溢功能，辐射带动西北旺产业园、东升科技园、西三旗智能制造创新工场发展，拓展延伸大上地区域的发展腹地。在中知学区域，以打造原始创新策源地和自主创新主阵地为目标，聚焦驻区高校、科研机构、央属单位三类主体，加快推进中关村大街改造，推动高校院所周边环境整治，为承载原始创新和自主创新功能释放更多优质空间。同时，通过加强慢行交通和轨道交通建设，建设一批24小时便利店、书店、银行、医疗中心等生活服务设施，补足城市生活服务功能短板，构建产城融合、产创融合的新格局。在玉渊潭和西直门地区，以支撑原始创新和自主创新为目标，加快发展科技金融、检验检测认证、研发设计、技术转移、知识产权等科技服务业，以及企业管理服务、法律服务、咨询与调查等商业服务业，打造科技服务业和商业服务业聚集区，为其他区域发展提供有

效支撑。

四是以"三山五园"历史文化景区为核心,打造绿色生态与历史文化交融的文化发展带。以"三山五园"历史文化景区为核心,依托西山永定河历史文化带(海淀段)和大运河文化带(海淀段),打造串联南北的绿色轴带和古老的中华传统文明与引领时代潮流的现代文明交汇的特色文化轴带。深入挖掘文化内涵,以创造历史、追求艺术的高度负责精神,坚持城市保护与有机更新相衔接,处理好疏解整治提升与历史文化保护传承利用的关系,处理好历史文化与现实生活的关系,处理好历史文化名城建设与服务保障党和国家政务活动的关系,做好"三山五园"地区、西山永定河文化带沿线和大运河文化带沿线的整体保护、整治改造和规划建设,做好水系循环连通和生态建设,打造彰显"首都风范、古都风韵、时代风貌"的历史文化名城特色的历史文化带。拓展历史文化、旅游、公共教育功能,探索历史文化资源保护、文创空间特色塑造、绿色生态环境品质提升的发展新模式,加快故宫北院区、中国佛学院、中国国家画院等国家重大文化项目建设,逐步恢复西山名胜全图画卷的历史文化景观。突出绿色、体验、人文、交往功能,通过整体交通廊道设计以及生态体系布局,打造休闲娱乐、观光旅游的高品质区域,形成世界著名的文化旅游生态景观带。

五是以主纵轴和主横轴为骨架,建设中关村科学城南北两大重点区域。中关村科学城北部地区,包括大上地地区和北部四镇平原地区,探索新型城镇化模式,统筹好土地空间资源等农村生产要素,推进以科技元素为主题、具备国际交往功能的创客小镇和国际创新社区建设,加快园区国际化发展,聚集全球高端创新要素,发挥好辐射带动作用。以国际一流的标准,加强城市设计,加快北清路沿线的改造提升。做好规划研究论证,探索在上庄地区建设集论坛、会议、沙龙等于一体的国际会议中心,打造新时代中关村创新发展的新地标,提升北区整体发展水平。中关村科学城南部地区,包括五环及青龙桥街道以南、八达岭高速以东的建成区,着眼于城市功能优化和创新生态系统建设,按照补齐城市功能、增加高品质友好交流公共空间、拓展和释放一批创新发展空间的顺序，运用"更新织补"理念，结合疏解整治促提升，推进老城有机更新，精细化修复城市基础设施、空间环境、生态环境、景观风貌，构建更加通畅的交通慢行系统，重塑街区的科技与文化功能，打造一批彰显科技与文化融合特色的功能性街区。

（注：本文所用资料数据，均系课题调研所得。）

B.5
城市副中心职住平衡引导对策研究

北京市测绘设计研究院课题组*

摘　要：　职住平衡反映居住功能和就业功能在一定规模的城市地域
范围内的匹配程度。本课题面向北京城市副中心建设的目
标和要求，分析城市副中心关于人口、产业、房屋、用地、
交通、基础设施、生态环境等基础信息现状，为城市副中
心职住平衡的分析评价摸清底数、奠定基础；结合职住平
衡评价分析指标体系，分别从城市空间布局、结果指标、
先行指标等内容指标开展分析和评价；最后面向城市副中
心的规划建设，从区域协调、土地开发、空间布局、交通
规划等方面提出规划建设对策，并从人口规划、产业布局、
房屋建设、交通发展和基础设施配置等方面提出引导性
建议。

关键词：　城市副中心　职住平衡　地理国情监测　规划建设

北京城市副中心建设，是北京市的一件大事，是有序疏解非首都功能、

* 课题组组长：杨伯钢，博士，北京市测绘设计研究院常务副院长，教授级高工、全国勘察设
计大师、北京市突出贡献专家，城市空间信息工程北京市重点实验室主任，长期从事测绘与
地理信息方面的生产和科研工作。执笔人：王淼，北京市测绘设计研究院高级工程师，长期
从事地理国情监测、地理信息等相关领域研究工作。刘博文，北京市测绘设计研究院教授级
高工，长期从事工程测量、地理国情监测相关生产研究工作。郭燕宾，北京市测绘设计研究
院工程师。

落实首都城市战略定位、推动京津冀协同发展的标志性工作；关系到首都科学发展和战略布局，通州区应根据区域发展定位，积极承担好中心城区功能疏解任务。

城市副中心建设任务重大、时间紧迫，应站在建设世界城市的高度，科学规划、超前规划，创新体制机制和建设模式，高标准推进各项工作，加强职住平衡研究有利于完善副中心城市功能，优化战略布局。以"水城共融、蓝绿交织、产城融合、职住平衡"为目标，推进城市副中心建设，有效承接中心城人口转移，建设国际一流的和谐宜居之都。

是跟城市的空间结构与功能布局密不可分的一种动态的相对稳定的状态。一方面，职住平衡并没有一个标准的定义；另一方面，影响职住平衡稳态的因子也因地而异。对于有待开发的城市副中心，首先应从现状着手，摸清"家底"，明确人口分布、产业结构、建筑规模、城市基础设施及配套服务等情况。同时在此基础上，结合职住平衡结果指标体系和先行指标体系，完成"城市职住检查报告"，作为后续规划的依据和引导。

基于北京城市副中心建设的目标和要求，研究分析城市副中心关于人口、房屋、产业、用地、交通、基础设施和生态等基础现状，开展职住平衡状态的测算分析及相关对策研究等研究工作，综合分析城市副中心平衡稳态结构，为北京城市副中心的建设现状和可能出现的问题提出应对策略，从而支持规划决策。

一 总体研究思路与方法

涉及城市副中心建设的政策文件主要有：《京津冀协同规划纲要》《北京市"十三五"时期现代产业发展和重点功能区建设规划》《关于提高副中心管理水平的意见》《北京城市总体规划（2016年~2035年）》。

上述四个文件均提出要将北京城市副中心建设成职住平衡、宜居宜

业、没有"城市病"的现代化新城。其中《北京城市总体规划
(2016 年~2035 年)》明确要求紧紧围绕对接中心城区和人口疏解，发挥
疏解非首都功能的示范带动作用，促进行政功能和其他城市功能有机结
合，以行政办公、商务服务、文化旅游为主导功能，形成配套完善的城
市综合功能。

上述功能定位对城市用地规划和城市交通规划产生影响，而城市用地规划
和城市交通规划会对人口居住情况与通勤情况产生直接影响。因此应该牢牢把
握北京城市副中心的功能定位，依托功能定位理清城市副中心的发展现状，进
而对城市交通规划、用地规划、人口居住情况和通勤情况进行综合评价分析。

总体研究思路如图 1 所示。

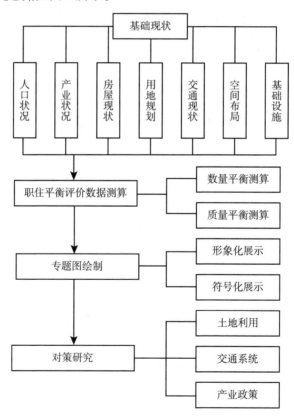

图 1 总体研究思路

二 现状分析

为加快推进北京城市副中心规划建设，基于北京市地理国情普查、监测成果和其他数据成果，全面掌握北京城市副中心的基本现状，是实现将北京城市副中心建设成国际一流的和谐宜居之都示范区、新型城镇化示范区和京津冀区域协同发展示范区，空气清新、水清岸绿、生态环境友好的城区，高标准的公交都市，步行和自行车友好的城区，密度适宜、住有所居、职住平衡、宜居宜业的城区的宏伟目标的重要前提。本部分主要从分布、数量、面积、长度、权属、类型等方面，对城市副中心范围内的区域概况、人口、产业、房屋、用地、交通、基础设施和生态等的现状进行统计分析。

（一）区域概况

通州区全区总面积 905.82 平方千米。西邻朝阳区、大兴区，北与顺义区接壤，东隔潮白河与河北省三河市、大厂回族自治县、香河县相连，南和天津市武清区、河北省廊坊市交界。

城市副中心总面积约为 155.57 平方千米。

城市副中心 12 个功能组团总面积约为 109.00 平方千米，包括城市文化、古城文化、国际交往、行政办公、旧城更新、配套服务、商务中心、文化旅游、文化艺术、研发创新、总部商务和交通枢纽 12 个功能区域。

（二）人口现状

1. 人口数量

根据北京市第六次全国人口普查成果，通州区常住人口数量为 120.10 万人，其中外来人口数量为 45.10 万人，户籍人口数量约为 75.00 万人。

根据北京市第六次全国人口普查成果，城市副中心常住人口数量为 63.43 万人，其中外来人口数量为 23.85 万人，户籍人口数量为 39.58 万人。

2. 人口密度

通州区常住人口密度为 0.13 万人/平方千米。

城市副中心常住人口密度为 0.41 万人/平方千米。

（三）产业现状

通州区范围内共有产业单位约 3.41 万个，从业人员 43.85 万人，营业收入为 4348.35 亿元，人均营业收入为 99.16 万元，地均营业收入为 0.05 万元/平方米。

城市副中心范围内共有产业单位 1.88 万个，从业人员 20.06 万人，营业收入为 1625.61 亿元，人均营业收入为 81.03 万元，地均营业收入为 0.10 万元/平方米。

（四）房屋现状

通州区单体建筑总建筑量约为 1.31 亿平方米，占地面积为 90.33 平方千米，占通州区总面积的 9.97%。房屋建筑类型以住宅为主，建筑量占比为 53.89%。

城市副中心单体建筑总建筑量为 0.69 亿平方米，占地面积为 25.21 平方千米，占城市副中心总面积的 16.20%。房屋建筑类型以住宅为主，建筑量占比为 70.66%。

（五）用地现状

通州区城乡规划用地中非建设用地面积最大，为 587.67 平方千米，占比为 64.88%；其次是村镇建设用地，为 156.13 平方千米，占比为 17.24%；区域建设用地占比最小，为 8.24 平方千米，占比为 0.91%。

城市副中心范围内，城乡规划用地中城镇建设用地面积最大，为 58.01 平方千米，占比为 37.29%；其次是非建设用地，为 57.58 平方千米，占比为 37.01%；区域建设用地面积最小，为 1.60 平方千米，占比为 1.03%。

（六）交通现状

通州区铁路与道路路面面积为 53.55 平方千米，占通州区面积的 5.91%。

城市副中心铁路与道路路面面积为 15.44 平方千米，占城市副中心面积的 9.22%。

1. 轨道交通

（1）铁路

通州区铁路长 80.74 千米，其中，普通铁路长 45.46 千米，高速铁路长 35.28 千米。

城市副中心铁路长 31.46 千米，均为普通铁路。

（2）地铁

通州区地铁总长度为 29.27 千米，其中，地下轨道长 17.44 千米，地上轨道长 11.83 千米，有地铁 6 号线、地铁八通线和地铁亦庄线 3 条地铁线路，共 17 个地铁站点，53 个地铁出入口。通州区地铁站点 1000 米服务范围的面积为 45.33 平方千米，占通州区总面积的 5.01%。

城市副中心范围内地铁总长度为 20.31 千米，其中，地下轨道长 12.14 千米，地上轨道长 8.17 千米，有地铁 6 号线和地铁八通线 2 条地铁线路，共 12 个地铁站点，33 个地铁出入口。城市副中心地铁站点 1000 米服务范围的面积为 30.99 平方千米，占城市副中心总面积的 19.92%。

（3）轨道交通车辆段

通州区有地铁台湖车辆段、地铁土桥车辆段和通州站共 3 处轨道交通车辆段，总面积为 10.98 万平方米。

城市副中心有地铁土桥车辆段和通州站 2 处轨道交通车辆段，总面积为 6.30 万平方米。

2. 道路

通州区道路总长为 2640.84 千米，人均道路长度为 2.20 米。通州区公

路长 2097.92 千米，城市道路长 542.92 千米。

城市副中心道路总长为 709.40 千米，人均道路长度为 1.12 米。城市副中心公路长 395.80 千米，城市道路长 313.60 千米。

（1）城市道路

通州区城市道路总长 542.92 千米，人均城市道路为 0.45 米。其中，快速路长 7.22 千米，主干路长 135.15 千米，次干路长 135.51 千米，支路长 265.04 千米。

城市副中心城市道路总长 313.60 千米，人均城市道路为 0.49 米。其中，快速路长 7.22 千米，主干路长 98.27 千米，次干路长 70.44 千米，支路长 137.67 千米。

（2）公路

通州区公路总长 2097.92 千米，人均公路长度为 1.75 米。通州区国道长 133.39 千米，省道长 193.73 千米，县道长 316.74 千米，乡道长 1352.53 千米，专用公路长 62.43 千米，连接道长 39.10 千米。

城市副中心公路总长 395.80 千米，人均公路长度为 0.62 米。城市副中心国道长 55.28 千米，省道长 27.22 千米，县道长 56.38 千米，乡道长 223.52 千米，专用公路长 21.00 千米，连接道长 12.40 千米。

3. 交通设施

通州区长度大于 10 米的桥梁共有 2072 个，城市副中心共有 255 个。

通州区有交通场站 42 个，总占地面积 93.54 万平方米；城市副中心有交通场站 19 个，总占地面积 43.65 万平方米。

通州区共有 1296 个公交站点，通州区公交站点 500 米服务范围的面积为 386.12 平方千米，占通州区总面积的 42.64%；城市副中心共有 536 个公交站点，公交站点 500 米服务范围的面积为 106.73 平方千米，占城市副中心总面积的 68.51%。

4. 规划道路实施情况

通州区城市规划道路共计 856 条，总长约 1415.33 千米。其中，已实施道路共计 286 条，总长度为 574.45 千米；部分实施道路共计 264 条，总长度为 547.66 千米；未实施道路共计 306 条，总长度为 293.22 千米。

城市副中心城市规划道路共计 394 条，总长约 597.39 千米；其中，已实施道路共计 112 条，总长度为 200.67 千米；部分实施道路共计 117 条，总长度为 233.71 千米；未实施道路共计 165 条，总长度为 163.01 千米。

（七）市政基础设施现状

市政基础设施统计包括供水、供电、供热等其他服务建筑及附属设施和雨水、污水、固体废弃物等环境处理建筑及附属设施的两类单体建筑。

通州区市政基础设施建筑共有 1416 栋，占地面积约为 15.04 万平方米，建筑面积约为 18.02 万平方米。

城市副中心市政基础设施建筑共有 621 栋，占地面积约为 6.40 万平方米，建筑面积约为 7.34 万平方米。

通州区范围内共有 57 处垃圾场站，总占地面积约为 57.91 万平方米。

城市副中心内共有 22 处垃圾场站，总占地面积约为 4.23 万平方米。

（八）公共服务设施现状

公共服务设施包括学校、医院、社会福利机构、文化服务、体育活动场所、公园、广场等。

通州区共有 171 所学校，70 家医院，22 家社会福利机构，368 处文化服务设施，3 处体育活动场所，36 处公园和 9 处广场。

城市副中心共有 83 所学校，33 家医院，10 家社会福利机构，225 处文化服务设施，2 处体育活动场所，16 处公园和 5 处广场。

（九）生态环境现状

1. 水域

通州区水域（覆盖）总面积为 31.56 平方千米，占比为 3.49%。

城市副中心的水域（覆盖）总面积为 6.76 平方千米，占比 1.35%。

2. 绿地

通州区绿地总面积为 344.29 平方千米，占通州区总面积的 38.02%，人均绿地面积为 286.67 平方米。

城市副中心绿地总面积为 43.66 平方千米，占整个副中心总面积的 28.06%，人均绿地面积为 68.84 平方米。

3. 公园、广场

通州区公园和广场共 45 处，总占地面积为 999.90 万平方米。其中，公园有 36 处，占地面积为 987.73 万平方米；广场有 9 处，占地面积为 12.17 万平方米。

城市副中心公园和广场共 21 处，总占地面积为 388.39 万平方米。其中，公园有 16 处，占地面积为 384.06 万平方米；广场有 5 处，占地面积为 4.33 万平方米。

4. 扬尘地表

通州区扬尘地表总面积为 35.56 平方千米，占通州区总面积的 3.93%。

城市副中心扬尘地表总面积为 20.13 平方千米，占整个副中心总面积的 12.94%。

三　指标分析与评价

本部分从种植土地、林草覆盖、房屋建筑（区）、铁路与道路、构筑物、人工堆掘地、裸露地、水域（覆盖）等方面进行空间布局分析，弄清城市副中心空间要素的相互关系；从就业—居住人口比、就业—家庭比、职住建筑规模比（数量、占地、建筑量、人均）、职住空间匹配指数等结果指标进行分析评价，反映职住平衡现状；从人口、产业、交通设施、产业用地比、交通设施比、绿地比、路网密度、教育、医疗卫生、文化服务等先行指标进行分析评价，为城市副中心职住平衡的规划管理提供直接依据，也可为将来的职住平衡做出判断和预警。

（一）空间布局分析

城市副中心的房屋建筑（区）、铁路与道路、构筑物、人工堆掘地和水域（覆盖）等人类活动频繁的地表覆盖要素的面积占比高于通州区，种植土地、林草覆盖等自然地表覆盖要素的面积占比均低于通州区。

（二）结果指标评价

1. 就业—居住人口比

通州区的就业—居住人口比为 0.37，城市副中心的就业—居住比为 0.32，12 个功能组团的就业—居住人口比为 0.29。

根据《北京城市总体规划（2016 年～2035 年）》，城市副中心到 2035 年常住人口规模调控目标为 130 万人以内，就业人口规模调控目标为 60 万～80 万人。因此，就业—居住人口比控制在 0.46～0.62 范围内。

通州区和城市副中心现状的就业—居住人口比均未达到规划目标，且存在一定的差距。建议通过有序推动市级党政机关和市属行政事业单位搬迁，改善当前就业和居住人口状况。

2. 就业—家庭比

就业—家庭比是指在一定的地域范围内就业岗位数与居住家庭数量之比，标准值为 0.6～0.8。

通州区的就业—家庭比为 0.55，城市副中心的就业—家庭比为 0.47，12 个功能组团的就业—家庭比为 0.44。

通州区、城市副中心和 12 个功能组团的就业—家庭比均小于标准值 0.6～0.8，均表现出不同程度的职住不平衡状况。

3. 职住建筑规模比

从职住建筑的占地面积比来看，通州区、城市副中心和 12 个功能组团范围内的就业房屋建筑和住宅房屋建筑的占地面积基本保持在 1∶1，未达到北京市职住用地比现状的 1∶1.3。

根据《北京城市总体规划（2016 年～2035 年）》要求，到 2020 年全市职住

用地比例由现状的 1∶1.3 调整为 1∶1.5 以上，到 2035 年调整为 1∶2 以上。

由此可见，城市副中心现状的职住用地比与北京城市总体规划的要求仍存在较大的差距。

4. 职居空间匹配指数（SMI）

职居空间匹配指数（SMI）可以衡量地区的职居空间匹配情况，SMI 值越小，表明职居空间越平衡；反之越大，则表示职居空间不匹配现象越严重。其计算公式如 Eq.1 所示。

$$SMI = \frac{1}{2}\Sigma_i^n \mid \frac{p_i}{P} - \frac{e_i}{E} \mid \qquad (Eq.1)$$

其中，E 和 P 分别代表研究区域内（各街道）的就业人数和总人口数，和代表局部单元（各乡镇）i 内的就业人数和总人口数，n 为局部单元的数量。

结果显示，城市副中心的职居空间匹配指数较大，表现出职居空间不匹配现象。城市副中心北部区域的职居空间匹配指数值与其他区域相比数值较低，反映出这些区域的职居空间匹配程度相对较为均衡，进一步分析表明，这些区域主要位于城市副中心范围内的永顺地区、新华街道、梨园街道、宋庄街道、玉桥街道和中仓街道。

从全区范围来看，职居空间失配现象明显区域主要分布在马驹桥镇、于家务回族乡及西集镇，提示政府及相关规划部门应注重这些区域的内部产业布局合理性与均衡性，完善住房保障与改善体系，从而提高当地居民生活质量，降低生活成本，从"质"的层面优化职居空间。

（三）先行指标评价

1. 人口规模

通州区常住人口有 120.10 万人，就业人口为 43.85 万人；城市副中心的常住人口有 63.43 万人，就业人口为 20.06 万人。

根据《北京城市总体规划（2016 年～2035 年）》，城市副中心到 2035年常住人口规模调控目标为 130 万人以内，就业人口规模调控目标为

60万~80万人。

由此可见，城市副中心的人口规模与规划目标相比仍有较大的差距。城市副中心的人口规模要达到规划目标需要在今后的发展中不断调整人口空间分布，优化人口结构，制定科学合理的公共服务政策，发挥公共服务导向对人口结构的调节作用。

2.产业规模

与通州区相比，城市副中心的营业收入是通州区营业收入的37.38%，城市副中心的就业人数是通州区的45.75%，城市副中心就业人口相对集中，因此，城市副中心的人均营业收入低于通州区的平均水平；城市副中心的面积是通州区面积的17.19%，因此，城市副中心的地均营业收入高于通州区平均水平。

城市副中心较东城区地均营业收入值较低，一定程度上说明产业层次低、结构单一。应当发展高端商务功能、吸引大公司入驻，经济发达程度、要素市场也包括零售市场的活跃程度以及公共服务功能都制约着副中心的发展。因此，通州城市副中心的发展需要长时期的市场培育、功能完善、环境改善、基础设施的跟进，以及软环境的优化。

3.产业用地比

通州区和城市副中心的产业用地面积占比与居住用地的面积占比差值不大，产业用地和居住用地的用地面积基本持平，比例约为1:1。

根据《北京城市总体规划（2016年~2035年）》要求，到2020年全市职住用地比例由现状的1:1.3调整为1:1.5以上，到2035年调整为1:2以上。因此，城市副中心的产业用地和居住用地比与规划目标相比，存在一定的差距。

城市副中心的城乡居住用地占城乡建设用地比重仅为14.45%。根据《北京城市总体规划（2016年~2035年）》要求，到2020年城乡居住用地占城乡建设用地比重由现状的36%提高到37%以上，到2035年提高到39%~40%。可以看出，城市副中心的城乡居住用地占城乡建设用地比重与规划目标仍有较大差距，从而需要加强城市副中心居住用地的发

展建设。

4. 交通设施比

通州区交通设施占地比为 19.54%，城市副中心交通设施占地比为 17.82%。

根据《北京城市总体规划（2016 年~2035 年）》，到 2020 年全市交通设施占地比为 18.82%；到 2035 年全市交通设施占地比为 23.16%。

由分析可以得出，近期城市副中心交通设施比与规划目标值差距不大，但是远期来看城市副中心的交通设施建设仍然存在约 30% 的缺口。

5. 绿地比

通州区绿地占地比为 38.06%，城市副中心绿地占地比为 28.06%。

根据《北京城市总体规划（2016 年~2035 年）》，第二道绿化隔离地区到 2020 年绿色开敞空间占比由现状的 59% 提高到 63% 左右，到 2035 年提高到 70% 左右。

由分析可知，城市副中心的绿化水平还有待进一步提升。

6. 路网密度

通州区道路路网（包括公路和城市道路）的密度为 2.92 千米/平方千米；地铁里程为 29.27 千米，地铁线路密度为 0.03 千米/平方千米。

城市副中心内道路路网（包括公路和城市道路）的密度为 4.56 千米/平方千米；地铁里程为 20.31 千米，地铁线路密度为 0.13 千米/平方千米。

根据《北京城市总体规划（2016 年~2035 年）》，到 2020 年路网密度达到 8 千米/平方千米，到 2020 年地铁里程提高到 1000 千米左右，地铁线路密度到 2020 年达到 0.25 千米/平方千米。

从规划数据来看，通州区和城市副中心的交通状况与规划数据相差较大，需要加强发展交通建设。

7. 教育

通州区教育设施的人均占地面积为 0.91 平方米。

城市副中心教育设施的人均占地面积为 0.97 平方米。

根据《GB 05442 - 2008 城市公共设施规划规范》，人口规模在 100 万~

200 万人的城市，教育设施规划用地指标为 3.2~4.5 平方米/人。

由分析可知，通州区和城市副中心的教育设施人均用地低于城市公共设施规划规范的国家标准，应着重加强教育资源相对薄弱区域的建设并合理分配教育资源，缩小教育服务水平差距，促进教育资源优质均衡配置。

8. 医疗卫生

通州区医疗卫生设施的人均占地面积为 0.18 平方米。

城市副中心医疗卫生设施的人均占地面积为 0.26 平方米。

根据《GB 05442-2008 城市公共设施规划规范》，人口规模在 100 万~200 万人的城市，医疗卫生设施规划用地指标为 0.8~1.0 平方米/人。

由分析可知，通州区和城市副中心的医疗卫生设施人均用地低于城市公共设施规划规范的国家标准，应加强优质医疗卫生资源在薄弱地区和重点领域的配置，稳步提升整体医疗卫生服务水平。

9. 文化服务

通州区文化服务设施的人均占地面积为 0.34 平方米。

城市副中心文化服务设施的人均占地面积为 0.30 平方米。

根据《GB 05442~2008 城市公共设施规划规范》，人口规模在 100 万~200 万人的城市，文化服务设施规划用地指标为 0.8~1.0 平方米/人。

由分析可知，通州区和城市副中心的文化服务设施人均用地低于城市公共设施规划规范的国家标准，城市副中心应加强文化服务设施建设，提高基本公共文化服务标准化、均等化、社会化和数字化水平。

四　建议与策略

基于城市副中心范围内的区域概况、人口、产业、房屋、用地、交通、基础设施和生态等的现状统计分析结果，综合分析城市副中心职居空间关系及其发展现状，建议从政策和规划两方面来考虑缓解职住分离带来的城市发展与交通问题，并重视职住平衡、土地混合开发及交通减量等相关政策及规划在不同尺度下的评估与实施。

（一）建设策略

1. 加强副中心及周边区域建设力度，促进区域协同。既要参考用地建设范围的形态，也要考虑居民通勤活动的范围。

2. 实现区域特色发展，制定精细的土地开发政策，优化产业布局，促进多中心发展，缓解通勤压力，实现区域内部职住的自给均衡，实现区域特色发展。

3. 以需定供的空间布局策略，提升区域职住平衡的针对性、适应性。一方面，从"居住空间"角度，满足居民在数量上和质量上对住房的需求；另一方面，从"就业空间"角度，除了大力推进区域特色发展，增加就业岗位数量，加强产业集聚外，还建议在规划中实现相邻片区职住功能的互补。

4. 协调城市空间与交通系统的关系，倡导公交出行与慢行系统建设。一方面，应构建联系城市副中心与中心城区、新城之间更为发达的轨道交通线网；另一方面，应大力发展城市快速公共交通系统。

（二）建设建议

人口规划：调整人口空间分布，优化人口结构，通过疏解非首都功能，实现人随功能走、人随产业走。形成与首都城市战略定位、功能疏解提升相适应的人口结构。制定科学合理的公共服务政策，发挥公共服务导向对人口结构的调节作用。

产业布局：优化产业结构，有效控制就业岗位规模。完善城市副中心承接中心城区功能转移的就业政策，调整优化居住用地布局，完善公共服务设施，扩大公共绿地，促进职住平衡，改善人居环境。

房屋建设：加强公房管理，治理直管公房违规转租及群租、私搭乱建等问题，提升房屋利用质量与效率。鼓励租赁性质住房发展，包括公租房等租赁性质保障性住房及存量房，为家庭居住提供更多样选择。

交通发展：积极建设交通设施，提高智能交通管理水平，提高现有停车设施利用效率，因地制宜开展停车场建设。打通未实施次干路和支路，综合整治道路空间，改善步行和自行车出行环境，减少职住空间的交通通勤时间和成本，实现职住平衡。

基础设施配置：提高基本公共文化服务标准化、均等化、社会化和数字化水平。围绕交通廊道和大容量公交换乘节点，强化居住用地投放与就业岗位集中，建设能够就近工作、居住、生活的城市组团。

参考文献

1. 北京市人民政府：《北京城市总体规划（2016 年~2035 年）》。
2. 北京市人民政府：《北京市居住公共服务设施配置指标》（京政发〔2015〕7号）。
3. 建设部、国家质量监督检验检疫总局：《GB 05442 - 2008 城市公共设施规划规范》。
4. 京津冀协同发展领导小组办公室：《京津冀协同发展纲要》。
5. 《北京市"十三五"时期现代产业发展和重点功能区建设规划》。
6. 北京市人民政府办公厅印发《〈关于提高北京城市副中心管理水平的意见〉的通知》（京政办发〔2017〕5 号）。
7. 郑思齐、徐杨菲、张晓楠、于都：《"职住平衡指数"的构建与空间差异性研究：以北京市为例》，《清华大学学报》（自然科学版）2015 年第 4 期。
8. 刘洁、高敏、苏杨：《城市副中心的概念、选址和发展模式——以北京为例》，《人口与经济》2015 年第 3 期。
9. 党云晓、董冠鹏、余建辉等：《北京土地利用混合度对居民职住分离的影像》，《地理学报》2015 年第 6 期。
10. 郑思齐、徐杨菲、谷一桢：《如何应对"职住分离"："疏"还是"堵"？》，《学术月刊》2014 年第 5 期。
11. 石光辉：《利用微博签到数据分析职住平衡与通勤特征》，武汉大学硕士学位论文，2017。
12. 丁亮、钮心毅、宋小冬：《利用手机数据识别上海中心城的通勤区》，《城市规划》2015 年第 9 期。
13. 卫龙、高红梅：《城市居民职住空间关系研究进展综述》，《交通运输工程与信息学报》2016 年第 4 期。
14. 孔令斌：《职住关系如何从"分离"走向"平衡"》，《成都日报》2016 年 9 月28 日。

15. 王继峰、陈莎、姚伟奇:《县域农民工职住关系及通勤交通特征研究》,《国际城市规划》2015 年第 1 期。

16. 张媛媛:《北京市职住分离空间结构及其变化模拟》,首都师范大学硕士学位论文,2014。

17. 韩会然、杨成凤、宋金平:《城市居住与就业空间关系研究进展及展望》,《人文地理》2014 年第 6 期。

18. 陈宏胜、李丽、李志刚:《快速城市化时期中国城市住房研究述评——基于核心期刊的分析》,《城市规划》2014 年第 3 期。

19. 李乐:《北京未来酝酿职住平衡政策机制创新》,《中国经营报》2017 年 4 月 3 日。

20. 孙光华:《城市交通拥堵问题的解决途径研究》,《2017 城市发展与规划论文集》,中国城市科学研究会,2017。

21. 钮心毅、丁亮、宋小冬:《基于职住空间关系分析上海郊区新城发展状况》,《城市规划》2017 年第 8 期。

22. 吴瑞君、朱宝树、古荭欢:《上海市就业人口的职住分离和结构分异》,《中国人口科学》2017 年第 3 期。

23. 陈彩媛、盛志前、林韬:《新区职住失衡下的交通发展策略研究》,《建设科技》2017 年第 17 期。

24. 王振坡、奚奇、王丽艳:《城市职住空间匹配特征及其影响因素研究——以天津市为例》,《城市发展研究》2017 年第 3 期。

25. 李磊:《产城融合理念下的控规编制研究》,《西部人居环境学刊》2014 年第 6 期。

26. 仇保兴:《城市发展模式与职住平衡》,《住宅产业》2015 年第 4 期。

27. 李星、曾九利:《基于产城一体理念的城市用地结构研究方法探索》,《规划师》2013 年第 8 期。

关于数据源的说明

本报告中的数据主要来源于北京市第一次地理国情普查成果（时点为 2015 年 6 月 30 日）、北京市地理国情监测（2017 年度）成果（时点为 2017 年 6 月 30 日），其中有关常住人口、外来人口数据来源于北京市第六次全国人口普查数据，产业单位、收入等数据来源于北京市第三次全国经济普查数据，土地利用现状数据来源于北京市第二次全国土地调查成果，同时还参考借鉴了部分城市规划和统计年鉴资料。

疏解非首都功能背景下的地价政策解析

贾宗元*

摘　要：　疏解腾退空间的再利用，是巩固非首都功能疏解成效的重要
保障，而疏解腾退空间管理和使用是以存量房地产的再利用
为基础的。本文从腾退政策对应的土地用途分类入手，对新
产业新业态所对应的基准地价用途进行梳理，并对现行适用
的协议出让地价政策进行分析，从而提出存量土地利用的地
价政策建议。

关键词：　非首都功能　土地政策　地价

　　根据北京市委市政府部署和本市推动京津冀协同发展 2016 年重点项目
要求，进一步提高疏解腾退空间管理和使用效率，要加大改革力度，消除隐
形壁垒，破解影响疏解腾退空间管理和使用的深层次矛盾和问题，积极探索
有利于疏解腾退空间高效利用的政策创新和管理创新。腾退空间管理和使用
是以存量房地产的再利用为基础，其中存量房地产的再利用供地和地价政策
极为重要。

一　腾退政策对应的土地用途与用地政策

　　近年来，国务院、国土部、北京市政府均将发展新产业新业态作为战略

---

* 贾宗元，北京新兴宏基地产顾问机构，注册地产估价师、全国房地产经纪人。

发展方向。但不同的文件有不同的产业称谓：新产业新业态、生产性服务业、现代服务业等。这些概念是否内涵一致，分别对应何种产业？应从政策的描述中寻找答案。

·新产业、新业态：产品加工制造、高端装备修理、研发设计、勘察、检验检测、技术推广、环境评估与监测、水资源循环利用与节水、新能源发电运营维护、环境保护及污染治理、通信设施项目、信息网络产业、新型信息技术服务、电子商务服务等。（国土资规〔2015〕5 号）

·生产性服务业：为生产活动提供的研发设计与其他技术服务、货物运输仓储和邮政快递服务、信息服务、金融服务、节能与环保服务、生产性租赁服务、商务服务、人力资源管理与培训服务、批发经纪代理服务、生产性支持服务。〔国家统计局发布的"生产性服务业分类（2015）"〕

·现代服务业：信息服务、研发设计、创意产业等。（国办发〔2008〕11 号）

从不同政策对产业业态的描述不难看出，无论称谓是新产业新业态、现代服务业、生产性服务业，其最大的特点是与传统制造业不同，更强调科技在产业中的引领作用，更加注重资源的节约、环境的保护、高科技的研发应用等内涵。因而，尽管不同政策文件的称谓不同，其表达的内涵基本一致。

结合上述文件，新产业新业态对应的基准地价用途为：

研发设计与其他技术服务——办公类的科教用地；

货物运输、仓储和邮政快递服务——工业类的仓储用地和公共设施用地；

信息服务——商业类的其他商服用地；

金融服务——商业类的商务金融用地；

节能与环保服务——工业类的公共设施用地；

生产性租赁服务——商业类的其他商服用地；

商务服务——办公类的商务金融用地；

人力资源管理与培训服务——办公类的商务金融用地；

批发经纪代理服务——商业类的其他商服用地；

生产性支持服务——工业类的工业用地。

在《关于支持新产业新业态发展促进大众创业万众创新用地的意见》（国土资规〔2015〕5号）中明确了新产业、新业态用地类型。文件提出：

·属于产品加工制造、高端装备修理的项目，可按工业用途落实用地。

·属于研发设计、勘察等项目，可按科教用途落实用地。

·属于水资源循环利用与节水、新能源发电等项目，可按公用设施用途落实用地。

·属于下一代信息网络产业、新型信息技术服务、电子商务服务等经营服务项目，可按商服用途落实用地。

·新业态项目土地用途不明确的，可经县级以上城乡规划部门会同国土资源等相关部门论证，在现有国家城市用地分类的基础上制定地方标准予以明确。

在国务院和国土部出台了一系列鼓励存量房产利用的政策后，北京市颁布了京政发〔2016〕25号文件，即，对自有工业用地改造用于自营生产性服务业的工业企业，涉及改变用途的，可采取协议出让方式供地。

二　腾退土地适用的地价政策分析

根据土地有偿使用原则，"未实行有偿使用的国有建设用地，可按新规划以协议方式办理土地有偿使用手续；已实行有偿使用的国有建设用地，可按新规划依规补缴政府土地收益，变更有偿使用合同"。

（一）对于划拨土地

划拨土地，对于应当实行有偿使用，且可以不采用招拍挂方式出让的拟出让土地，可按照其在设定开发建设条件下的市场价格，按照相应比例缴纳政府土地收益。对于重新确定规划用途的划拨土地，按照新规划用途新容积率下的熟地价，减去现状使用条件的划拨土地使用权价格，缴纳政府土地收益。

（二）对于已经出让的土地

对于已经出让的土地，"按新规划依规补缴政府土地收益"。现有的已出让土地补缴地价款的政策主要有：①《国土资源部办公厅关于发布〈国有建设用地使用权出让地价评估技术规范（试行）〉的通知》（国土资厅发〔2013〕20号）；②《国土资源部办公厅关于实施〈城镇土地分等定级规程〉和〈城镇土地估价规程〉有关问题的通知》（国土资厅发〔2015〕12号）；③《北京市国土资源局〈关于我市国有土地使用权基准地价更新成果应用及国有建设用地使用权出让政府土地收益有关问题的请示〉》（京国土用〔2016〕92号）。

上述地价政策在腾退空间的利用中，存在的主要问题是："高昂地价款"使得腾退使用政策无法真正落地。

腾退疏解升级改造后多是土地使用用途的改变。这种情况下不适用国土资厅发〔2015〕12号文件，该文件是专门针对"已出让土地因调整容积率需评估补缴地价款的"的情形，若调整前原容积率低于1，可按新容积率规划条件下评估期日的楼面地价乘以新增建筑面积确定应补缴的地价款。

根据北京市京国土用〔2016〕92号文件："对于已协议出让的项目用地，地上建设规模增加超过3%或者调整用途，均须按评估技术规范有关规定评审出让地价水平，全额计入政府土地出让收益。"北京市国土局颁布的京国土用〔2016〕92号文件，要求按照"评估技术规范"评审地价水平。

该文件规定，"调整用途的，需补缴地价款等于新、旧用途楼面地价之差乘以建筑面积。新、旧用途楼面地价均为评估期日的正常市场价格。用途与容积率同时调整的，需补缴地价款等于新用途楼面地价乘以新增建筑面积，加上新、旧用途楼面地价之差乘以原建筑总面积"。现实中普遍存在的问题是：原用途的容积率一般较小，容积率修正后熟地价高。

表1和表2分别是北京市基准地价确定的级别平均容积率，以及节选的商业办公用途容积率小于1的修正系数。只有在项目的容积率等于级别平均

容积率情形下，容积率修正系数为1。在不考虑其他修正的情况下，容积率越小，容积率修正系数越高，从而修正后熟地价越高。

表1　级别平均容积率

土地用途＼土地级别	一级至二级	三级至五级	六级至七级	八级至十二级
商业	3.5	2.5		2.0
办公	3.5	2.5		2.0
居住	2.5			1.5
工业	1.5		1.2	1.0

表2　商业办公用途部分容积率修正系数

容积率	商业		办公	
	1~2级	3~7级	1~2级	3~7级
0.1	15.0520	14.2630	13.7330	12.7870
0.2	7.5260	7.1315	6.8665	6.3935
0.3	5.0173	4.7543	4.5777	4.2623
0.4	3.7630	3.5658	3.4333	3.1968
0.5	3.0104	2.8526	2.7466	2.5574
0.6	2.5087	2.3772	2.2888	2.1312
0.7	2.1503	2.0376	1.9619	1.8267
0.8	1.8815	1.7829	1.7166	1.5984
0.9	1.6724	1.5848	1.5259	1.4208
1.0	1.5052	1.4263	1.3733	1.2787

　　商业和办公类用途在地价八级到十二级（一般在北京六环区域以外）平均容积率都达到了2，在更多可能出现疏解腾退的区域，土地级别从一级到七级，级别平均容积率为3.5或2.5。在疏解腾退的大背景下，原存量房地产获得新规划的生产性服务业一般不可能取得如此之高的容积率。按照北京市现行的地价政策，对于疏解腾退的存量土地按新规划依规补缴政府土地收益成本较高。

　　例如，某腾退地块原为工业出让，位于东三环外，疏解腾退发展"信息服务"，土地面积1万平方米，现状容积率为1。新规划用途熟地价约

39000 元/平方米，原用途熟地价约 9300 元/平方米，简单测算其补缴的政府土地收益约 29700 万元。政府为提高疏解腾退空间管理和使用效率颁布的腾退政策在高昂的地价款面前，政策效果打了折扣。

北京市京国土用〔2016〕92 号文件提出，对于自行完成土地征收、地上物拆迁和基础设施配套建设等工作，不属于土地一级开发项目（如单独选址经批准协议出让项目），由项目主体委托国土局审计机构库内机构，对土地开发成本进行审计。土地开发成本经审计、认定后，作为出让地价评审参考。出让地价评审政府土地收益与土地开发成本合计不得低于该宗地所在基准地价级别低限。此政策关键在于在出让地价评估时，按其在设定开发建设条件下的正常市场价格，而正常市场价格的含义应为北京市基准地价中熟地价格水平。92 号文中的单独选址表述，又可参照一级开发成本审核标准，扣除相应开发成本，即，扣除成本认可的越接近于熟地价的 75%，则开发企业所负担的政府土地收益越接近 25% 的水平。对于存量土地盘活来讲，如果认定为是单独选址项目，则可以参照 92 号文件大大节省土地出让成本。

三　腾退土地地价政策建议

"十三五"时期，北京将按照"框定总量、限定容量、盘活存量、做优增量、提高质量"的原则坚持用地减量发展。

（一）建议开展疏解腾退土地资源再利用政策体系研究

实施建设用地减量发展战略，落实节约集约用地制度，坚守建设用地规模底线，严格控制新增建设用地，在符合首都功能定位的前提下，着力盘活疏解腾退之后形成的存量用地。

（二）建议制定适合腾退疏解的差别化的供地和地价政策

现行政策是规划、证载、实际用途三性合一方可协议出让。建议在执行腾退政策中"未实行有偿使用的国有建设用地，可按新规划以协议方式办理土地有偿使用手续"时，对三性合一问题放开审定，只要满足腾退疏解政策，则存量土地就可以依据规划办理协议出让。

（三）建议完善现有地价用途政策

编制更为详细的包含生产性服务业用途的修正系数，对纳入区县年度疏解方案的、政府鼓励的生产性服务业用途的修正系数适当下调，体现地价政策上对腾退空间发展生产性服务业的支持。

（四）建议对现有物业权利人自行升级改造后的运营销售等给予政策支持

高昂的补缴地价款影响了腾退政策的实施效果，建议制定实施细则，允许物业产权人自持50%以上的物业产权，剩余部分可以分割转让。以灵活的资金优惠政策弥补高昂地价的不足。

参考文献

1.《北京市2014年基准地价更新成果及应用说明》。
2.《国土资源部办公厅关于发布〈国有建设用地使用权出让地价评估技术规范（试行）〉的通知》（国土资厅发〔2013〕20号）。
3.《关于支持新产业新业态发展促进大众创业万众创新用地的意见》（国土资规〔2015〕5号）。

B.7
北京市城乡居民对房产税的
认知及诉求对比分析*

郭若男　刘文泽　王凯汐　崔亚凝　张远索**

摘　要： 本文在调查问卷的基础上，采用文献分析法、统计分析法，定性与定量相结合，分别就居住在北京市东西城、朝海丰石、远郊区的居民对房产税的认知及诉求情况进行了调查研究。对比分析了不同地区居民对出台房产税的支持程度及诉求倾向，并分析了其背后的原因。在具体问题具体分析的基础上，针对不同地区不同群体提出有效调节房地产市场资源配置并抑制投机行为、使房产税的出台能够稳定财政、房产税税制要进行优化设计、完善相关配套设施、处理好征收房产税的公平问题等政策建议。

关键词： 城乡居民　房产税　北京

　　房屋对于任何国家的任何人而言都是非常重要的财产。对国家的长远发展有深远的影响，对家庭成员的生活水平和幸福感影响也比较大。随着国家经济的发展和房地产市场热度的持续提升，房价持续走高成为众多居民焦虑

---

*　基金项目：北京市属高校高水平教师队伍建设支持计划项目（项目编号：CIT&TCD20180326）。

**　郭若男、刘文泽、王凯汐、崔亚凝，北京联合大学应用文理学院硕士研究生，研究方向为文化遗产区域保护规划、土地制度政策；本文通讯作者张远索，北京联合大学应用文理学院教授，博士，研究方向为土地制度政策、房地产市场分析。

和担忧的问题。而推行房产税制度有望调控房价，使房地产市场朝着稳健的方向发展，而房产税的税收又能增加国家的财政收入造福于民，因而房产税制度的推行势在必行。在此背景下，研究北京市城乡居民对房产税的认知及诉求非常重要，因为这是基于城乡差异性对北京市该如何出台更为合理的房产税进行的有针对性的研究。本文将北京市划分为：（1）东城区、西城区（下文简称东西城）；（2）朝阳区、海淀区、丰台区、石景山区（下文简称朝海丰石）；（3）通州区、昌平区、顺义区、大兴区、房山区、门头沟区、怀柔区、平谷区、延庆区、密云区（下文合称远郊区）。分别对其居民进行抽样调查，了解他们对于房产税的认知情况、认可程度以及相关诉求并进行差异性对比与分析，以期为相关部门制定出台更为合理的房产税政策提供参考。

一　样本说明

本文针对北京市城乡居民对房产税的认知程度以及相关诉求做深入调查，并基于调查数据进行差异性分析，然后根据分析的情况进行问题总结，最后针对所总结的问题，结合阅读大量资料为未来北京市有针对性地出台房产税提供建议。

本文分别选取北京市东西城、朝海丰石及远郊区为研究区域，假设以征收房产税为背景，来研究城镇居民对房产税的接受意愿。2017年11月共发放问卷350份，有效问卷为270份。东西城共发放问卷150份，有效问卷为127份。朝海丰石共发放问卷80份，有效问卷为56份。远郊区共发放问卷120份，有效问卷为87份。三个区域的居民表示对房产税比较了解的人数有58人，占所有被访谈者的21%。其中，东西城的居民中表示不了解房产税的人数占67.72%，朝海丰石的居民占71.43%，而远郊区的居民表示不了解房产税的比例最大占75.86%。可见，北京市城乡区域不同的居住群体对于房产税的认知是存在差异的。区域差异性的存在，推动了诉求的差异性。本文将对存在的全部差异进行客观的阐述与分析。以土地收益增值理

论、房产税的资源配置原理为理论研究的基础，结合调查所得的有效样本，对数据进行分析、检验，从中找出影响城镇居民房产税征税接受意愿的因素，以及通过居民的相关诉求总结推行房产税制度存在的问题。通过阅读大量参考文献，并结合自身的思考，针对这些问题提出建议。

二 被调查者背景分析

（一）被调查者个人及家庭基本情况分析

通过对调查问卷的汇总可以看出，被调查者各个年龄段均有样例但年轻人居多，文化程度以本科及以上为主。远郊区居民家庭月收入低于 8000 元的受访者超过 1/2，明显高于朝海丰石和东西城的居民家庭，东西城居民家庭月收入高于 20000 元的居民比例明显高于远郊区。在此背景下，进行北京市城乡居民对房产税的认知及诉求对比分析（见表 1、表 2、表 3）。

表 1　年龄分布

单位：人，%

年龄 地区	"90 后"		"80 后"		"70 后"		小计	
	数量	比重	数量	比重	数量	比重	数量	比重
东西城	98	77.17	15	11.81	14	11.02	127	100
朝海丰石	42	75.00	11	19.64	3	5.36	56	100
远郊区	60	68.97	14	16.09	13	14.94	87	100

表 2　文化程度

单位：人，%

学历 地区	高中及以下		大专		本科		硕士及以上		小计	
	数量	比重	数量	比重	数量	比重	数量	比重	数量	比重
东西城	7	5.51	9	7.09	45	35.43	66	51.97	127	100
朝海丰石	1	1.79	4	7.14	35	62.50	16	28.57	56	100
远郊区	2	2.30	11	12.64	62	71.26	12	13.79	87	100

表3 家庭月收入

单位：人，%

收入 地区	8000 元以下		8000 ~ 12000 元		12000 ~ 20000 元		20000 元以上		小计	
	数量	比重	数量	比重	数量	比重	数量	比重	数量	比重
东西城	57	44.88	37	29.13	18	14.17	15	11.81	127	100
朝海丰石	25	44.65	14	25.00	15	26.79	2	3.57	56	100
远郊区	46	52.87	20	22.99	16	18.39	5	5.75	87	100

从调查问卷中可以看出，处在东西城的受访者有 127 人，处在东西城以外的受访者有 143 人。其中朝海丰石 56 人，远郊区 87 人。针对不同地区不同年龄的受访者进行调查研究，有助于更具体更有针对性地了解现状。其中受访者的年龄群体在 28 岁及以下的占 73%，年龄在 28 ~ 38 岁的受访群体为 15%，38 ~ 48 岁及以上的受访群体占 12%。大部分受访群体为刚刚工作几年即将成立家庭或者刚刚成立家庭不久，因此这个年龄群体近期对购房或者改善居住条件有强烈的需求和兴趣。针对这样的年龄群体进行房产税的认知及诉求调查分析，能更好地了解他们的想法及需求，对出台房产税的导向具有很大的意义。

从调查问卷中可以看出，高中及以下学历的人数最少，仅为 10 人。本科学历的人数为 142 人，硕士及以上学历的人数为 94 人。所以受访者中的学历主要集中在本科及以上，他们有一定的知识储备和比较稳定的收入。他们中大部分人表示对房产税有兴趣了解。主要由于这些群体未来有购房需求或者希望通过房产税的税收增加财政收入，以此解决他们生活中的一些问题。不同学历的受访群体对于房产税的了解程度及出台房产税的认知和诉求也存在差异，因此划分受访者的学历很有必要。

从调查问卷中可以看出，受调查者的家庭月收入在 8000 元以下的人数有 128 人，其中远郊区受访者的比重明显较大，达到了 52.87%。家庭月收入处于 8000 ~ 120000 元的人数有 71 人，在 12000 ~ 20000

元的人数有49人，20000元以上的人数为22人。所以，受访者的群体中家庭月收入在8000元以下的人数最多。20000元以上的人数最少。并且，由于东西城以政治、文化、国际交往中心为主导功能从而具备更多高素质的人才，故东西城和远郊区的收入水平存在很大的差异。高收入的群体明显高于远郊区。从月收入水平看，绝大部分受访者为普通工薪阶层，家庭有稳定的收入来源，并且收入水平接近北京市的平均水平。

通过对比可以发现，东西城、朝海丰石和远郊区的被调查者年龄以年轻人为主，文化程度以本科及以上学历的居多。家庭月收入情况差异较大，东西城的被调查者收入水平要高于远郊区被调查者，东西城的受教育水平也普遍高于远郊区。

（二）被调查者近期购房意向分析

表4 不同地区居民购房意向（5年内）

单位：人，%

意向 地区	有		没有		小计	
	数量	比重	数量	比重	数量	比重
东西城	73	57.48	54	42.52	127	100
朝海丰石	30	53.57	26	46.43	56	100
远郊区	40	45.98	47	54.02	87	100

表5 不同年龄居民购房意向（5年内）

单位：人，%

意向 年龄	有		没有		小计	
	数量	比重	数量	比重	数量	比重
"90后"	113	56.50	87	43.50	200	100
"80后"	26	65.00	14	35.00	40	100
"70后"	8	26.67	22	73.33	30	100

通过表4可以看出，不同区域的居民5年内的购房意向存在很大的差异。其中东西城有73人5年内有购房意向，占东西城受访居民比例的57.48%。而朝海丰石5年内有购房意向的受访者有30人，占该区域的53.57%。远郊区居民5年内有购房意向的人数比例较小，占该区域受访者的45.98%。

通过表5可以看出，不同年龄的居民对于5年内的购房意向也存在差异。其中"80后"5年内有购房意向的最多，占65%，其次是"90后"受访群体有56.50%有购房意向，"70后"5年内的购房意向最低。

分析被调查者5年内购房意向存在差异的原因可以归结如下：东西城的居民购房意向最大，"80后"的居民群体购房意向最大。这是因为大部分的本科及以上学历的人群毕业后愿意留在机会更大的市区发展，也由于东西城的收入水平较远郊区高，因而有更大的购房需求。"90后"多为刚刚毕业不久，收入水平和家庭结构不足以支持其考虑购买住房，而"80后"群体事业基本稳定，并且很多组建了家庭，有迫切的购买房屋的需求。

三 被调查者对房产税的认知及认可情况分析

（一） 被调查者对房产税的认知情况分析

表6 认知情况

单位：人，%

认知 地区	比较了解		不了解		漠不关心		小计	
	数量	比重	数量	比重	数量	比重	数量	比重
东西城	32	25.20	86	67.72	9	7.09	127	100
朝海丰石	13	23.21	40	71.43	3	5.36	56	100
远郊区	13	14.94	66	75.86	8	9.20	87	100

表7 了解渠道

单位：人，%

渠道 \ 地区	报刊		网络媒体		房产公司		其他		小计	
	数量	比重	数量	比重	数量	比重	数量	比重	数量	比重
东西城	31	24.41	82	64.57	7	5.51	7	5.51	127	100
朝海丰石	15	26.78	33	58.93	5	8.93	3	5.36	56	100
远郊区	21	24.14	57	65.52	6	6.90	3	3.45	87	100

从表6可以看出，东西城的受访者中有25.2%的人数表示对房产税比较了解。朝海丰石的受访者中只有23.21%的人表示比较了解房产税。而远郊区的受访者中仅有14.94%的人对房产税比较了解。可见，北京市居民对于房产税的了解程度呈现从东西城向朝海丰石再向远郊区递减的趋势，并且与学历相关，本科及以上学历的被调查者中了解房产税的人数比例较大。由于东西城以政治、文化、国际交往为主导功能从而具备大量高素质的人才资源和广阔的信息收集通道，因而推动了工作在东西城的年轻群体有强烈的购房需求及愿望，也致使东西城的居民较朝海丰石甚至远郊区更为了解房产税。但是引人注目的是，对房产税了解程度最高的东西城居民也只占25.2%。可见，房产税这个概念普及得还不够，北京市居民对于这个概念的认知整体比较匮乏。

从表7的问卷汇总分析可以看出，北京市居民对于房产税的了解渠道主流为网络媒体，其次是报刊。由于网络媒体的普及，城乡居民了解房产税渠道差异性比较小。

通过被调查者对房产税的认知情况，可以看出北京市居民对房产税的认知程度还不高，大部分居民对房产税不够了解。但是，绝大部分居民都对房产税的了解程度有明确的表态，表示漠不关心的群体占非常小的比例。可见，要想更大范围地让北京市居民认可房产税，房产税的概念还需要多多普及，多多和广大居民进行探讨及听取广大居民的需求及意见。北京市居民了解房产税的主要媒介是网络媒体和报刊，为今后普及房产税的相关概念提供了渠道参考。

（二）被调查者对房产税的认可情况分析

表8 必要性情况

单位：人，%

必要性 地区	有必要		不清楚		完全没必要		小计	
	数量	比重	数量	比重	数量	比重	数量	比重
东西城	54	42.52	46	36.22	27	21.26	127	100
朝海丰石	19	33.93	29	51.79	8	14.29	56	100
远郊区	33	37.93	40	45.98	14	16.09	87	100

表9 认可情况

单位：人，%

认可度 地区	支持		反对		无所谓		小计	
	数量	比重	数量	比重	数量	比重	数量	比重
东西城	60	47.24	40	31.50	27	21.26	127	100
朝海丰石	18	32.14	25	44.64	13	23.21	56	100
远郊区	38	43.68	22	25.29	27	31.03	87	100

通过表8、表9可以看出，东西城居民中认为有必要开征房产税的人数比例最高，为42.52%，支持出台房产税人数比例也最高，为47.24%。其次认为有必要并支持出台房产税的为远郊区。朝海丰石对出台房产税的必要性和认可程度的支持率均最低，认为有必要开征房产税的人数比例仅为33.93%，支持出台房产税的人数比例也仅为32.14%。

被调查者对房产税的认可情况呈现东西城—远郊区—朝海丰石递减的趋势是有深层原因的，与被采访者的背景情况有密切的关系。由于东西城的居民高学历比重较大，对房产税了解程度较高，又因为工作或居住在东西城的年轻人对购房有强烈的需求，5年内有购房意向的人群居多，渴望有途径能降低房价，因而对出台房产税的认可程度也最高。远郊区的居民对房产税的支持程度仅次于东西城，是因为他们希望通过征收房产税的方式来缩小区域

间贫富差距。

北京市居民对于出台房产税的认可情况与他们对于房产税的认知情况密切相关。要想让更多的北京市居民认可房产税的出台，就要积极宣传房产税的概念和正向效益。

四 被调查者对于出台房产税的诉求对比分析

表10 诉求情况

单位：人，%

地区＼诉求	控制房价，遏制炒房		增加财政收入，提高公共服务水平		缩小城乡贫富差距		小计	
	数量	比重	数量	比重	数量	比重	数量	比重
东西城	94	74.02	14	11.02	19	14.96	127	100
朝海丰石	33	58.93	14	25.00	9	16.07	56	100
远郊区	55	63.22	13	14.94	19	21.84	87	100

表11 忧虑情况

单位：人，%

地区＼忧虑	增加购房者的负担		影响居住者的正常需求		造成新的不公平		负向效益大于正向效益		小计	
	数量	比重	数量	比重	数量	比重	数量	比重	数量	比重
东西城	78	61.42	22	17.32	20	15.75	7	5.51	127	100
朝海丰石	25	44.64	12	21.43	8	14.29	11	19.64	56	100
远郊区	35	40.23	20	22.99	21	24.14	11	12.64	87	100

从表10可以看出，北京市居民普遍认为出台房产税的最主要目的是控制房价，遏制炒房现象。其中东西城的受访者对此赞成率达到了74.02%。远郊区有相当一部分受访者表示希望通过房产税来缩小城乡贫富差距。处于中间位置的朝海丰石对此看法也是介于东西城和远郊区之间，比较中立。

以上情况与不同区域之间居民的需求有关。由于东西城居民有购房需求的最多，因此对遏制房价的支持率较高。远郊区在收入水平、医疗、教育等诸多方面相较市区更为落后，故而一部分没有迫切买房需求的居民希望房产税能够调节城乡贫富差距，改善现有的生活。

从表 11 对于开征房产税的忧虑分析来看，最担心房产税的出台会增加购房者负担的仍然是东西城的受访者，达到了 61.42%。这是由于他们有很大的购房需求。对比强烈的是远郊区，除了对征收房产税会增加购房者负担有担忧外，还有更多的考虑。其中有 22.99% 的人担忧出台房产税会影响居住者的正常需求，有 24.14% 的人担忧会造成新的不公。

可见，东西城、朝海丰石和远郊区的居民由于区域背景、自身条件和各自的需求不同，所以针对征收房产税的诉求也不太相同。针对不同区域居民的诉求，相关部门在制定政策时应予考虑，针对不同区域居民忧虑的问题，相关部门在制定政策时应予以优化。

五 北京市出台房产税的政策建议

（一）房产税税制要进行优化设计

所谓的房产税税制优化，通俗地说就是要制定"宽税基，低税率，严征管"的征税制度，并且完善相关的税制配套政策。

现在，针对房产税的征收范围有两种意见：一种意见认为房产税的征收范围应该面向农村。因为现在我国的经济状况整体改善，符合税收标准的房屋都有义务缴纳房产税。而且在更广范围内的征收税收更有利于税收的公平。还有一种观点认为：房产税的征收范围应该划定在城镇，而农村不应该在房产税的征收范围内。因为农村相比城市经济发展水平较低，并且对农村的房地产进行评估成本较高，难度相对较大。我们认为，近年来我国经济逐年增长，但是存在不平衡的问题。我国农村在地理分布上极其不均衡，经济水平差异也很大。不论是从地域上还是

从经济上考虑，对农村征收房产税都是很困难的。因此，我国房产税的范围应该针对城镇，不应该对农村的房屋征收房产税，这样有助于缩小城乡的贫富差距。

税收的优惠政策是为了体现税收的公平原则。对于特殊人群如残疾人、退休老人以及生活困难的低收入人群这部分弱势群体应给予相应的优惠政策。另外可以制定一个统一标准的人均面积，超过人均面积的住宅按照超出的部分征收房产税，对于低于标准人均面积的住宅不应征收。这样的房产税征收方式更加公平合理，可以避免有些人利用人均住房套数有限制而采取一些非理性手段例如假离婚等逃避房产税的状况。

征收房产税实行强制性和人性化结合的方式。对于突发特殊情况、特殊因素导致纳税人短时间内没有能力缴纳税费的情况，相应的部门应该妥善处理。例如当地税务机关可以制定根据考察的情况适当进行减免或延期缴税的方案，使房产税的出台更加公平合理，更得人心。

（二）相关配套设施的完善

首先，房产税制度的制定要合情合理，要根据北京市东西城、朝海丰石和远郊区的实际情况具体问题具体分析。根据不同区域经济发展的状况，在征收房产税的标准上要合情合理，对收入水平较低的远郊区的居民来说，要适当降低税率。不能使房产税变成居民难以承受的税赋。

其次，要积极给居民普及征收房产税的知识。通过调查问卷可以看出，大部分北京市居民对房产税的认知程度较低，对于房产税的概念和作用不是非常明确，不确定房产税会带来什么效益，或者认为房产税距离自己很遥远，与自己的生活不相关。因此，需要通过一定途径向居民普及房产税知识，强调房产税与每个居民的生活息息相关，并不是居民拿出一部分钱上缴税费增加负担这么简单，相反这种举措可以调控房价，抑制房价的过快上涨，并且改变房地产市场的供需关系，增加房屋的供给量，从而缓解居民的购房压力增加幸福感。只有居民看到征收房产税的作用是关乎自己切身利益的，并且对自己有利，才会对征收房产税产生认同感并且愿意缴纳房产税。

最后，要建立完善的互联网登记系统。从试点城市推行房产税遇到的问题中可以发现，有的居民有多套房源，但是由于住房登记不健全，或者住房登记未联网等问题就可以侥幸地享受到住房的优惠政策或者躲避房产税。针对试点城市推行房产税制度中出现的问题，要寻找方法积极解决，如可以通过异地住房联网、完善住房登记信息等方式来解决。避免在全国范围内推广时有类似的情况发生。

（三）处理好征收房产税的公平问题

在对北京市城乡居民对房产税的认知及诉求的对比分析中，有相当一部分居民担心房产税的征收会造成新的不公平的问题。为了解除广大居民的忧虑和增强居民对征收房产税的认同感，征收房产税时一定要处理好公平问题。

第一，要设置合理的监督机制，确保房产税的税收收入取之于民、用之于民。征收房产税可以给中央和地方带来长期稳定的税收来源。对于房产税的税收收入如何分配使用，需要建立合理的监督机制，使征收的房产税税收收入能投入社会公共设施的建设中，服务民众。

第二，房产税的出台与居民的生活息息相关。由于房产税的出台会涉及多方面的利益，并且房产税改革中会遇到各种问题，因此，出台房产税要提高公众的参与度。政府也应该充分采纳公众的意见，满足公众的需求，接受公众的监督。只有统筹考虑多方利益，保证多方权益，房产税的出台才能更加惠民和公平公正。

第三，要建立完善公平的房地产评估体系，使房地产评估公正合理。目前我国的房地产评估体系还不健全，虽然数量上具备规模，但是质量上得不到保证。因此，要使这个行业规范化，要培养房地产评估人员具有良好的职业道德和合格的业务水平，这些需要通过完善的制度体系来规范。

参考文献

1. 林家彬、刘毅：《开征物业税对房地产市场的影响》，《重庆工学院学报》（社会科学版）2009 年第 4 期。
2. 杨卫华：《推进房产税制改革的思考》，《税务研究》2010 年第 8 期。
3. 刘素荣：《关于我国房产税改革的思考》，《财会研究》2010 年第 11 期。

B.8
"多规合一"试点工作的实践研究

——以北京市门头沟区为例

贾　骥　王晓明　金明丽[*]

摘　要：　在党中央、国务院推进"多规合一"战略部署的指引和鼓励下，北京市门头沟区在原北京市国土资源局、北京市规划委员会等有关部门的大力指导和支持下，遵循北京市对门头沟区的功能定位，积极组织开展了门头沟区"多规合一"试点工作。本文结合门头沟区试点实践，从"多规合一"背景、思路、成果、体会等方面进行分析研究，为北京市层面的"多规合一"改革工作提供有益参考。

关键词：　"多规合一"试点　门头沟区

一　基本概况

（一）门头沟区概况

门头沟区是首都西部重点生态保育及区域生态治理协作区，辖区面积

---

* 贾骥，北京市规划和国土资源管理委员会门头沟分局局长，工程师。王晓明，北京市规划和国土资源管理委员会门头沟分局副局长，博士。金明丽，北京市规划和国土资源管理委员会门头沟分局耕保科副科长，硕士。

1447.84 平方公里，地形以山地为主（占比 98.5%）。全区紧密围绕"生态立区"，通过大力转变经济增长方式、调整产业结构，积极培育新的增长点，使地区国民经济和社会发展保持了持续稳定发展。2014 年末，全区常住人口 30.6 万人，户籍人口 24.9 万人；全区实现地区生产总值 133.8 亿元，三次产业结构为 0.9∶50.9∶48.2；全区林木绿化率达到 65%，城市人均公共绿地面积为 34.13 平方米；全年共接待游客 114.6 万人次，全年实现旅游综合收入 20.3 亿元。

（二）试点背景

1. 国家层面对"多规合一"的战略部署

2013 年 12 月，习近平总书记在中央城镇化工作会议上提出：要建立统一的空间规划体系、限定城市发展边界、划定城市生态红线，在县市层面探索"三规合一"或"多规合一"。2014 年 8 月，国家发改委、国土部、环保部和住建部四部委联合下发了《关于开展市县"多规合一"试点工作的通知》，确定了 28 个试点市县，鼓励各地积极探索"多规合一"。为解决空间规划冲突，理顺规划关系，相关省市积极响应，试点市县全面贯彻落实国家相关政策，积极开展工作。

2. 北京市提升城市规划管理的举措

2014 年北京市第十四届人大会议指出，在"北京修改城市总体规划的同时，推进经济发展规划、城乡建设规划、土地利用规划'三规合一'，划定城市开发边界，优化城乡功能和空间布局"。2016 年 5 月，市委全会审议并通过《关于全面深化改革提升城市规划建设管理水平的意见》，提出要实现总体规划层面的"多规合一"，实现多规划底图叠合、数据融合、政策整合，描绘了城市规划建设管理的"法定蓝图"。

3. 门头沟区高度重视"多规合一"试点工作

门头沟区"多规合一"试点工作得到市有关部门的高度关注与支持，2015 年 10 月，原北京市国土资源局、北京市规划委员会同意在门头沟区开展"两规合一"试点工作（京国土规函〔2015〕1132 号），并提出相关要求。门头沟区成立了由区委书记、区长任组长的工作领导小组，统筹协调解决重大问题、决策重大事项。以"多部门参与"为原则，分别由发改、国土、环保、规划部门牵头，同步开展"十三五"时期重大项目库、耕地和基本农田保护、生态保护红线划定、城市开发边界划定四个相关专题研究，为"多规合一"工作奠定了基础。

二 关键问题和解决思路

(一) 门头沟区 "多规" 冲突的主要问题

"多规合一"在实践中面临法治、技术、方法、机制等诸多障碍，需要在试点实践中改革完善。

1. 缺乏统一的空间规划体系、顶层法律法规缺位

由于存在部门并行的规划管理体制，各职能部门负责组织编制和实施各自的规划，门头沟区现有国民经济和社会发展规划、土地利用总体规划、城乡规划、环境保护规划、林地保护利用规划等大类规划，同时还有包括绿地系统规划、国家生态区建设规划、农村经济薄弱地区发展规划、水务发展规划、养老服务产业规划、科技发展规划等多个专项规划。各类规划种类繁多，在规划编制、审批、执行过程中又涉及编制权、审批权、调整权、行政处罚权、复议裁决权等多种权力交叉；各类规划职能分散，管理交叉，主体不清，各执己见。以土地利用总体规划、城乡规划、环境保护规划、林地保护规划为例，其分别依据《土地管理法》《城乡规划法》《环境保护法》《森林法》制定和实施，而由发改部门编制的经济社会发展规划，是由各级人大审议通过赋予法律效率，造成各个规划在衔接融合过程中存在矛盾和冲突，而人大审议文件与专门法律之间、不同法律间在不同环节上也存在冲突，进而导致诸多工作和事项无法推进。

2. "多规"导向不同、目标缺乏共识（见表1）

各规划编制时期、经济、人口等指标各异，规划期限、规划定位等

105

目标也不一致。由于各规划侧重点不同，难以形成对区域发展的统筹合力，甚至导致了开发管理上的混乱和建设成本的增加，在一定程度上影响了经济社会的健康发展。如国民经济与社会发展规划确定的 5 年指标与城乡规划及土地利用总体规划的布局难以衔接，而城乡规划、土地利用总体规划及林地保护规划的规划编制时限均超过 10 年，规划指标往往与实际发展有偏差，这都造成了不同规划在空间上的冲突、用地上的交叉错位。通过叠加城乡规划和土地利用总体规划发现，门头沟区新城和重点镇"两规"城乡建设用地差异面积 1695 公顷，占比达 30% 以上，主要分布在新城和镇中心区周边。各类规划管理目标多样、相互冲突、空间错位，导致各类规划相互掣肘、项目落地审批烦琐、管理效率低下等。

表 1 门头沟区"多规"目标差异

规划类型	规划名称	规划年限	目标定位
国民经济与社会发展规划	门头沟区国民经济和社会发展第十三个五年规划纲要	5 年	突出生态涵养、旅游文化、科技创新三大功能有机共生、融合发展，将门头沟区打造成为"和谐宜居滨水山城，全域景区化百里画廊"
城乡规划	门头沟新城规划（2005～2020 年）	16 年	北京西部生态涵养区的重要组成部分，是集传统文化和自然景观为一体的休闲旅游区域，是立足西部发展带、面向中心城、辐射山区的区域服务中心和宜居山城
土地利用总体规划	门头沟区土地利用总体规划（2006～2020 年）	15 年	促进经济、社会、人口、资源、环境的协调发展，着力建设现代化生态宜居山城
林地保护利用规划	《北京市门头沟区林地保护利用规划(2010～2020 年)》	11 年	——

3. "多规"基础数据不同、技术标准不一致

各规划在技术路线、数据底图、坐标系统、用地分类标准等方面差

异明显，难以相互衔接和协调。如城规部门编制城乡规划时使用自绘现状图、土规部门编制土地利用总体规划时使用土地利用变更调查数据、林规部门编制林地保护利用规划时使用园林绿化资源普查数据作为数据基础，现状底图的差异在一定程度上造成了规划用地的差异。通过叠加土地利用总体规划和林地保护利用规划发现，由于"两规"在现状底图、地类标准等方面存在较大差异，门头沟区"两规"林地差异面积3.96 万公顷，占比达 29%。又如城乡规划采用"北京地方坐标系统"、基于 CAD 软件的 DWG 格式数据，用地分类标准 2014 年开始采用《北京市地方标准》（DB11/996 - 2013），市域内城乡规划用地共分为 65 主类和 78 小类；土地利用总体规划坐标系统采用"西安 1980 坐标系"、基于 ARCGIS 软件的 SHP 格式数据，现状用地分类标准采用《土地利用现状分类》（GB/T21010 - 2007），土地分为 12 个一级类，57 个二级类，规划用地分类标准采用《土地规划用途分类》（TD/T1027 - 2010），土地分为 3 个一级类，10 个二级类；林地保护利用规划采用"北京 54 坐标系"，SHP 格式数据，用地分类标准采用《林地分类》（LY/T1812 - 2009），林地分为 5 个一级类和 13 个二级类；而国民经济与社会发展规划则没有矢量数据。多规中土地分类名称相同，而含义互相包含、各有侧重、内涵不同等现象非常普遍，用地分类的明显差异，造成了多规协调衔接上的困难，实质上也是规划指标和用地范围无法统一的重要原因之一。

4. "多规"部门之间缺乏协同、协调机制不健全

长期以来，各部门规划主要是由主管、直属上级单位评估、审批、监督。传统管理体制下，重审批、轻管理、缺服务，整套审批流程冗长、各项手续繁杂，往往"多龙治水、无人负责"，项目推进十分困难，往往要"求人办事"。多部门的联合操作，工作难度高，协调难度大。一般情况下，部门协作模式为弱协作，各部门间往往在"多规合一"编制阶段可以达成一致，但在落实阶段，各部门在各自管理体系下运行，机构管理权限及实施监管主体等诸多方面也差别大、协调难。

（二）解决思路

1. 构建一套体系

构建"1+N"规划体系，在不取代任何一个法定规划的前提下，通过协调规划间的冲突，统一规划建设目标和空间格局，整合不同部门多个规划，形成《门头沟区空间发展总体规划（2015～2020年)》，作为全区"十三五"期间空间资源开发利用的纲领性文件，指导其他规划的编制或修改工作。

2. 明确一个目标

以"统一空间发展目标、明确空间管控边界、高效配置土地资源、提高政府行政效能"的总目标为引领，以"框定总量、限定容量、盘活存量、提高质量"为发展理念，寻求各部门对空间规划认识的最大公约数，划定控制线，绘制"一张蓝图"，提出规划实施保障措施及相关改革建议。

3. 绘制一张蓝图

通过专题研究，统筹整合各类规划、衔接基础数据，对发展指标进行分类统一，研究提出"多规"的衔接规则、分类标准；以"保障安全、底线控制、规模约束"为原则，在"多规"差异图斑分析处理的基础上，形成以生态保护红线、基本农田保护红线和城乡（市）开发边界"三线"划定为主要成果的控制线体系，明确"哪里要保护、哪里能建设、哪里应减量"的问题，并建立空间管制规则，初步实现"多个规划、一张蓝图"。

4. 创新一项机制

加强规划实施体制机制研究，解决"一张蓝图谁来干、怎么干"的问题，确立"部门联审会商、政府决策"的实施机制，形成定期评估、定期动态调整的机制，保障"多规合一"顺利实施。

三 成效

门头沟区作为"多规合一"试点区县，已率先完成"多规合一"的工作。本次规划编制过程中,一是确定了"发改定目标、土规定指标、城规定坐标、环保定底线"的职责分工;二是基于生态涵养、底线思维、严格管控、分类管理,将林地保护利用规划纳入"多规合一"相关工作;三是划定城乡(市)开发边界,实现刚性管控与动态缩减相结合;四是划定八大旅游景区,绿色发展、总量平衡、弹性落地,实现生态建设与旅游发展相结合。具体工作成果如下:

(一)统一发展目标、指标、技术标准

门头沟区作为"首都西部重点生态保育及区域生态治理协作区,首都西部综合服务中心,京西特色历史文化旅游休闲区",结合自身资源特色和社会经济发展特点,走了一条内涵挖潜的道路,实现从传统的拓展增量,向充分整合资源,有效盘活存量转变,推进空间适度、有序、高效开发。

一是统一发展目标,确定"十三五"期间门头沟区建设成"和谐宜居滨水山城,全域景区化百里画廊",构建"一城、一带、三点、多组团"的城乡空间格局。二是统一指标体系,包括发展指标、底线指标和用地效率指标等三类大项指标、七类小项核心指标。三是统一技术标准,包括规划年限、底图数据、坐标系统、数据格式、比例尺等,采用土地规划、城乡规划、林地保护规划等最新法定审批数据,建立土地规划分类和城乡规划分类地类衔接标准(见图1)、园林绿化资源普查与土地利用变更调查分类衔接标准(见图2)等。

(二)"多规"差异分析、融合差异图斑

1. "土地利用总体规划"和"城乡规划"城乡建设用地差异

由于"两规"在现状底图、规划期限、规划对象、地类标准、城乡指标统计口径等方面存在差异,按照"城市用地以城规为主,乡村用地以土规为主,并结合现状、权属、项目用地审批情况等进行调整"的基本原则,建立两规建设用地差异归类及处理原则(见表2)对差异图斑进行了"保留"与"不保留"的调整。

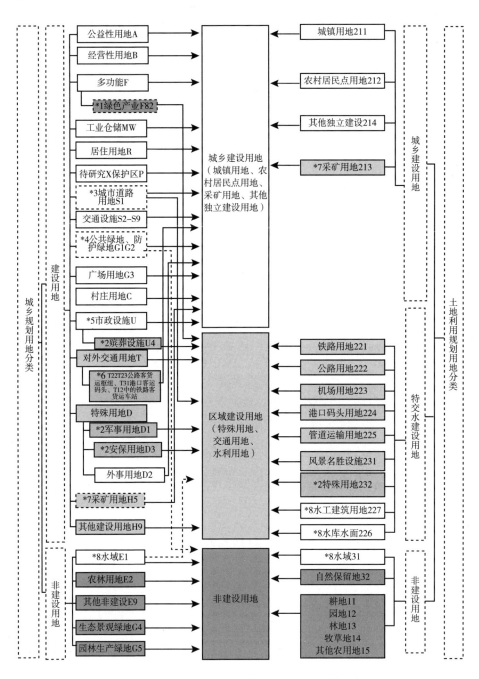

图1　土地规划分类和城乡规划分类（新京标）地类衔接标准

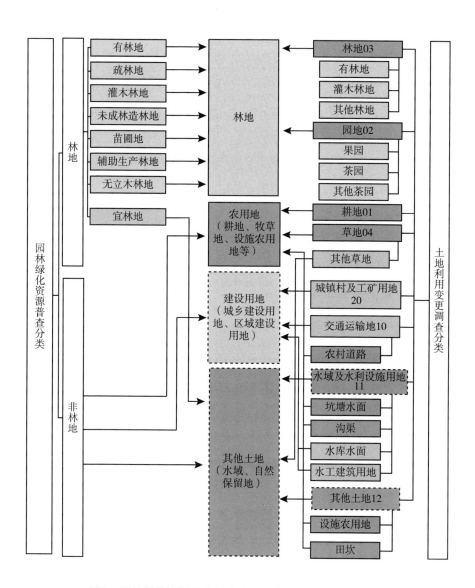

图2　园林绿化资源普查与土地利用变更调查分类衔接标准

2. "土地利用总体规划"和"林地保护利用规划"林地差异

由于存在两规现状地类不一致、分类标准不一致、林地规划未衔接现状林地、未考虑矿山复垦、林地规划未衔接土地规划基本农田等差异，按照

北京城乡蓝皮书

表2 两规建设用地差异归类及处理原则

行政区	用地差异		差异类型	差异分析	保留	不保留
新城、重点小城镇（不含斋堂镇中心区外用地）	城乡建设用地差异	土规为城乡用地，城规为非城乡用地	城乡规划建设用地指标转移	已进行规划调整,明确建设用地减量		√
				未进行规划调整,满足建设用地指标可开发建设	√	
			城乡规划区外用地,不占用门头沟区建设用地指标	已审批或有意向的设施类用地	√	
			现状一直存在的国有用地	中央、国家或市属单位的办公、科研等用地	√	
				国企或私企矿山、工厂等高能耗、高污染产业		√
			待城镇化的现状村庄聚集区	未来有用地需求	√	
			道路及防护绿带	城市内部道路用地和绿带	√	
				区域交通用地和绿带		√
		城规为城乡用地，土规为非城乡用地	—	城乡规划批复时间较晚,更能反映实际用地需求	√	
	特交水用地差异	土规为特交水，城规为非特交水	特殊用地和水利用地	未来有用地需求	√	
		城规为特交水，土规为非特交水	—	城乡规划批复时间较晚,更能反映实际用地需求	√	
一般镇、斋堂镇中心区外用地	城乡建设用地差异	土规为城乡用地，城规为非城乡用地	—	土地规划对一般镇的用地更能反映用地需求	√	
		城规为城乡用地，土规为非城乡用地	—	镇域规划未编制或未批复,图面示意性表达		√
	特交水用地差异	土规为特交水，城规为非特交水	—	土地规划对一般镇的用地更能反映特交水用地需求	√	
		城规为特交水，土规为非特交水	—	镇域规划未编制或未批复,图面示意性表达		√

"城乡建设用地分布、土地利用现状对比、基本农田划定、遥感影像提取"等原则，建立两规建设用地差异归类及处理原则（见表3）对差异图斑进行了"保留"与"不保留"的调整。

112

表3　土地规划和用地规划用地差异归类及处理原则

用地差异	差异类型	差异分析	保留	不保留
城规土规城乡建设用地		此类用地未来有发展需求,建议规划为非林地		√
土地规划为林地,林地规划为非林地	土地利用现状且实际用途为林地	结合遥感影像判读,实际用途基本为林地,建议规划为林地	√	
	土地利用现状为采矿用地	门头沟采矿用地面临减量,对于此类用地建议规划为林地,并优先安排相应的生态治理项目	√	
林地规划为林地,土地规划为非林地	土地规划为自然保留地	此类用地全部不适宜划定为耕地后备资源,建议规划为林地	√	
	土地规划为基本农田	与全市永久基本农田划定工作衔接,对于最终划定为基本农田的,建议规划为非林地		√
	土地规划为一般农地区和有条件建设区中的现状耕地	与全区耕地保有量衔接,后续纳入耕地保有量的,建议规划为非林地		√

（三）建立控制线体系

划定的总体思路:在落实基本农田保护任务和保障国土生态安全的基础上,预留城乡发展空间,引导产业发展布局,保障重大项目用地需求。

1. 划定基本农田保护红线

在生态控制线内,结合土地利用总体规划调整完善基本农田划定工作,划定永久基本农田333.67公顷（0.5万亩）（占比0.2%）,实行永久保护。

2. 划定生态保护红线

明确生态保护要素内容、重点区域和规模面积,锁定生态底线,将区域内自然保护区、水源保护区、主干河流、生态保护重要敏感区等划入生态控制线,划定生态保护红线11.77万公顷（占比81%）,其中禁止建设区2.81万公顷、限制建设区8.96万公顷。

3. 划定城乡开发边界

按照全区减量发展的要求,充分考虑人口和承载力,避让重要生态区域,

严格控制建设规模，划定城乡开发边界 7049 公顷（占比 5%），其中城市开发边界 4681 公顷（占比 3%），有效引导城乡空间发展和建设项目布局。

同时，探索建设生态用地储备制度，将城乡开发边界与生态保护红线间用地划为生态储备用地，面积为 2.01 万公顷（占比 14%），加强绿色管理，助力生态建设。

另外，2017 年中共中央办公厅、国务院办公厅《关于划定并严守生态保护红线的若干意见》、2017 年 5 月环保部和国家发改委《生态保护红线划定指南》，对生态保护红线划定提出更进一步的指导意见。门头沟区在"两图合一"深化校核工作中，进一步对接生态控制线和生态保护红线划定工作，牢固树立和践行绿水青山就是金山、银山的理念，实行最严格的生态环境保护制度，建设美丽家园。

4. 分类实施管理，划定功能引导区

在城市开发边界内划定功能引导区，共划定五类功能区（综合服务区、历史文化街区、产业区、旅游休闲度假区、居住区），分类实施管理。

5. 助推产业转型升级，划定风景旅游用地区

门头沟区融入环首都国家公园示范区建设，按照"重点景区带动，旅游资源整合"的思路，打造八大旅游景区组团，划定风景旅游用地区。按照总量控制原则，整合利用零散建设用地，以动态维护和单独选址方式来配置旅游景区配套设施。同时对爨底下、灵水村、琉璃渠等 11 个市级传统古村落进行开发利用与保护，加快统筹精品旅游村建设和古村落修缮保护，推进美丽乡村建设，留住乡愁。

（四）坚持减量发展

坚持有保有压，减量发展，明确"减什么""怎么减"。划定辖区内的城市和城乡开发边界，把城市和城乡开发边界以外、生态保护红线范围以内的绝大部分现状建设用地（主要为采矿用地）划定为城乡建设用地优先减量区，共划定 1748 公顷城乡建设用地优先减量区（主要为京煤、金隅等国有企业采矿用地）。实施经营性建设用地供应与减量挂钩，加大集体建设用

地、重点工矿用地的整治力度，引导腾退。对重点建设发展区域的用地资源进行细化梳理，深入校核各类用地，减少商、住空间，扩大绿色空间。

（五）创新规划实施体制机制

深入推进"放管服"改革，建立法定规划联动修改工作机制、部门联审会商机制、数据信息共享机制及规划定期评估调整机制。在"多规合一"成果获批后，后期建设信息联动共享平台（目前由发改部门牵头负责），实现"多规合一"信息数据库实时动态更新和规划空间资源"一张蓝图"管理，为服务于领导决策、部门审批、社会利用打好基础。

四　政策建议

（一）　加快规划管理顶层设计

"多规合一"需逐步启动"多规合一"配套法律法规修订工作，明确新规划的法律地位，调整各部门职能职责，从而促进审批制度改革。门头沟在"多规合一"试点实践中，成立了区委书记、区长任组长的"多规合一"试点工作领导小组，定期召开小组会议，区委书记、区长亲自决策重大事项，具体工作由国土部门牵头，规划、发改、环保、旅游等部门共同参与完成。

（二）重构规划管理体系

"多规合一"不是原有部门规划的简单叠加重合，而是打破常规、统筹全局、兼顾各方的新融合，"合一"后的多部门规划审批不是原审批部门联席会议可解决的。因此，从"多规合一"的实施层面上，还要打破原有部门职能分工，在规划框架内，上级部门适度放权，重在长远、底线监管；实施部门适度集权，成立适应新形势的规划综合管理部门，实现规划领域"一站式"服务。《北京城市总体规划（2016 年~2035 年）》明确提出要优

化调整市区两级规划事权，随着北京市各区规划、国土部门合并，市、区两级规划事权调整改革，北京的"多规合一"改革必将迈出坚实的一步。

（三）构建规划管理与协同共享基础平台

党的十九大报告指出：转变政府职能，深化简政放权，创新监管方式，增强政府公信力和执行力，建设人民满意的服务型政府，并赋予省级及以下政府更多自主权。推进"多规合一"是一种手段，目的就是进一步深化"放管服"。一方面将"多规合一"落到实处，从北京市层面讲，需要进一步合并、下放、取消一批审批事项，优化调整各级审批权限，合理配置区级规划实施的自主权；另一方面需要推广行政服务"极简审批"经验，推行"互联网＋行政审批"模式，实现审批制度、审批模式的改革。门头沟区"多规合一"试点在完成方案编制后，即已着手构建一张图审批的信息化平台建设的相关工作。

（四）加强部门协调，推进城市精细化管理

《北京城市总体规划》（2016～2035年）获得党中央、国务院的批复，对提升城市规划建设管理水平、治理"大城市病"、深入推进京津冀协同发展提出了更高的要求，如何落实北京城市总体规划是门头沟区面临的一项重要任务。

要打破行业界限，逐步形成部门间强协同的机制，由点及面，推广执行。实现"多规合一"，需要探索部门间强协同机制，通过协同机制的建立和完善，期待所有部门主体在规划实施、监督、监管方面的诉求冲突得以有效解决。

门头沟区"多规合一"试点实践的几点思考。

"多规合一"必须严格遵循北京市对门头沟区的功能定位，为"完成生态保护红线、永久基本农田、城乡（市）开发边界三线制定工作"服务，不得有丝毫偏离。

"多规合一"必须以解决实际存在的问题为出发点和落脚点，坚持减量

发展、加强规划协调统一，做到一本规划、一张蓝图绘到底。不得虚做、走过场。

实现"多规合一"，必须国家级、省市级的积极推进与基层的积极作为，多层次、多方面地积极协同，才能真正落到实处。

参考文献

1. 孟鹏、冯广京、吴大放、张冰松：《"多规冲突"根源与"多规融合"原则——基于"土地利用冲突与多规融合研讨会"的思考》，《中国土地科学》2015 年第 8 期。

2. 沈迟、许景权：《"多规合一"的目标体系与接口设计研究——从"三标脱节"到"三标衔接"的创新探索》，《规划师》2015 年第 2 期。

3. 王唯山、魏立军：《厦门市"多规合一"实践的探索与思考》，《规划师》2015 年第 2 期。

4. 苏涵、陈皓：《"多规合一"的本质及其编制要点探析》，《规划师》2015 年第 2 期。

5. 王俊、何正国：《"三规合一"基础地理信息平台研究与实践——以云浮市"三规合一"地理信息平台建设为例》，《城市规划》2011 年第 S1 期。

6. 胡俊：《规划的变革与变革的规划——上海城市规划与土地利用规划"两规合一"的实践与思考》，《城市规划》2010 年第 6 期。

7. 朱江、邓木林、潘安：《"三规合一"：探索空间规划的秩序和调控力》，《城市规划》2015 年第 1 期。

8. 张少康、罗勇：《实现全面"三规合一"的综合路径探讨——广东省试点的实践探索与启示》，《城市规划》2015 年第 1 期。

（注：本文所用数据，均系本课题组采集。）

都市型乡村篇

Urban Countryside

B.9
2017年北京市农业农村
经济形势分析报告

崔国胜*

摘　要：　2017年，在北京市委、市政府的坚强领导下，全市"三农"
　　　　　工作认真贯彻中央1号文件精神，全面落实全市农村工作会
　　　　　议部署，紧紧围绕农业增效、农民增收、农村增绿，坚持在
　　　　　疏解与整治中谋发展，深入推进农业"调转节"，加快农业
　　　　　供给侧结构性改革，加快美丽乡村建设，持续深化农村改革，
　　　　　全力以赴、攻坚克难促进农村居民和低收入农户增收，实现
　　　　　农村居民收入与经济增长同步、低收入农户收入大幅增长。

关键词：　北京　农业　农村经济　美丽乡村

* 崔国胜，北京市农村工作委员会发展规划处副处长。

一 农业农村经济运行情况及特点

（一）坚决果断采取措施，农村居民和低收入农户圆满完成增收目标

2017年农村居民增收形势严峻。第一季度，农村居民人均可支配收入实际增长仅为5.4%，低于GDP增速1.5个百分点。北京市委、市政府坚决果断出台促进农民及低收入农户增收的十条政策措施，部门密切配合，各区积极行动，强化专项督查，狠抓政策落地，做到了政策制定及时、执行有力、成效显著，扭转了农村居民增收走势，实现了既定目标。

1. 农村居民收入与经济增长同步

全年农村居民人均可支配收入24240元，同比增长8.7%，扣除价格因素，实际增长6.7%，比第一季度提高了1.3个百分点，实现了与经济增长保持同步的目标（见表1）。

表1　2017年本市城乡居民收入情况

类别	城镇居民			农村居民		
	金额（元）	同比（±%）	构成（%）	金额（元）	同比（±%）	构成（%）
可支配收入	62406	9.0	100.0	24240	8.7	100.0
工资性收入	37883	6.1	60.7	18223	9.5	75.2
经营净收入	1293	0.1	2.1	2140	3.8	8.8
财产净收入	10520	13.0	16.8	1570	16.3	6.5
转移净收入	12710	15.8	20.4	2307	2.1	9.5

资料来源：北京市统计局、国家统计局北京调查总队。

工资性收入成为有力支撑。2017年，农村居民工资性收入18223元，同比增长9.5%，增幅比上年提高2.1个百分点；占全部收入比重的75.2%，比上年提高0.6个百分点；工资性收入增速高于可支配收入增速0.8个百分点，增收贡献率达到82.2%。市农委与市人力社保局等印发

《关于进一步做好本市农村劳动力转移就业工作的通知》《关于城市公共服务类岗位安置本市农村地区劳动力就业促进农民增收试点政策有关工作的通知》，全年累计实现 5.3 万名农村劳动力转移就业，密云、延庆两区试点城市公共服务类岗位安置农村劳动力就业 1272 人，均超额完成全年任务。市园林绿化局印发《关于进一步落实园林绿化管护政策确保农民就业增收工作的通知》，全年山区生态林健康经营本地农民用工近 1 万人、比例超过 80%；平原地区生态林养护本地农民用工 3.5 万人、比例达到65%。

财产净收入保持大幅增长。2017 年，农村居民财产净收入 1570 元，同比增长 16.3%，增幅比上年提高 4.2 个百分点；占全部收入比重的 6.5%，比上年高 0.5 个百分点；财产净收入增速高于可支配收入增速 7.6 个百分点，增收贡献率达到 11.4%。随着改革深入推进，农村资源配资效率不断提高，农户分享市场红利的途径增多。门头沟区组织实施七批"富民系列"资金信托项目，年收益 2.08 亿元，惠及农户 26689 人。

经营净收入小幅增长。2017 年，农村居民经营净收入 2140 元，同比增长 3.8%，增幅比上年下降 1.5 个百分点；占全部收入比重为 8.8%，比上年降低 0.4 个百分点；经营净收入增速低于可支配收入增速 4.9 个百分点，增收贡献率为 4%。其中，来自第一产业的收入增加 19.6%，主要为养殖清退前出栏所得；来自第三产业的收入占经营净收入的 70% 以上，同比下降 1.6%，主要是受规范经营、拆除违建和疏解等影响。顺义区农产品加工业带动农户近 10 万人增收。

转移净收入保持增长。2017 年，农村居民转移净收入 2307 元，同比增长 2.1%，增幅比上年降低 15.9 个百分点；占全部收入比重为 9.5%，比上年降低 0.6 个百分点；转移净收入增速低于可支配收入增速 6.6 个百分点，增收贡献率为 2.4%。虽然 2017 年两次提高基础养老金和福利养老金水平，并提高了低保和低收入家庭标准，但由于受众面比例和转移性支出增长较快等原因，净收入增长幅度较低。

2017 年农村居民可支配收入增速比城镇居民低 0.3 个百分点，结束了自 2009 年以来连续 8 年"快于"的走势。回头看，自 2011 年起，农村居民可支配收入增速已经连续 7 年放缓，对城镇居民收入增速的领先幅度逐年收窄，到 2016 年仅高 0.1 个百分点。2017 年，城乡居民收入差距有所扩大，收入比由 2016 年的 2.567：1 扩大至 2.575：1。

2. 低收入农户收入实现两位数增长

2017 年是低收入农户帮扶工作全面推开、帮扶措施全面落实的一年。全市上下坚持精准帮扶基本方略，突出"六个一批"帮扶重点，有力有序推进各项工作，取得了明显成效。特别是市纪委市监委开展的专项督查，有力促进了各级帮扶责任的落实。2017 年低收入农户人均可支配收入突破万元，达到 10698 元，同比增长 19.4%，明显快于全市农村居民收入增速（见表 2）。

表 2　2016～2017 年全市低收入农户收入结构情况

类别	2017 年		2016 年		增速（%）
	绝对值（元）	构成（%）	绝对值（元）	构成（%）	
可支配收入	10698	100.0	8961	100.0	19.4
工资性收入	4477	41.8	3954	44.1	13.2
经营净收入	617	5.8	775	8.6	-20.4
财产净收入	646	6.0	451	5.0	43.2
转移净收入	4958	46.3	3781	42.2	31.1

资料来源：北京市统计局、国家统计局北京调查总队。

从低收入农户收入构成看，四项收入呈现三升一降：工资性收入、财产净收入和转移净收入增速均达到两位数，分别为 13.2%、43.2%、31.1%，经营净收入下降 20.4%。2017 年，因两次提高福利养老金水平、减免低收入农户新农合保险金和提高低保标准等政策红利集中释放，带动转移净收入快速增长，对可支配收入增长的贡献率高达 67.8%。山区生态林管护员岗位补贴提高以及各区将公益性岗位向低收入农户倾斜，有力促进了工资性收入较快增长，对可支配收入增长的贡献率为 30.1%。财产净收入主要受山

区生态公益林补偿金标准提高的影响，对可支配收入增长的贡献率为
11.2%。

（二）坚定有力推进"调转节"，农业供给侧结构性改革取得成效

立足首都城市战略定位，突出都市型现代农业绿色生态导向，坚定有力
推进农业节水，调整农业结构，转变农业发展方式，加快农业供给侧结构性
改革，实现减量发展和提质增效。

1.第一产业规模"两增两降"

2017年，农林牧渔业总产值为308.3亿元，同比下降8.8%（见表3）。
其中，林业和渔业产值同比分别增长12.7%和4.1%；农业和牧业产值同比
分别下降10.6%和17.4%。第一产业增加值120.4亿元，同比下降7.1%，
扣除价格因素实际下降6.2%。第一产业增加值占GDP的比例由上年的
0.5%下降到0.43%。

表3　2017年北京市农林牧渔业总产值

单位：亿元，%

类别	按现价计算			按可比价计算	
	本期	上年同期	增减	本期	增减
农林牧渔业总产值	308.3	338.1	-8.8	313.3	-7.2
农业	129.8	145.2	-10.6	127.7	-12.3
林业	58.8	52.2	12.7	58.8	14.0
牧业	101.4	122.7	-17.4	109.6	-10.1
渔业	9.6	9.2	4.1	9.2	1.5
农林牧渔服务业	8.7	8.7	-0.6	8.5	-2.6

资料来源：北京市统计局、国家统计局北京调查总队。

粮食种植进一步缩减。2017年，粮食播种面积100.3万亩，同比下降
23.5%；粮食总产量41.1万吨，同比下降23.4%。其中，夏粮播种面积
17.2万亩，同比下降28.3%，总产量6.2万吨，同比下降27.1%；秋粮播

种面积 83.1 万亩，同比下降 22.4%，总产量 34.9 万吨，同比下降 22.7%。

蔬菜生产明显下降。2017 年，蔬菜播种面积 62.9 万亩，同比下降 20.2%。蔬菜及食用菌产量 156.8 万吨，同比下降 14.6%；产值 60.1 亿元，同比下降 14.1%。蔬菜面积下降主要受效益不高、重点项目建设占地等影响，同时非首都功能疏解也对部分外来人员在京经营种植产生影响。全市设施农业实际利用占地面积为 22.4 万亩，同比下降 3%；亩均收入 2.4 万元，同比增长 3.4%。设施蔬菜播种面积同比下降 6.5%，但设施使用率由 2016 年的 65.8% 上升到了 2017 年的 70.4%。昌平区花卉总产值超过 1.8 亿元，同比增长 14.3%；草莓总产量 625 万公斤，同比增长 8.5%（见表 4）。

表 4　2017 年北京市部分农产品生产情况

农产品种类	产量			产值（亿元）	
	单位	本年	增长（%）	本年	增长（现价）（%）
蔬菜及食用菌	万吨	156.8	-14.6	60.1	-14.1
鲜切花	万枝	3809.5	3.3	0.7	-1.1
园林水果	万吨	57.2	-8	34.7	-5.8
瓜果类	万吨	17.2	2.2	9.1	9.6

资料来源：北京市统计局、国家统计局北京调查总队。

畜禽养殖降幅扩大。2017 年，生猪出栏 242.1 万头，同比减少 12.1%，存栏 112.2 万头，同比减少 32.1%，降幅比上年扩大 32 个百分点；家禽出栏 3115.2 万只，同比减少 19.8%，存栏 1382.4 万只，同比减少 24.8%，降幅比上年扩大 11.1 个百分点。肉类总产量 26.4 万吨，禽蛋产量 15.7 万吨，牛奶产量 37.4 万吨，同比分别下降 13.1%、14.4% 和 18.1%。

农业节水全面推进。2017 年，出台"两田一园"节水技术标准和运维标准，强化农艺节水，试验、示范推广农业节水技术 16 项，新增改善高效节水灌溉面积 8.3 万亩。坚持示范引领，建立小麦一体化示范区、高标准设施蔬菜高效节水示范区、露地蔬菜水肥一体化示范区，累计推广高效节水技

术140万亩次，辐射带动农业节水4000余万方。

菜篮子产品价格全年低位运行。根据市农业局信息中心的监测，2017年，蔬菜、猪肉、鸡蛋等大宗鲜活农产品价格均出现不同程度下降，蔬菜和鸡蛋价格处于近5年来的偏低水平，个别月份价格处于近10年来的最低水平。对全市主要批发市场监测数据显示，2017年蔬菜平均价格同比下跌11.5%，猪肉（白条猪）平均价格同比下跌16.3%，鸡蛋平均价格同比下跌8.1%，白条鸡平均价格同比下跌3.1%。

2. 第三产业质量效益稳步提升

休闲农业和乡村旅游提质增效。全市共有休闲农业园区1216个，民俗旅游接待户8363户，2017年接待游客4337万人次，实现收入44.1亿元，人均消费水平逐步提升。其中，农业观光园共接待游客2105.3万人次，同比下降6.5%；实现总收入29.9亿元，同比增长6.9%。民俗旅游接待游客2232.1万人次，实现收入14.2亿元，同比分别下降2.8%和1.1%。延庆区南湾村等5个村被推介为2017年中国美丽休闲乡村。延庆区在葡萄博览园举办百合文化节、葡萄文化节、走近世园花卉等活动，观光园收入同比增长30.1%。丰台区世界花卉大观园举办游园活动、南宫地热博览园新建儿童游乐区，观光园收入同比增长73.4%。怀柔区在雁栖湖、喇叭沟门白桦林等景区带动下，民俗旅游接待游客量和收入同比均增长10.1%。

会展农业品牌效应显现。第五届北京农业嘉年华影响力扩大，接待游客136.9万人次，同比增长2.5%，实现经济收入6613.1万元，同比增长8.9%。北京农事节庆活动品牌化效应逐步显现，全年共举办24项农事节庆活动，接待人数312.4万人，实现收入1.8亿元。平谷区已连续举办了十六届北寨红杏文化节、昌平区举办了十四届苹果文化节、怀柔区举办了五届长城板栗文化节，这些活动对培育当地主导产业，延长产业链条，促进产业融合发展发挥了重要作用。

（三）坚持不懈推进农村改革发展，美丽乡村建设取得积极进展

坚持城乡一体化发展方向，持续深化农村改革，引导城乡要素双向流

动，农村发展活力进一步增强。深入推进美丽乡村建设，大力度落实农村冬季清洁取暖工作任务，稳步提高山区发展水平，农村发展环境进一步优化。

1. 农村改革稳步推进

农村"三块地"改革进展良好，全市共有 125 个乡镇 2609 个村开展了确权工作，分别占拟确权乡镇、村数的 100% 和 98.1%，涉及承包土地面积 278.5 万亩，占全市拟确权土地总面积的 98.5%，土地承包经营权确权登记颁证工作主体任务基本完成。新启动 13 个农村集体产业用地乡镇统筹利用试点。全市完成农村集体经济产权制度改革单位达到 3920 个，其中村级 3899 个，乡级 21 个，村级完成比例为 98%。完成大兴区农村集体资产股份权能改革试点，海淀区被列为全国农村集体产权制度改革试点区。农业合作社发展日趋规范，全市在工商登记注册的合作社达到 7447 个，成员 19.6 万人，出资总额 109.8 亿元，辐射带动农户 46 万户。

2. 美丽乡村建设扎实推进

制定了《实施乡村振兴战略扎实推进美丽乡村建设专项行动计划 (2018~2020 年)》，召开全市部署动员大会，对今后三年全市美丽乡村建设任务进行全面部署。全年新建设美丽乡村 300 个，累计达 1300 个。组织开展了 6 万户农宅的抗震节能改造工程，基本实现农宅应改尽改。确定了第一批 44 个市级传统村落，其中 21 个列入中国传统村落名录，启动了门头沟区灵水村、房山区水峪村等传统村落保护修缮试点。农村地区清洁取暖工作力度空前，超额完成 901 个村庄、36.9 万户的"煤改清洁能源"任务，全部实现正常取暖，同步完成 1514 个村委会及村民公共活动场所和 95 万平方米籽种农业设施的改造任务，基本实现南部平原地区农村"无煤化"。全面实施 46 个村、4715 户、10400 人的山区搬迁工程。

二 2018年农业农村经济形势分析

2018 年是深入贯彻党的十九大精神、全面实施乡村振兴战略的开局之年。北京农业农村经济发展迎来了大有可为的新机遇。一是大力推进美丽乡村建设。按照三年专项行动计划，2018 年将有 1000 多个村庄开展规划建设，同时有 450 个村推进煤改清洁能源工作，两项工程投资较大。二是更加重视低收入农户帮扶工作。市委已将精准脱贫列为全市"三大攻坚战"之一，明确要求确保 7.26 万户低收入农户如期实现增收目标，市纪委市监委也将其列入专项治理重要内容。三是大力推进城乡生态环境建设。2018 年启动新一轮百万亩造林计划，全年将新增造林绿化面积 23 万亩。四是进一步提高社会保障标准。城乡统一的居民医疗保险制度正式实施，低保、低收入家庭标准将进一步提高。五是深入推进农村改革。2018 年是改革开放 40 周年，改革经验逐步成熟，改革成果转化空间增大，改革红利有望加快释放。

同时也要清醒看到，2018 年农业农村经济仍然面临不少挑战，农业生产空间逐年缩小，如何实现提质增效、保证菜篮子供应，仍需研究有效措施。农民增收形势依然严峻，如何寻找新的收入增长点、缩小城乡差距，仍需研究惠民政策。农村居住环境尚待改善，如何保证投资落地，完成美丽乡村建设任务，仍需抓紧推动工作。

三　几点建议

2018 年，建议紧紧抓住实施乡村振兴战略历史机遇，在继续深入落实《关于促进本市农民增收及低收入农户增收工作的若干政策措施》基础上，进一步强化强农惠农政策，鼓励各区结合实际创新政策，加大投入，着力培育新的增长点，确保农村居民收入持续增长，确保低收入农户收入增长快于农民整体，确保农村经济稳定向好。

一是高度重视农村居民增收，着力推动农民转移就业。采取更加积极的措施，扩大城市公共服务类岗位安置本市农村劳动力就业渠道，由试点的公交、环卫、地铁领域向停车管理、物业服务等领域拓展，力争实现万人就业。统筹做好其他途径就业促进工作，用足用好"岗补""社补"等政策，确保实现新增农村转移就业 4 万人以上。充分发挥北京农职院等院校作用，加大财政投入，有针对性地开展订单、定向、定岗培训，切实提高农村劳动力就业技能。美丽乡村建设、新一轮百万亩造林等重点工程创造的就业岗位，要优先使用本地劳动力，并加强对政策执行的评估考核。多渠道开发农村公益性就业岗位，创造条件就近解决农村"闲人"现象。

二是下大气力做好低收入农户增收工作，突出抓好产业帮扶。进一步加强统筹协调，督促推进部门帮扶任务和基层帮扶责任的落实，确保"六个一批"到村到户落地。突出抓好产业帮扶，落实好已经拨付的2.3亿元产业专项帮扶资金，加快项目组织实施，力争上半年全部开工，尽早见效。适当增加到户项目，从项目设计、实施、收益分配等环节都注重低收入农户利益。同时要解决好前两年已实施产业项目的后期运行和收益分配工作，确保产业帮扶项目真正惠及低收入村和低收入农户，经得起各方面检验。

三是抓住美丽乡村建设机遇，加快提升农村基础设施和公共服务水平。高标准做好63个先期试点村的规划和建设工作，确保年底全部建成达标、形成示范。统筹做好年内计划实施的1000个村庄的规划建设工作，有序开展工程建设，注重后期运营维护。扎实推进450个村庄的"煤改清洁能源"任务。继续提高低保和低收入家庭标准，强化救助政策落地，实现"应保尽保"。完善农村养老保障体系，进一步提高养老金水平。贯彻执行好2018年1月1日起实施的《北京市城乡居民基本医疗保险办法》，提高农村医疗保障水平。

四是坚持绿色发展导向，着力推进农村产业发展。以农业部和北京市共建北京农产品绿色优质安全示范区为抓手，细化支持政策，净化产地环境，推进标准化生产，着力提高首都"菜篮子"供给质量。打好都市型现代农业发展"四张牌"，持续推进农业"调转节"，加快农业新品种、新技术替代，防止农业整体下滑。针对农村林果业部分树种老化、产量不高、品种落后等问题，加快研究出台促进林果业提档升级的政策措施，提高林果业市场竞争力。坚持问题导向，注重解决重大工程实施对农业经营造成的影响，如农业设施煤改清洁能源导致运行成本的上升、百万亩造林工程对耕地的占用等问题，稳定农业经营预期，促进农业可持续发展。支持全域发展休闲农业与乡村旅游，鼓励社会资本参与新业态发展，完善农户参与分享利益机制，

加快培育农村经济新增长点。

五是以改革开放 40 周年为契机，加快推进农村改革。认真总结各项农村改革试点经验，加大成熟经验推广力度。已经完成有关改革的村，要充分利用改革成果促进经济发展和农民增收。特别要利用好农村集体产权制度改革成果，引导增加股份分红，提高农民财产性收入。积极探索宅基地所有权、资格权、使用权"三权分置"，发展休闲旅游和健康养老等新兴产业，提高闲置资源利用效率，拓展农民增收渠道。

（注：本文所用数据均来自北京市统计局、
国家统计局北京调查总队和相关部门。）

B.10
以乡村集体经济组织为核心培育新型农业经营体系

——北京市新型农业经营主体发育与政策体系研究

北京市农村经济研究中心课题组*

摘　要： 北京郊区培育新型农业经营主体的关键，是要以乡村集体经济组织为核心，培育立体式复合型的新型农业经营体系。一是有利于解决社会问题。集体经济组织具有综合性、合作性和社区性等特性，可以促进经济和社会发展目标的相互协调。二是先将土地由农户流转回村集体，再由村集体自主选择自营或对外流转，有利于节约交易成本。三是从双层经营体制演化的不同类型比较角度观察，集体经济主导是农业产业组织演化的基本方向。四是村集体或农民土地股份合作社更有利于规避土地流转价格上涨。

关键词： 农业经营主体　产业组织　集体经济

　　农业类型地区往往是人口、资源、要素的流出区，是大量低收入村、

* 课题组组长：吴宝新；课题组副组长：熊文武、侯书江。课题执笔人：陈雪原，北京市农研中心经济体制处处长、副研究员、经济学博士，主要研究方向为集体产权制度改革、乡镇统筹利用集体建设用地等；孙梦洁，北京市农研中心经济体制处干部、管理学博士，主要研究方向为计量分析、农村财政等；王洪雨，北京市农研中心经济体制处干部，管理学硕士，主要研究方向为集体土地改革、农业产业理论等。

低收入户的聚集区，是推进城乡一体化、全面实现小康社会的重点、难点和焦点。2016 年，北京市人均 GDP 突破 11.82 万元人民币，实现由中高收入向高收入水平的跨越，农业的社会功能、生态功能日益突出。加之近年来北京市城镇化长期停留在 86.5% 的水平，中心城产业和功能加快向外辐射和扩散，为郊区都市型现代农业转型升级、促进农民增收带来了契机。关键一环就是要深入推进农业供给侧结构性改革，加强政策体系建设，以乡村集体经济组织为核心，培育立体式复合型的新型农业经营体系。

2017 年 5 月，中办国办印发《〈关于加快构建政策体系 培育新型农业经营主体的意见〉的通知》。北京市农研中心组织联合课题组，为研究提出具体政策措施开展专题调研，先后赴密云、怀柔、延庆、房山等 8 个区的20 多个经营主体进行实地调研座谈。同时，组织 75 名农村观察员在 11 个区 191 个样本村随机选取 1072 个农户、100 个专业合作社、130 个农业企业、200 个村集体进行了问卷调查。此外，自 2014~2016 年，市农研中心选取了 72 个新型农业经营主体监测点，进行了历年数据监测。以上构成了对新型农业经营主体分析的典型案例支撑和主要数据来源。

一 北京郊区农业经营模式的新特点新趋势

（一）传统的农业经营模式亟待变革

1. 传统的家庭经营方式已经难以为继

一是经营规模危机：经营规模过小，培育新型农业经营主体势在必行。被访农户家庭有承包地的有 919 户，占 85.73%。有承包地的农户，户均面积为 7.07 亩，属于小农经济中的超小型农户。二是经营方式危机：一类兼业农户①仅占 8.02%。30.32% 的农户家庭里没有人务农，14.55% 的农户家

---

① 种养业纯收入高于家庭其他收入来源的农户。

庭里仅有 1 人务农。户均务农人数为 1.4 人。调查农户表示确权颁证后依然愿意将土地流转的占 80.22%，说明北京郊区农户对农地的依赖程度已经很弱。三是年龄结构危机：农户老龄化突出。被调查农户平均年龄 51.4 岁。而根据平谷区的专项调查，全区一产从业人员平均年龄已达到 58.6 岁。调查显示，87.13% 的农户表示不希望子女今后从事农业生产经营活动。加之现代农业与市场经济和全球化的深度融合，小农经济还面临着食品安全、市场变化等各种风险的巨大挑战。

2. 村集体经济组织以一产为主，多数村有专业合作社

一是大部分村集体经济以第一产业为主导产业，有 66.00%，加上三产融合发展类型的，共计 81%。以第三产业为主的 14.5%，以第二产业为主的 4.50%。二是专业合作社分布较为广泛。有专业合作社的村占 59%，平均每个村有 1 个专业合作社。有农业企业的村占 30%，平均有 0.5 个农业企业。有种养大户的村占 36.5%，平均 0.4 个种养大户。

3. 专业合作社一般跨越村域边界，总体辐射范围有限

一是专业合作社负责人主要来自原村干部或生产大户，分别为 45% 和 23%。曾担任企业负责人的占 9%，曾做过农技人员的占 7%。二是专业合作社辐射范围比较有限。平均拥有成员 135 人，平均分布在 3 个村。其中有 4 个专业合作社在外埠设有分社。三是社员组成以普通农户为主，占 71.77%。专业大户占 22.05%，企业团体社员占 3.25%。

4. 农业企业规模偏小

一是农业企业管理者之前多为企业负责人或村干部，分别占 26.15% 和 16.92%。曾做过农技人员的占 13.85%，以前是生产大户的占 13.08%。二是企业规模一般偏小。被调查农业企业平均拥有职工 34 人，管理人员平均 6 人，技术人员平均 8 人。其中职工百人以上的企业有 8 家，占 6.15%。三是农业企业的产权社会化程度有待提高。登记注册类型以有限责任公司为主，占比 51.54%。个人独资企业占比 20.00%、集体企业占比 13.08%、合伙企业占比 8.46%、股份有限公司占比 6.15%。

（二）不同经营类型的横向对比

1. 专业合作社管理人员的人力资本水平亟待提升

从年轻化程度看，农户、村干部、专业合作社、农业企业管理人员 45
岁以下占比分别为 27.14%、23.5%、23%、43.08%；从教育程度看，高
中以上学历占比分别为 42.91%、64%、26% 和 75.35%。

2. 新型农业经营主体扩大了农地经营规模，集体经济组织尤为突出

根据市农研中心 2014 年对全市农村集体土地资源的普查，全市 637.1
万亩经营农用地中，从经营主体看，农户家庭经营农用地 299.3 万亩，占
47%；各类新型经营主体共经营农用地 337.8 万亩，占 53%。各类主体平
均规模 10.9 亩，家庭农户 6.2 亩，新型农业经营主体 33.3 亩。其中，集体
经营的平均规模达到了 152.7 亩，企业租赁经营 67.8 亩，专业合作社经营
41.6 亩（见表1）。

表1　北京市新型农业经营主体基本情况

项目	合计	家庭农户自营	专业大户经营	专业合作社经营	乡村集体经营	企业（个人）租赁经营	其他主体经营
经营农用地（万亩）	637.1	299.3	80.7	4.8	87.4	122.3	42.6
占比（%）	100.0	47.0	12.7	0.7	13.7	19.2	6.7
单体个数（个）	584078	482722	64476	1152	5727	18150	11851
平均规模（亩）	10.9	6.2	12.5	41.6	152.7	67.8	36.0

据市农研中心统计，到 2016 年底，全市确权土地面积 423.7 万亩，其
中，确权确地 252 万亩，确权确利 124.3 万亩，确权确股 47.4 万亩。土地
流转总面积 246.7 万亩，占全市确权面积的 58.2%。根据此次问卷调查，
村集体农业用地结构中，仍以家庭经营为主，但在持续下降，2012～2016
年下降了 7.38 个百分点；其他类型经营主体的占比均持续提高，其中，集

体经营上升了 1.64 个百分点，大户承包上升了 0.44 个百分点，对外租赁上升了 4 个百分点，专业合作社上升了 0.23 个百分点。

3. 经营规模扩大后，新型经营主体的规模效益明显提升

北京郊区一般农户种粮净收入亩均 500～800 元。根据 72 个新型经营主体监测数据，2016 年，亩均净利润 744 元。效益最高的是专业合作社，亩均净利润 1181 元。

（三）郊区农业经营体系发展演变的新特点新趋势

1. 组织结构复合化

以家庭承包经营为基础的双层经营体制，主要包括家庭分散经营和集体统一经营。其中，家庭分散经营一层主要有四种：单户经营、规模经营、专业大户、家庭农场，这是家庭经营的实现形式和经营主体。集体统一经营主要也有四种，除了集体经营①外，又发展出合作社、农业企业、社会化服务组织三种（见图 1）。各类组织之间融合度不断提高。

专业合作社与集体经济组织相互融合发展。通州区专平林下合作社早期为一家农业企业，采用"公司 + 农户"的发展模式。为破除双方利益机制、供货量、标准化、质量控制等因素制约，由公司主办了专业合作社。2017年以来，吸收海棠园项目所在地的村集体经济组织入股合作社，同时将公司资产量化至合作社，探索了"合作社 + 公司 + 村集体 + 农户（股民）"的新发展模式。

集体经济组织办专业合作社是合作社成立的主要方式，问卷显示比例为 38%。如顺义区北郎中村在发展屠宰、面粉、加工业的同时，积极培育花卉、蔬菜、玉米等种植业以及农机服务业，并组建了专业合作社联社，下设四个专业合作社分社。怀柔区东帽湾村集体投资主办了村旅游专业合作社。

---

① 集体经营，既有村级集体经营，也有乡镇级集体经营。

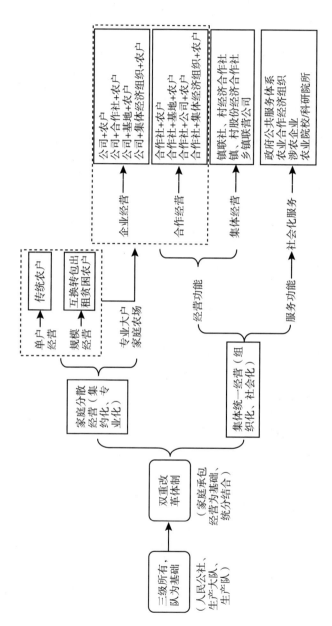

图 1　城市发展新区与生态涵养发展区常住人口增长趋势

大量的龙头企业也在积极主办专业合作社。实地调研的龙头企业往往倾向于自办合作社组织，一般在合作社中占股份90%以上，实际上是绝对控股。

2. 组织功能专业化

类似于生物胚胎的演化过程，组织功能复合化的过程，往往是组织功能专业化的结果。按照国际一般经验，家庭经营侧重生产环节，专业合作社侧重供销环节，农业企业侧重加工环节。中国农业经营主体的特点是除了以上主体外，还多了一个集体经济组织。

一是集体经济组织作为产权主体与经营主体趋势明显。

首先，作为产权主体。66.60%的被调查农户认为土地流转给村集体利益最有保障，认为是专业合作社的占12.41%，认为是龙头企业的占10.45%。36.50%的村干部认为承包地流转给村集体最有保障，其次才是龙头企业和合作社。同时，也要注意村集体作为产权主体的局限性。如分层统计显示，村集体经济组织收入少于50万元的村干部认为土地流转给龙头企业最有保障，收入高于50万元的其他三个收入组的村干部均认为土地流转给村集体最有保障。同时，以第二、第三产业为主导的村集体倾向于流转到村集体。建立乡镇一级的集体经济组织，有利于缩小村与村之间的差距，进行农业产业的统筹规划布局。

其次，作为经营主体。20世纪发展乡镇企业时期，曾经出现过所谓"集体买马雇人骑，骑了两年变成驴，再过两年剩张皮"的现象，原因主要是混淆了乡镇企业是官办经济还是集体经济，深层次的原因则与当时农村市场体系发育不足有关。此次调查发现，36.46%的农户表示村集体经营的可持续发展能力最强，表明目前农民对集体经营所拥有的坚强信心；合作社经营的占26.90%；种养大户经营的占20.71%；家庭经营的占15.93%。当然，集体经济组织可以通过主办专业合作社间接从事农业经营。调查显示，村集体主办的专业合作社占比最高，为38%；农民自发组建的占34%；能人或大户主办的占23%；企业和农业部门主办的分别占1%和2%。此外，当遇到征占地补偿、地上物补偿，集体经济组织成

员可以共同受益，防止利益外流。

二是专业合作社供销服务与带动农户优势突出。

首先，服务功能综合化。被调查的专业合作社中，以产加销一体化服务为主的占66%，单纯以生产服务为主的占23%，以运销服务为主的占1%。被访农户表示，加入专业合作社或协会，主要是为了降低生产风险、提高销售价格、提供技术培训、降低生产资料费用和降低销售费用。如密云区密农人家，先打开市场，再去找产品，跟传统农业经营模式恰好相反。其次，带动农户作用日益增强，体现了较强的社会效益。19.78%的被调查农户加入了专业合作社，其中，41.45%表示对专业合作社带动增收的情况"满意"，仅有9.78%表示"不满意"。未加入的农户中，有64.77%明确表示愿意加入合作社。2012年、2014年、2016年，被调查的专业合作社平均带动农户持续增长，分别为90户、112户、163户。

三是政府部门是外部性较强的社会化服务体系的主要供给者。

调查显示，75.56%的农户认为政府提供技术培训最有效；村集体占11.85%；专业合作社占8.58%；自费获得技术培训仅占4.01%。

四是农户更适合作为生产主体。

调查显示，农户通过土地流转的方式参与生产经营的合作社占43.00%，依托专业合作社代销产品的占37.37%，农户参与生产环节的合作社占54.55%，而农户为合作社提供劳动力的占68.69%。

综上所述，产业组织之间功能不断分化，逐渐形成了集体经济组织为产权主体和经营主体，集体经济组织、合作社、农业企业主要为经营主体，政府有关部门或新型经营主体为服务主体，农户家庭为生产主体的立体式复合型的新型农业经营体系，如图2所示。

3.市场营销信息化

农业企业、专业合作社等新型农业经营主体通过积极探索与电商企业全面对接融合，推动全渠道式的线上线下互动发展。微商这样没有店面的"新零售"业态纷纷呈现。信息化与农业实体经营的深度融合，主

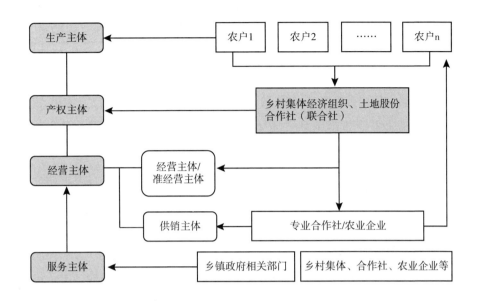

图2 农业经营主体功能分解示意

要是通过应用互联网思维和技术，从生产、营销、金融等环节彻底改造升级传统的农业产业链，改变农业的盈利模式，实现农业生产经营方式的深刻变革。被调查专业合作社的产品推广渠道显示，微信销售是目前产品推广最重要的渠道，占49%。其次是媒体广告推广（33%）、互联网第三方平台推广（32%）、向超市定向供货（30%）、自营店（社区直营店）销售（26%）。另有10%的专业合作社通过自建互联网平台的方式推广销售产品。

4.农地价值多元化

随着农地价值功能由单纯的经济价值到财产价值，再到生态价值的多次化转变，农业生产方式也势必发生相应的转变。如图3所示。

一是农地的经济（生产要素）价值。随着劳动力价格提升与劳动力逐渐老龄化，经营主体倾向于用农业机械来替代劳动力，出现了农业经营领域里的资本深化，预算线由 P_1 调整为 P_1'，生产要素组合点由 A_1 转向 B_1，土地使用量增加 E_1E_2。

二是农地的财产价值。随着中心城市产业和功能向郊区的转移，土地生产资料价值逐渐让位于财产性价值。一些地方，按照 200 元/亩、租期 20 年签订协议，现在村集体要解除租赁合同，需要按 15 万元/亩价格进行补偿。随着土地流转价格快速上涨，对农业机械化产生负面影响。在预算一定的情况下，劳动力使用数量与土地数量均可能减少，于是最优组合点由 B_1 转向 B_2。等产量曲线 Q_1 下降到 Q_2，土地使用量减少 E_2E_3，这部分释出的土地存在非农化的可能。

三是农地的生态价值。随着农业生态价值的提高，可以推进农业的多功能开发，田园综合体、共享农庄、精品民俗等农业的新产业新业态新模式竞相迸发，有力促进了一二三产业融合，提高农业农地的综合效益和价值，其实质是农业服务业化改变了农业生产函数，单位生产要素的边际生产率得到提高。随着对土地和劳动力需求的增加，扩大了预算可能性曲线，等产量线回到 Q_1，预算线由 P_2 平移到 P_2'，最优组合点由 B_2 回到 C_1，增加土地使用数量为 E_3E_4。

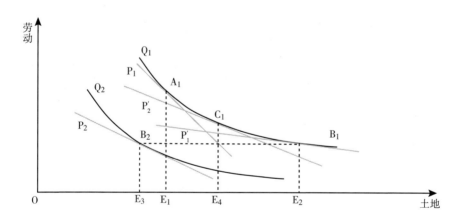

图3　北京市土地价值多元化下的动态阶段模型

农业财产价值与生态价值凸显，势必要求对土地进行集中管控，加快产业高端化，以避免大量的自由化开发导致的负外部性，需要设计新的体制机制予以支撑，如在浅山区试点探索"村地乡管"的体制机制。

二 北京市新型农业经营主体培育的总体思路

（一）指导思想

全面贯彻落实党的十九大精神，深入学习贯彻习近平总书记新时代中国特色社会主义思想，以习近平总书记两次视察北京重要讲话精神为根本遵循，立足北京发展新阶段，紧紧围绕首都农业的高端化、服务化、都市化特征，以提高农业的社会效益和生态效益为优先目标，以乡村集体经济组织为核心支撑点，综合运用多种政策工具，形成比较完备的政策扶持体系，大力培育家庭经营、集体经营、合作经营和企业经营，提升规模经营水平、完善利益分享机制，实现集约化、专业化、组织化、社会化，带领农民进入市场、实现共同富裕，大力推进首都生态文明与城乡环境建设。

（二）基本原则

1. 社会优先

评价农业经营主体效率，既要看经济效益，又要看社会效益和生态效益；既要看现在，还要看未来，要算整个农村经济的总账。北京市郊区属于高度城镇化地区，经营主体的外部性问题突出，需要把社会问题优先的理念树立起来，统筹规划布局，土地利用集中管控，实现城乡发展的一体化。

2. 集体为主

立足首都郊区经济社会发展进入新时期的重要历史节点，乡村两级集体经济组织具有鲜明的产权主体优势，有利于实现农业的社会效益、生态效益与经济效益，发挥带领普通农户，特别是贫困农户实现共同富裕的重要作用，是新型农业经营主体发展壮大的平台和基础。

3. 各司其职

在农业生产、流通、加工等不同环节，发挥家庭、专业合作社、农业企业等不同经营主体的优势。乡村集体经济组织作为产权主体，侧重于土地资源的整合与统一规划。不同主体各司其职，实现共享融合发展。

4. 精准施策

在财政支农体制机制上，要提高精准度，将农机、种子、化肥等补贴资金真正落实到农户。要减少普惠式补贴，根据新型农业经营主体的经营规模、规范程度、规划条件以及社会贡献等因素，综合确定重点扶持对象及扶持力度。

5. 因地制宜

充分发挥农民首创精神，鼓励各地积极探索，结合新型农业经营主体的地域、区位特点，不断创新新型农业经营主体的组织形式和主导模式。如山区农户一般对果园依赖性强，其果品价值高、地块零碎，加之流转期望值高，宜于保持家庭经营为主的组织结构。

（三）主要目标

到 2020 年，基本形成适应首都发展新阶段和新特点，方向明确、框架完整、措施精准、机制有效的政策支持体系，有效提升生态文明与城乡环境建设，促进农民增收、社会治理与社会转型，不断提高新型农业经营主体适应市场能力和带动农民共同致富能力，进一步提高农业质量效益，促进北京郊区都市型现代农业发展，形成京津冀协同发展的新格局。

（四）实施路径

在新型农业经营主体培育具体实施过程中，要按照"区级引领、镇村主体、市场运作、社会治理"的总体思路，发挥区级主导作用，有效落实集体的各项权能，建立健全农业产业组织体系。市场经济条件下的集体经济为主体的农业产业化组织体系，是由区、乡镇和行政村三种基本组织形式构成，即村级的专业化生产组织、乡镇级的农业公司组织和区级的产业（专业）协会组织，是合作组织、企业公司组织和社团组织的有机组合。专业合作社、农业企业等经营主体通过市场途径进入有优势的经营环节。

1. 区级引领

做好农业经营体系的顶层设计。区级政府部门要对农业产业布局、空间布局、体制支撑、政策配套等方面进行顶层设计。立足农产品的地域性特征与区位优势，结合北京郊区各区历史形成的各类特色农产品，充分发挥区级党委政府及各相关职能部门的作用，进行全区范围内的农产品资源整合，统一创品牌，形成系统化、高效化、网络化、社会化的新型农业经营体系。

根据产品类型组建区级行业（专业）协会组织。负责研究制定行业技术标准，推广最新科技成果，建立产业信息网络，争取本产业发展的优惠政策法规等。

开展技术服务。以政府为主体搭建好技术培训、质量检测、产业信息等社会化服务体系。

2. 镇村主体

镇村主体要落实集体的相应权能。首先，在村级集体经济内部组成农业专业生产组织，与村集体之间可以是土地承包关系，负责组织某一类农产品的生产过程。其次，在乡镇一级，组建农业总公司和不同产业的专业公司，使各个村农业生产组织成为公司的生产基地：一方面负责农产品的加工和销售贸易等产后环节；另一方面负责农业生产资料的统一采购和供应。

村集体作为集体土地的所有者，主要职能是进行土地资源的整合和集体资产的经营管理，其权能实现主要包括以下几个方面。

集体的统一占有和规划权。土地流转回乡村集体经济组织后，由集体统一规划开发。完成乡镇级的土地利用规划、镇域总体规划、村庄整治规划。

土地发包和调整权。以跨村的土地资源股份联合社、村集体或村社一体的村级土地股份合作社为单位进行土地整治，实现农地由产权碎片化向空间

规模化转变。集体经济组织可以组成专业组（或队）进行规模经营。调整土地承包关系分四类情况，区别对待：农户自愿，走正常流转程序；承包大户同意换地，可给予相应补偿；由于年龄大等因素自愿将土地流转回集体的，直接给予补偿；对于因转居、户口无人等因素脱离村集体经济组织的，直接将地收回。

收益权。承包就要有指标、有上交。主要是通过村集体或土地股份合作社给社员分配，并相应提取公积金、公益金与管理费。村集体与经营主体之间签订流转协议，以实物为标的或建立价格递增机制。

处置权。在集体保障农户承包权益的前提下，具有对土地的实际处置权。

3. 市场运作

经营主体应该是通过竞争性市场选择的结果，包括生产资料供应、农产品销售、加工等环节，都应发挥市场的决定性作用。

合作经营。村集体除自营之外，对于其他剩余土地资源，可以通过集体经济组建合作社进行资源整合，或者通过农村产权交易所等公开市场机构，选择有效率的专业合作社、农业企业等经营主体进入。

企业管理。可以通过集体经济组织下属专业队、专业公司或专业合作社办企业的方式，引入企业标准管理流程，提高资源资产经营效益。鼓励农业企业通过农产品加工，实现产加销一体化经营，形成全产业链的标准化管理。

农户生产。激发农户生产积极性，充分利用早晚零散时间，通过发展家庭农场、参与合作社经营、集体经营等方式，承担生产环节的各项具体任务。

4. 社会治理

通过带动农民增收，提升思想、文化综合素质，提高集体经济的凝聚力。

要探索组织融合发展的体制机制。以产权联合、产权交易等各类产权工具为杠杆，形成集体经济组织与农民专业合作社的共融共生关系。

发挥集体经济的桥梁和纽带功能。将政府部门、企业、合作社与农民紧密联系在一起（见图4）。

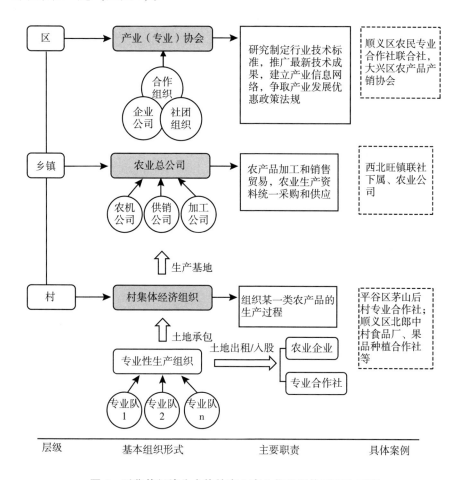

图4 以集体经济为主体的农业产业化组织体系架构示意

三 北京市新型农业经营主体培育的对策建议

北京市农业经营主体培育与政策体系构建工作，既有全国一般性的问题，又有具有北京特点的问题，如突出社会效益、生态效益；既有一般性政策的问题，更有体制引领的问题，如突破"户自为战、村自为战"的发展

格局，进行高端化产业园区建设；既有一般农业地区的土地流转问题，又有大都市郊区土地利用集中管控问题，如集体建设用地指标高度紧缺；既有一般性的合作社、农业企业等经营主体培育问题，又有新型集体经济组织主体组建问题等。其核心是要搭建集体经济组织平台，构建郊区现代农业产业组织体系。

（一）经营主体建议

1. 搭建基本组织架构

构建以乡村集体经济组织为产权主体，以集体经济组织、合作社、农业企业、专业大户等为经营主体，以农户为生产主体，以政府为主组建社会服务主体的立体式复合型新型农业产业组织体系。原则上经营主体要结合重点工程与镇域规划，通过农村产权交易所进行公开竞争选择。乡镇一级可以探索成立以各村集体为股东的土地资源股份联合社，统筹规划镇域农业产业发展布局。鼓励集体经济组织参股或控股专业合作社，实现集体经营与合作经营的融合发展。加强合作社规范社的记账管理。

2. 提高集体经济组织的规范化水平

稳妥解决集体经济组织的法人地位、法人财产权、法人治理结构，落实集体经济组织的各项权能。

3. 依托镇级集体经济，研究"地产地销"的农业经营模式

鼓励小社合并变大社，把一些小散乱的专业合作社统一到一个大社里面；大社再变镇级联合社，提高全镇域的农民组织化程度。立足镇村两级集体经济组织，试点推广"地产地销"的农产品营销模式。

4. 加大区级指导服务力度，打造平台经济

整合区级政府行业管理部门资源，打造区级综合型服务平台。做实区级农民专业合作社联合社，按农产品品种下设专业委员会，行使各行业协会职能。行业协会的工作重点是为新型经营主体提供产品营销、政策咨询、交流沟通、电商平台、融资贷款等生产性服务。探索依托区级服务型龙头企业组建统一的农产品产加销服务体系。

（二）土地制度建议

1. 土地承包经营权确权颁证及流转

做好土地承包经营权确权颁证工作，同步加快推进土地资源整理。清理土地承包合同，鼓励由村集体逐步收回到期对外租赁合同，梳理规范土地承包关系。原则上土地对外流转要通过北京农村产权交易所进行，市级给出让方补贴，区级给受让方服务费补贴。支持新型农业经营主体带动普通农户连片种植、规模饲养，并提供专业服务和生产托管等全程化服务，提升农业服务规模水平。

2. 土地利用的空间布局

按照"农业科技园区＋新型农村社区"的空间布局模式，以社区更新、农地整理推动农业发展。农民居住形态在原地改造成独栋或联排别墅，实现空间集约，提升生活舒适度。重点打好国家现代农业示范区、国家农业可持续发展试验示范区、农产品质量安全示范区和国家现代种业自主创新试验示范区四张牌。探索农用地的跨村统筹利用，打造农业全产业链。

3. 点状供地政策

围绕建设田园综合体，积极探索点状供地政策，解决设施用地、设施用房问题，推进乡村集体经济组织、合作社一二三产融合发展。实现土地利用的空间结构、产业结构与本地资源禀赋结构的契合。合作社库房、生产用房等基础设施用地审批程序简化。

4. 农地利用的集中管控与奖励机制的配合

在浅山区、生态涵养区等地区严控建设类项目，探索试点"村地乡管"。按照部门责权对等的原则，以基本农田为重点，加强农地集中管控和违法拆除力度。违法认定、拆除工作归口管理，执法必严，违法必究。各区农村经济租赁合同到期后原则上先由村集体经济组织收回。按照 2000 ～ 4000 元/亩的标准，设立基本农田保护奖，直接补贴乡村集体经济组织，由集体经济组织负责拆违控违。审计跟进，检验资金使用实效。

（三）集体经济组织建议

1. 加强经管体系建设

明确农村经管部门的性质和职能，提高履行职责能力。充实队伍，明确职责，纳入公务员管理，更好发挥对集体经济履行行政管理和服务的职能，从政策、法规、财务、管理、金融、信息等方面加强服务指导。

2. 加强法治建设

加快农村集体经济组织的立法和司法保护工作。作为依托土地集体所有制而存在的社区型公有制经济组织，要在《民法总则》已将集体经济组织明确为特别法人的基础上，由地方人大先行颁布地方性法规条例，对农村集体经济的性质、组织原则、经营体制、产权制度、管理结构、利益分配等重大原则问题进行法律规范。

3. 以田园综合体引领产业升级

各级地方政府要从宏观产业布局和不同区位功能的高度指导集体经济做好产业发展规划，以"共享农庄"等特色田园综合体为引领，推动农业地区集体经济的转型升级。鼓励乡级集体经济组织统筹镇与村之间产业分工协作，并与合作社联合申报国家级农业科技园区等高端农业项目。平原造林地区，以发展食用菌、中药材等林下经济为支点，促进产业融合发展。支持乡级集体经济组织发展具有本地产业基础的加工业项目，工商、环保、药监等部门予以指导扶持。积极支持农业种植结构调整中的树木品种升级改造。

4. 创新村干部人事管理规程

改革传统的村干部工资津贴发放标准与方式，比照公务员体制，更改为等级支付体制。根据村集体经济经营效益和规模，划分为若干等级和级次，对照不同等级的级次享受不同的工资津贴标准。

5. 弘扬集体主义价值观

发挥中华民族优秀传统文化的影响力，弘扬集体主义文化精神，在集体经济组织内部形成互助合作的文化氛围，并通过村规民约的形式，让以集体主义为特征的优秀思想文化占领农村阵地。

（四）人才培训建议

1. 确定培训责任主体

由各级地方党委及组织部门与地方党校、市区两级农技推广部门共同负责，为农村党支部书记和村委会主任等基层干部以及合作社社长、龙头企业主要管理人员举办专题学习班。把培训基层干部走社会主义道路作为党校义不容辞的职责。要根据集体经济、合作经济发展的实际需要，举办以农业经营理论、农业政策与法规、农业经营管理、现代农业信息技术等为主要教学内容的定期和不定期培训。

2. 选好培训对象

在培训对象的选择中，要注重从优秀毕业大学生、外出农民工和从事过个体私营活动的中青年党员或入党积极分子中筛选。通过组织培训，促其成长为对农村集体经济、合作经济发展有信心和对公共事业有责任感的带头人。加大新型职业农民培育力度，推进新型职业农民认定工作，带动农民的职业化发展。

3. 丰富培训形式

实地参观考察。由区和乡镇组织部门牵头，带领培训对象学习新型农业经营主体的先进典型。专题解剖研讨。结合典型事迹进行实地教学，找到解决问题的途径。利用现代信息手段，及时交流全国集体经济、合作经济发展新鲜经验。鼓励老典型传帮带。

（五）财政金融建议

1. 以打造"亿元示范社"为重点，健全财政专项补贴机制

设定国家、市、区三级示范社专项固定补贴，列入年度财政预算，不准挪用，区级按不高于50%的比例配套。建立示范社年度动态测评与分值淘汰机制。解决本地农民就业，政府提供相应就业奖励，并逐步提高补贴标准。对于农产品流通工作开展较好的镇，销售本地农产品达到80%以上的合作社，区级负责给予销售额3%～5%的奖励资金。特色优质农产品进超

市按量补贴。对示范社购买喷药器、无人驾驶机等小型农机具实施按比例补贴。示范社采购农产品冷藏运输车、鲜活农产品冷库建设，给予总投资额50%的补贴。原则上不设定固定补贴额，不指定厂家，要按市场统一价结算发票与补贴比例核定补贴额。对各类农业经营主体实施水电费补贴。

2. 建立粮食种植保护价制度

对集体、合作社等粮食种植经营主体，根据不同经营规模等级，按照保护价进行直接补贴。在保证种养殖有利润的情况下，集体和合作社等经营主体可以每年再返还给农民一部分红利。

3. 强化金融支撑

以乡村集体经济组织为支撑，设立集体经济发展专项基金，支持新型农业经营主体融资贷款。对规模性农业经营主体，要进一步简化融资贷款的审批手续。鼓励发展信用贷款。提高新型农业经营主体的贷款额度。实施财政贴息制度，降低贷款成本。推进基本金融服务"村村通"工程。鼓励农业企业利用集合信托等产品，开展信用合作，改善生产经营条件、拓展销售渠道。试点探索建立市级农业保险联合会，各区级设立分会。积极探索农担公司免抵押物贷款的体制机制。银行、保险等金融部门要丰富支农产品，并加大宣传推广力度。

（六）服务体系建议

1. 社会化服务体系建设

由各区政府专业部门提供农药残留等相关农产品质量安全检测服务。提供社会化服务组织补贴。政府主动组织相关涉农部门与邮政局合作采取物流费补贴形式发展农邮通服务站。搭建销售平台，推动农超对接、农社对接、农餐对接。以乡镇级土地资源联合社或乡级专业合作社联合社为重点，统一协调配置农机使用。

2. 加快农业流通服务体系建设

支持集体经济组织、农业企业、合作社创新品牌，拓展服务内容。拓宽销售渠道，缩短农产品产业链条。建立连锁化、规范化的社区直营店、社区销售车，引导市民与生产基地直接对接。在全市范围内建设直营店、体验店等销售终端，进行直供直销，降低流通费用，提高农户收益。发展全程冷链物流。

3. 提升信息化服务水平

整合区域优质农产品资源，搭建区级服务型电商平台，探索"互联网＋"的营销新模式，打造电商全产业链。利用互联网大数据，提前制订农产品生产计划，提高订单产销比例，以销售端带动生产端。组建专业的电子商务团队。加快区、镇（乡）两级服务平台体系建设，为农村中小企业提供平台开发、信息处理、数据托管、应用系统和软件运营等外包服务，为电商发展提供全方位的服务，着重打造示范镇、示范村。电商企业发展创业初期实施物流成本补贴。积极组织农民专业合作社、农业龙头企业等新型经营主体建立共享电商平台，采取"网上交易、网下配送"，实现网络虚拟店与实体店的融合。

（注：本文所用数据、资料均为课题组调研所得。）

B.11
北京市农村集体经济转型
升级统计分析报告

——以近十年农村集体经济数据为例[*]

季虹 周颖[**]

摘　要： 自改革开放以来，北京市农村集体经济经过几个阶段的积累
和发展，在整体上表现出总量大、分布不平衡、利润率不高、
产业结构持续调整、农民收入增速减缓等特点，由此产生了
集体资产保值增值压力大、集体经济效益偏低、集体经济组
织化程度下降、农民增收动力不足等问题。如何在当前非首
都功能疏解形势下实现集体经济的转型升级，需要以城市总
体规划为出发点，引导集体经济向服务型产业升级；需要以
乡村治理现代化为着力点，提高集体经济组织化程度；需要
以促进农民增收为落脚点，探索农民持续增收长效机制。

关键词： 北京　农村集体经济　统计分析

---

　* 注：1. 本报告集体经济数据主要来自北京市农经办三资平台，由于 2016 年北京市统计报表
改革，集体经济统计数据口径发生变化，数据比较时间段以 2006~2015 年为主。
　　2. 2015 年，北京市统计局将农民人均纯收入变更为农民人均可支配收入，相关数据统计口径
有一定程度变化。

** 季虹，北京市农村经济研究中心城乡发展处处长，副研究员；周颖，北京市农村经济研究中
心城乡发展处主任科员，中国社会科学院农村发展研究所硕士研究生。

一 北京市农村集体经济主要特点

近十年来，北京市农村集体经济具有以下特点：一是集体资产总量大、增速下滑、区域分布不平衡、负债率稳中有降；二是集体经济利润率偏低、产业结构仍需优化、集体经济增长贡献率下降；三是农村居民人均可支配收入增速减缓，工资性收入是主要影响因素。

（一）农村集体资产总量持续增长，增速有所下滑，区域分布不平衡

1. 集体资产总额持续增长，近年来增速下降

近十年来，北京市农村集体资产总额保持逐年递增的趋势，但自2009年以后，集体资产增速呈下降趋势，尤其是2012年以来增速下滑明显。2015年，全市农村集体资产总额5589.8亿元，同比增速为7.3%①（见图1）。

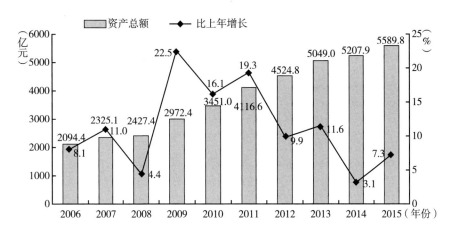

图1　2006～2015年北京市农村集体资产总额及增长情况

---

① 2016年集体资产总额为6063亿元，同比增长8.5%。由于2016年统计口径发生变化，不具有横向对比性，相关数据仅供参考。

2. 集体资产区域分布不平衡现象逐渐加重

（1）空间结构分布上，中心城区集体资产占比超过六成。近十年来，"一主"地区（中心城区，包括朝阳、海淀、丰台、石景山）集体资产总额占比最大，且逐年增加，2015年超过60%；"一副"与"多点"地区（通州、大兴、房山、昌平、顺义）集体资产总额占比从42%降至32%；"一区"（生态涵养区，包括门头沟、平谷、怀柔、密云、延庆）集体资产占比逐步降低至10%以下（见图2）。

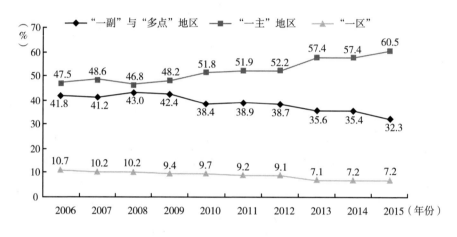

图2　2006～2015年北京市农村集体资产总额占比情况

（2）行政区域分布上，海淀、丰台、朝阳三强超过半壁江山。2015年，海淀、丰台、朝阳的集体资产都在千亿元以上，三区集体资产总额合计占比接近59%；而平谷、怀柔、密云、延庆、石景山的集体资产都不足百亿元。从图3可以看到，2009年以后，各区之间的差距开始逐步加大。

3. 集体资产负债率稳中有降

近十年来，集体资产负债率基本保持在60%左右，其中，村级集体资产负债率与总体走势基本一致，在2014年、2015年两年有一定程度的下降。对于一部分村集体来说，资不抵债现象已经影响到集体经济的可持续发展（见图4）。

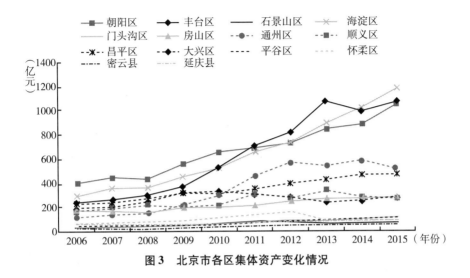

图3 北京市各区集体资产变化情况

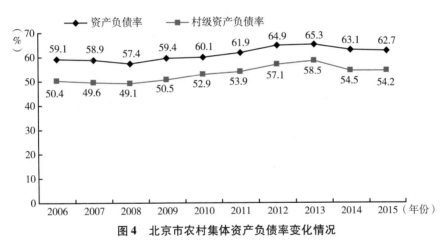

图4 北京市农村集体资产负债率变化情况

（二）农村集体经济利润率偏低，产业结构仍需优化，集体经济增长贡献率有所下降

1. 集体经济整体利润率偏低

近十年来，农村集体经济整体利润率不足4%，第一产业利润率明显低于第二产业和第三产业。其中，第一产业利润率不足1%，第二产业和第三产业的利润率为3%~4.5%（见图5、图6）。

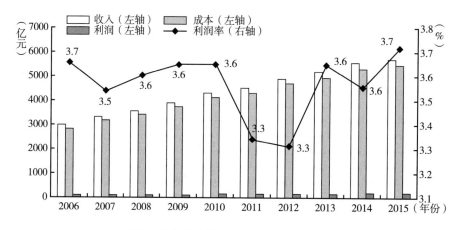

图5 北京市农村经济组织整体运行情况

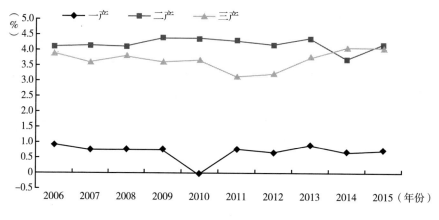

图6 北京市农村经济组织产业结构利润率

2. 集体产业结构持续优化，第三产业比重上升，但幅度不大

（1）从产业结构来看，集体经济第三产业占比保持上升趋势，但上升幅度不大。2015年，第三产业占比56.8%，第二产业占比42.3%，与2015年全市第三产业和第二产业分别占比79.8%、19.6%对比，集体产业结构仍需继续调整，应加大对低端产业的疏解力度，增加服务业比重（见图7）。

（2）从行业来看，集体经济收入由主要依靠工业逐渐转向主要依靠服

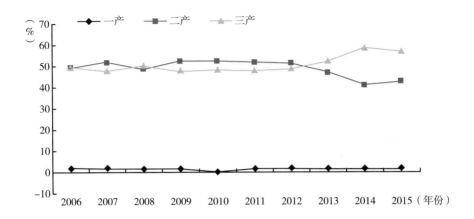

图7 2006～2015年北京市分产业农村经济组织收入构成情况

务业。近十年来，工业占集体经济主营业务收入的比重逐渐下降，服务业比重增加。从2013年开始，服务业收入占比超过工业，成为集体经济收入最大来源。北京市农村集体经济由以工业为主转向以服务业为主，初步呈现从中低端产业向高端产业转变的特点，与北京市新增产业的禁止和限制目录（2014年开始颁布）要求相适应（见图8）。

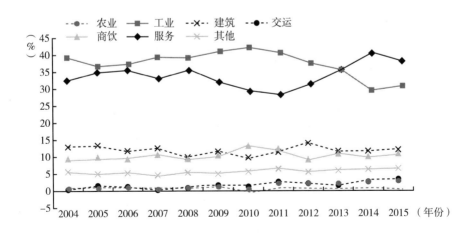

图8 北京市农村集体经济产业结构变化情况

3. 农村集体经济收入比重和增长贡献率"双下降"

（1）农村集体经济收入占农村地区经济收入的比重持续下降①。近十年来，北京市农村集体经济收入呈倒"U"形发展，2012年达到最高点后开始逐年降低，2015年为1140.3亿元；同时，农村集体经济收入占农村地区经济收入的比重持续下降，从2006年的41%下降为2015年的19.8%，体现了北京市农村集体经济逐步退出产业经营领域的阶段性特点（见图9）。

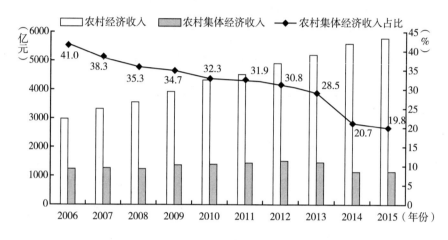

图9　北京市农村经济组织整体运行情况

（2）农村集体经济对全市经济增长贡献率②基本呈下降趋势。近十年来，北京市农村集体经济对全市经济增长的贡献率情况基本以2013年为分界点。其中2013年之前，北京市农村集体经济对全市经济增长的贡献率基本为正值，2013年及以后全部呈负值，且在2014年北京市农村集体经济对全市经济增长的贡献率达到十年来的最低值，为 - 18.11%（见图10）。

---

① 集体经济收入 = 乡级组织收入 + 乡级公企收入 + 村级组织收入 + 村级公企收入；农村地区经济收入 = 集体经济收入 + 乡级私企收入 + 村级私企收入 + 农户收入。

② 农村集体经济增长贡献率 = $\dfrac{\text{农村集体经济收入增量}}{\text{全市 GDP 增量}} \times 100\%$ 。

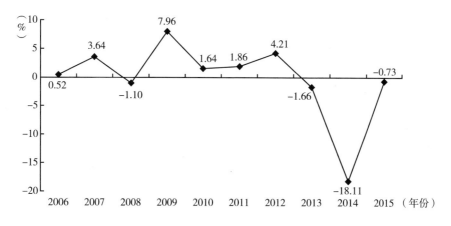

图 10　北京市农村集体经济增长贡献率情况

（三）农村居民收入增速有减缓势头，工资性收入是主要影响因素

1. 农村居民收入增速减缓，有被城镇反超的趋势

从 2015 年开始，农村居民人均可支配收入增速与城镇居民可支配收入增速拉近，并在 2017 年上半年前者被后者拉开 0.8 个百分点，要实现农村居民收入增速连续 9 年超过城镇，压力较大（见图 11、图 12）。

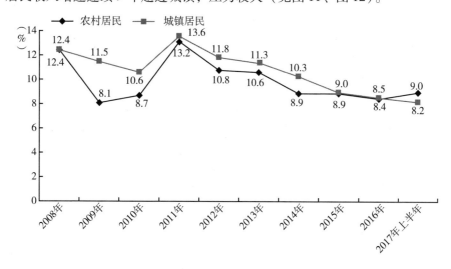

图 11　2008～2017 年上半年人均可支配收入增速情况

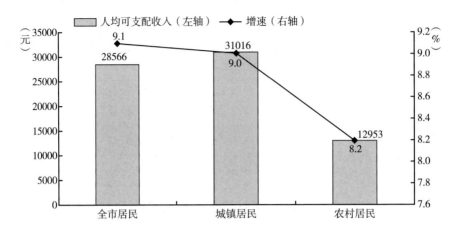

图12　2017年上半年人均可支配收入情况

2. 农民工资性收入的重要性进一步凸显

（1）工资性收入近年来占城乡居民可支配收入的六成以上。2016年，农村居民工资性收入占农村居民人均可支配收入的74.6%；城镇居民工资性收入占城镇居民人均可支配收入的62.3%，工资性收入是城乡居民收入的主要来源。

（2）农民工资性收入占可支配收入的比例从2015年开始超过城镇。2015年、2016年两年，农村居民工资性收入占可支配收入的比重达到75%左右，比城镇居民这一比重高出13个百分点左右，农民工资性收入的重要性进一步凸显（见图13）。

3. 农民财产净收入中半数以上为房屋租金收入，但2016年财产净收入占可支配收入的比重只有6%

2006~2014年，北京市农民的财产净收入逐年增加①。从收入构成看，房屋租金收入占财产净收入的比例也基本呈逐年增长趋势，到2013年，占比已达到七成以上（见表1）。但是数据显示，财产净收入和租金收入在农村居民人均可支配收入中的占比仍然很小，2016年分别只占6.1%和3%。

————————————

① 2015年"农民人均纯收入"变更为"农村居民人均可支配收入"，相关数据统计口径有变化。

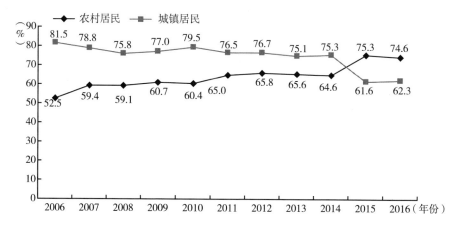

图13 2006～2016年城乡居民工资性收入占比情况

表1 2006～2016年北京市农村居民租金收入情况

单位：元，%

年度	财产净收入	出租房屋净收入	租金比重	租金同比增加
2006	773	405	52.4	12.2
2007	927	487	52.5	20.2
2008	1199	587	49.0	20.5
2009	1402	656	46.8	11.8
2010	1590	674	42.4	2.7
2011	1537	991	64.5	47.0
2012	1717	1120	65.2	13.0
2013	2023	1562	77.2	39.5
2014	2452	1767	72.1	13.1
2015	1204	551	45.8	-68.8
2016	1350	673	49.9	22.1

二 北京市农村集体经济面临的主要问题

（一）集体资产保值增值压力大

北京市农村集体账面资产总量庞大，如果将集体土地等资源性资产计算

在内，总体规模达到 10 万亿元级别，但近年来集体资产增速从之前持续多年的两位数高增长降到 3% ~ 8% 的中低速区间，使得集体资产如何更加有效地实现保值增值成为迫切需要解决的问题。

（二）集体经济效益偏低

根据前面的特点分析，集体经济效益偏低体现在三个方面，即利润率低、增长贡献率低、产业结构仍需优化。造成集体经济效益低的主要原因是在现有制度条件下，集体经济组织在市场经济中相对封闭，土地、资本、劳动力等生产要素难以实现与外部市场的自由流动，从而缺乏创造提升价值的能力。此外，集体经济组织需要承担村级公共服务开支与成员分红，一定程度上也使得集体经济扩大再生产的能力受到限制。

（三）集体经济组织化程度下降，话语权缺失

在农村地区经济收入中，集体经济收入比重持续下降，从 2006 年的 41% 下降到 2015 年的 19.8%，主要原因在于，随着北京市乡镇企业体制改革，农村集体逐步退出产业经营领域，转而发展土地、厂房的物业租赁，集体经济进入地产经济阶段，而镇、村两级私有企业的规模与份额不断扩大。由于缺乏具体的经营业务，集体经济组织化程度有所下降，人才体系建设跟不上，在市场经济中话语权缺失。

（四）集体产业发展方向不明确，农民增收动力不足

为了促进经济发展质量在疏解整治中不断提升，北京市从 2014 年开始颁布《新增产业的禁止和限制目录》，由于集体产业以工业、建筑业为主，在一定程度上限制了集体产业的发展；而新的产业方向不明确以及审批手续原因导致新的产业暂时无法落地，集体产业出现"空档期"。农村就业岗位与人才的缺失，导致以工资性收入为主的农民收入增长机制动力不足。

三　对北京市农村集体经济转型升级的几点建议

自 2014 年习近平总书记视察北京发表重要讲话以来，北京市"三农"工作进入新阶段，从根本上讲，新阶段北京市集体经济不再是单纯的生产型和加工型产业，而是为首都"四个中心"功能服务的城市整体发展战略的有机组成部分。新阶段北京市集体经济面临转型升级，不仅是贯彻中央精神的必然要求，也是城市阶段性发展的必然规律。

（一）以城市总体规划为出发点，引导集体经济向服务型产业升级

1. 引导发展集体经济六大服务型产业

新阶段下，北京市集体经济转型升级的总体思路是以发展服务经济和绿色经济为主，拓展集体经济功能，延伸产业链条，提高附加值，增进效益。具体可根据区域功能定位，引导发展生态涵养、文化创意、会议会展、康建养老、基础设施维护和公共服务、都市现代农业等服务型产业。

2. 研究制定差异化的集体经济分区发展指导意见

各区应考虑以《北京城市总体规划（2016 年～2035 年）》为指导，根据区域功能定位和集体经济发展水平，出台集体经济分区发展指导意见。例如，"一主"（中心城区）以文化创意、会议会展和都市现代农业等服务型产业为主要发展方向；"一副"（城市副中心）以会议会展、文化创意等服务型产业为主要发展方向；"多点"（平原新城）以文化创意、康健养老、都市现代农业等服务型产业为主要发展方向；"一区"（生态涵养区）以生态涵养、会议会展、康健养老、基础设施维护和公共服务型产业为主要发展方向。各区发展的具体情况可根据规划和需求具体分析。

（二）以乡村治理现代化为着力点，提高集体经济组织化程度

推动乡村治理现代化是全面深化改革总目标"推进国家治理体系与治

理能力现代化"的有机组成部分，对集体经济来讲，基层党组织要发挥好领导核心作用与社会服务功能，明确集体经济组织市场主体地位，充分发挥集体经济组织集聚农村资源的"特别法人"作用。

1. 强化基层党组织核心作用，转变发展观念

充分认识到非首都功能疏解的政治意义，集体经济转型升级是现实需要，要加强基层党组织领导，积极宣传政策，做好群众服务工作。改变过去认为只有工业、矿业、制造业等行业才能致富的观念，认识到通过服务经济、绿色经济也能实现增长，而且能持续健康增长，引导村民参与集体经济转型升级，提高自身收入。

2. 提升集体经济组织市场主体地位，提高经济效益

通过构建现代化的治理结构，放活集体经济经营管理。在城乡接合部，应当实现基层治理体系的政经分离，通过制度化的形式将各类组织的职责界定清楚，明确集体经济组织市场主体地位，提高集体经济效益。在偏远山区，应当加强基层干部治理能力的培养，不但要培养干部的党务、政务管理能力，而且要培养干部搞活经济、创新经营的能力。通过集体经济的发展壮大，为农村基层发展奠定坚实的物质基础。

3. 提升集体经济组织化程度，增加市场话语权

从组织结构上看，集体经济组织为发展服务型产业提供了三个有利条件。一是组织条件。服务型产业不要求很高的专业技能，但同样需要分工合作，需要一定的组织载体，这就要求集体经济组织及专业合作社真正发挥作用。二是资源条件。分散家庭不便于提供发展产业所需的土地、劳动力等要素，而集体经济组织在要素供给上具有相对便利性，同时也可以为集体经济组织成员提供就业岗位，提高成员工资性收入，有利于地区稳定。三是政策条件。以集体经济组织为载体，可以享受相关政策优惠和涉农补贴。通过集体经济组织这三个有利条件，可以有效提升服务型产业发展的组织化程度，增加经营主体在市场交易中的话语权。

（三）以促进农民增收为落脚点，探索农民持续增收长效机制

1. 增加集体就业岗位，提高农民工资性收入

作为农民可支配收入中最大的组成部分，增加工资性收入不仅可以有效促进农民增收，还有利于社会稳定。具体来说，应培育规范的劳动就业组织，提高从业人员职业化水平；引导各级财政出资的绿色生态建设项目和社会公共管理服务项目安置低收入农户劳动力就业；适当将基础设施维护、公益性就业岗位向低收入群体倾斜。

2. 实现集体资产保值增值，增加农民财产性收入

强化集体资产的规范监管，明确经管部门职责，探索多种形式的资产保值增值渠道。城乡接合部地区，应充分发挥集体资产的区位优势，利用信托、资产管理、委托代理等方式提高集体资产收益；山区应继续探索利用闲置农宅发展民宿经济等方式，增加农民财产性收入。

3. 适当加大集体产业疏解地区的转移性支付力度

在疏解整治过程中，部分地区农村农民付出了一定的代价，在短期内收入减少，市级公共财政可以考虑适度加大对这些地区的转移性支付力度，提高生态岗位补贴。

4. 加大农村实用人才培训

建立农村实用人才培训机制，通过基本技能培训、职业技能培训、组织农技专家下乡、组织对外考察交流等方式，提高农民职业技能，逐步解决农村劳动力技能无法胜任相关岗位的问题。

B.12
新阶段北京市集体经济转型升级的思路和对策研究

季虹　周颖　武梅丽*

摘　要： 本文回顾了北京市集体经济发展的四个阶段，分析了新阶段北京市集体经济发展的特征：从高速增长向中低速增长转变，从中低端产业向高端产业转变，从分散经营向更高组织化程度转变；从城乡二元体制向城乡一体化转变。提出了新阶段北京集体经济转型升级的思路——以发展服务经济和绿色经济为主，并提出了相应对策。

关键词： 新阶段　集体经济　转型升级　北京市

　　自 2014 年习近平总书记视察北京发表重要讲话以来，北京市"三农"工作进入新阶段。全面认识新阶段的基本特征，对于北京市集体经济发展方向的准确定位和发展思路及政策的调整至关重要。从根本上讲，新阶段北京市集体经济不再是单纯的生产型和加工型产业，而是为首都"四个中心"功能服务的城市整体发展战略的有机组成部分。新阶段北京市集体经济面临转型升级，不仅是贯彻中央精神的必然要求，也是城市阶段性发展的必然规律。

---

* 季虹，北京市农村经济研究中心城乡发展处处长，副研究员；周颖，北京市农村经济研究中心城乡发展处主任科员，中国社会科学院农村发展研究所硕士研究生；武梅丽，北京民生智库科技信息咨询有限公司研究经理。

一 北京市集体经济发展的四个阶段

(一)"以粮为纲"的农业生产阶段(改革开放以前)

这段时期,北京市农村经济以种植业尤其是粮食种植为主,经济关系从开始的个体经济为主很快转到以集体经济为主,实行高度集中统一的计划经济管理体制。在中央"以粮为纲"重要方针的指导下,北京市集体经济同样以农业生产为主要方向。

(二)以乡镇企业为主导的农村工业化发展阶段(1978年~20世纪90年代后期)

1. 乡镇企业迅速发展,集体经济不断壮大

党的十一届三中全会以后,中共北京市委明确把全市工作重点转移到社会主义现代化建设上来。全市改革首先从农村开始,通过对农业生产经营形式(生产队——家庭联产承包责任制)、农村管理体制(人民公社——乡镇政府)的改革,使得农村经济结构发生根本性转变,农村非农产业规模扩大,社队企业(乡镇企业前身)迅速发展(见表1),为随后乡镇企业的异军突起打下了基础,北京市集体经济进入农工商综合发展的农村工业化阶段,集体经济规模迅速扩大。

表1　1978~2008年部分年份北京市乡镇(社队)企业情况

单位:万元,%

年份	总收入	利润	固定资产值	利润率
1978	78822	21868	32310	27.74
1980	121420	31828	57266	26.21
1982	180772	36480	87008	20.18
1984	375735	71296	150726	18.98

续表

年份	总收入	利润	固定资产值	利润率
1985	562411	100085	201460	17.80
1988	1382636	189125	479170	13.68
1990	2024751	255951	706137	12.64
1992	3227374	354701	956280	10.99
1993	5423522	538849	1326388	9.94
1998	6955904	336678	2989128	4.84
2002	14078611	983581	5629362	6.99
2003	17538333	1202315	6682141	6.86
2006	25898366	1497534	10467035	5.78
2008	32488379	1753681	10745238	5.40

资料来源：北京市统计局。

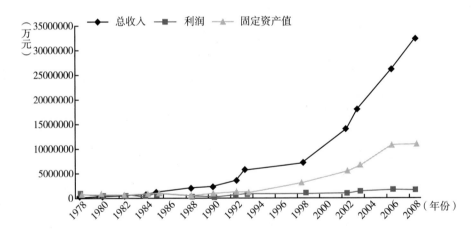

图 1　1978～2008 年部分年份北京市乡镇（社队）企业情况

资料来源：王振业、张一帆、廖沛：《北京农村经济史稿（下册）》，中国农业出版社，2015。

2. 乡镇企业发展后期利润率降至5％左右

从图1、图2可以看到，虽然乡镇企业进入 21 世纪之后，头十年规模仍然在扩大，但利润增长不大，而利润率则不断降低，徘徊在 5％～7％之间。表明 20 世纪末乡镇企业的重组转制虽然起到了一定效果，但由于过多依赖资源消耗和粗放式发展，北京市农村工业化发展已经进入末期，后继乏力。

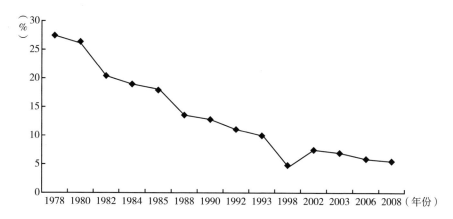

图 2 1978～2008 年部分年份北京市乡镇（社队）企业利润率

资料来源：王振业、张一帆、廖沛：《北京农村经济史稿（下册）》，中国农业出版社，2015。

（三）以物业租赁为主的地产经济阶段（21世纪初～2013年）

进入 21 世纪后，随着北京郊区乡镇企业体制改革和进一步对外开放，乡镇企业的产权制度更加明晰，组织形式、经营方式更加灵活，促成了农村集体企业与乡村两级集体的分离，标志着北京郊区以乡村两级集体企业为主要形式的农村工业化进程基本结束，这对京郊农村城镇化发展和体制演变产生了深远影响。此后，北京农村（尤其是村一级）以第二产业为主的发展势头逐渐减弱，早期的工业项目要么在产业升级过程中被淘汰，要么在改制中被转让，即便兴盛一时的"工业大院"也主要依靠外来企业投资经营，农村集体基本退出企业经营领域，转而发展土地、厂房的物业租赁，集体经济进入地产经济阶段，以科技、商务、教育、文化、体育为主的第三产业向郊区扩散，带动集体产业升级，2011 年第三产业占比超过第二产业，并逐渐占据农村营业收入的半壁江山（见图3）。

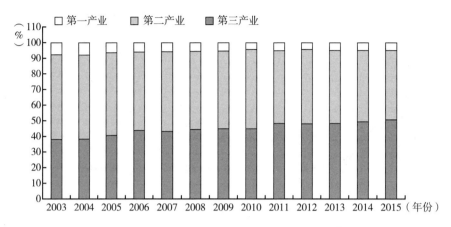

图3 2003～2015年农村营业收入构成

资料来源：北京市农村经济研究中心农村合作经济经营管理站。

（四）以城乡一体化为目标的融合发展阶段（2014年以后）

经过前面三个阶段的发展和积累，北京市集体经济到了追求更高目标和更高效益的阶段。在这个发展的关键时刻，2014年习近平总书记视察北京并提出了首都"四个中心"的功能定位，明确了北京的城市战略定位，为首都"三农"工作和集体经济发展指明了方向。新阶段下，北京市集体经济发展，应当以"四个中心"功能定位为方向，以五大发展理念为指引，通过融合发展加快实现城乡一体化发展目标。

二　新阶段北京市集体经济发展的特征

从北京市集体经济发展的四个阶段来看，自2014年习近平总书记视察北京以来，北京市集体经济发展进入一个新阶段，这个阶段具有以下四个特征。

（一）从高速增长向中低速增长转变

从经济发展规律来看，当第三产业占比超过50%以后，经济增长将逐渐从高速转为中低速，新阶段下北京市集体经济也具有这样的特点。2015

年，北京市农村地区营业收入中第三产业占比达到 50.4%，首次超过 50%。

1. 北京市集体资产增速从两位数高增长下降为中低速增长

从图 4 可以看到，自 2014 年以来，北京市集体资产增速从之前持续多年的两位数高增长降至 3% ~ 8% 的中低速区间。

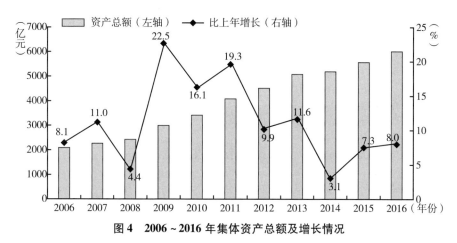

图 4　2006 ~ 2016 年集体资产总额及增长情况

资料来源：北京市农村经济研究中心农村合作经济经营管理站。

2. 农村居民收入增速减缓，有被城镇反超的趋势

图 5 显示，从 2015 年开始，农村居民人均可支配收入增速被城镇居民

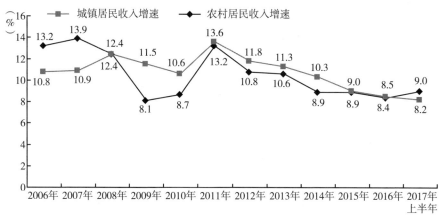

图 5　2006 ~ 2017 年上半年农村居民人均可支配收入增速情况

资料来源：北京市统计局。

逐渐拉近并反超，并在2017年上半年被拉开0.8个百分点，要实现农村居民收入增速连续9年超过城镇，压力较大。

（二）从中低端产业向高端产业转变

首都"四个中心"功能定位、国际一流和谐宜居之都的战略目标，使得新阶段北京市集体经济发展要从城市整体战略定位来考虑自身产业层级的调整转型问题。需要贯彻疏解非首都功能的要求，严格遵循新增产业禁限目录的标准，优化三次产业结构，优化产业特别是工业项目选择，加快促进集体产业向高端化、服务化、集聚化、融合化、低碳化发展。

（三）从分散经营向更高组织化程度转变

随着京郊农村空心化程度加剧，以家庭为单位的承包经营方式面临转变，需要从过去分散经营向更高组织化程度转变。以后发展服务型产业，需要打破分散经营的方式，以乡镇和村集体为单位，或者依托村集体经济组织，或者通过行业协会，制定组织化、规范化的经营标准，以区域或者乡镇为统筹单元，开展土地、资本、人才等生产要素的分配。这方面，北京市乡镇统筹开展集体建设用地集约利用、外省市如浙江湖州德清县水口乡的农家乐行业协会等案例，都为这种转变方式提供了实践案例。

（四）从城乡二元体制向城乡一体化转变

2008年底北京市委提出2020年在全国率先形成城乡经济社会发展一体化的新格局，"十二五"末期北京市城乡一体化发展新格局已经基本实现。体现在三个方面：一是制度设计已经基本实现；二是制度覆盖程度较高；三是城乡之间收入水平、基础设施、公共服务等差距进一步缩小。新阶段下，重点是在继续做好制度设计的基础上，进一步提高水平，解决分配格局和发展空间等问题。逐步实现习近平总书记提出的城乡一体化发展目标，即城乡居民基本权益平等化、城乡公共服务均等化、城乡居民收入均衡化、城乡要素配置合理化，以及城乡产业发展融合化。

三　新阶段北京市集体经济转型升级的思路

北京农村集体经济发展已经到了一个历史性阶段，即后工业化阶段，这个阶段面临新的任务和新的矛盾，这是大都市发展的一般规律，具有历史必然性。中央层面从历史和现实的角度出发，提出疏解非首都功能，正是从承接新任务、解决新矛盾的角度出发，为北京市新阶段农村集体经济发展提供了新的发展思路。新阶段下，北京市集体经济转型升级的总体思路是以发展服务经济和绿色经济为主，具体可包括以下六种类型。

（一）生态涵养服务型产业

北京市委书记蔡奇在调研生态涵养区时指出："生态涵养区的首要任务就是保住生态。生态涵养区不是不要发展，而是要更好、更高水平、更可持续发展。"北京市开展的山区生态涵养、平原造林、一道绿隔、二道绿隔等生态文明建设工程，都是贯彻习近平总书记"绿水青山就是金山银山"发展理念的举措。具体来讲，一是可以通过增加生态岗位提高农民工资性收入，依托百万亩平原造林工程，大力发展林下种植、林下养殖、森林旅游和林下产品加工等林下经济业态，增加就业岗位，提高农民工资性收入；二是通过改善生态环境提升农民经营性收入和财产性收入，通过生态工程的实施，改善生态环境，带动民俗旅游服务业和闲置农宅利用，增加农民经营性收入和财产性收入。

（二）文化创意服务型产业

目前，文化创意产业已贯穿经济社会各领域各行业，呈现多向交互融合态势，其具有高知识性、高增值性和低能耗、低污染等特征。但由于集体经济目前尚不具备自主创新和设计的知识储备，因此，集体经济应当以开展针对文化创意产业配套的服务型产业为主。例如，发展楼宇农业、阳台农艺，进一步拓展创意农业发展空间；借助高校、研究机构

的疏解，加强农业与文化、科技、生态、旅游的融合；引进创意机构提高乡村旅游经营场所的创意和设计；注重挖掘农村文化资源，提升乡村文化品牌和农产品附加值。

（三）会议会展服务型产业

国际交往中心是首都"四个中心"功能之一，与之对应的会议会展业是现代服务业的重要组成部分，其通过促进供需对接、畅通流通渠道，形成相互促进的良性关系。会议会展业除本身产值外，利用其产业关联效应还能带动交通、通信、酒店、餐饮、旅游、零售、广告、装饰、物流货运等周边产业的发展，这些关联服务产业可以由集体经济来承担。例如，怀柔雁栖湖镇的集体经济发展可以通过做好雁栖湖国际会都的配套服务产业实现会议服务型产业升级，类似的还有农业嘉年华、世界月季洲际大会、草莓大会等形式。

（四）康健养老服务型产业

随着北京老龄化人口增多、郊区闲置农宅利用的推进和部分医疗机构的疏解，生态环境优良的京郊可以将康健养老服务型产业作为集体经济转型升级的方向。目前怀柔田仙峪村试点稳步扩大运营规模，延庆、房山等区利用山区闲置农宅和搬迁后的旧村，积极探索发展乡村酒店，取得良好成效。

（五）基础设施维护和公共服务型产业

经过几个阶段的发展建设，郊区基础设施已经相对完善，道路、水利、电网、燃气、互联网等基础设施已经投入使用，极大地方便了农村居民生活。这批基础设施需要人员维护，各种公共服务需要劳动力，可以探索专业管护、集体管护、协会管护、义务管护和商业管护相结合的多元化管理方式，设立乡村公路养护员、村镇保洁员、环境监管员、垃圾分类指导员、花草维护员等岗位，逐步形成城乡一体的基础设施和公共服务设施运行管护长效机制。

（六）都市服务型现代农业

一是高端品牌农业，不断丰富农业产品、农事景观、环保包装、乡土文化等创意和设计，着力培育一批农业知名品牌，促进创意和设计产品产业化。二是观光旅游业，培育以各类主题公园、名胜风景区为依托，以森林旅游、观光旅游、科普教育为主要内容的绿色旅游产业。三是休闲体验游，通过建设集农耕体验、田园观光、教育展示、文化传承于一体的休闲农业园，在为首都市民做好服务的同时，提高农民收入。

四　新阶段北京市集体经济转型升级的对策

（一）加强党组织领导

1. 加强组织领导

充分认识非首都功能疏解的政治意义，集体经济转型升级是现实需要，要加强基层党组织领导，积极宣传政策，做好群众工作。

2. 转变发展观念

改变过去认为只有工业、矿业等行业才能致富的观念，要认识到通过服务经济、绿色经济也能实现小康，引导村民参与集体经济转型升级，提高自身收入。

（二）创新组织结构

创新实现集体经济转型升级的组织结构。

1. 探索新型经营主体实现形式

这方面的工作包括组建股份合作制基础上的专业合作社、探索建立以集体经济组织为基础的经济合作平台等。

2. 加强乡镇统筹

通过组建镇级联营公司，统筹解决乡镇规划单元内的指标、资金等问题，满足承担大型工程项目建设资质需要，扩大当地农民的就业渠道。

（三）研究制定集体经济分区发展指导意见

各区应考虑以新编总规为指导，根据功能定位和产业基础出台集体经济分区发展指导意见。

（1）城市功能拓展区以文化创意、康健养老、会议会展和都市现代农业等服务型产业为主要发展方向。

（2）城市副中心以会议会展、文化创意、生态涵养等服务型产业为主要发展方向。

（3）城市发展新区以文化创意、康健养老、都市现代农业等服务型产业为主要发展方向。

（4）生态涵养区以生态涵养、会议会展、康健养老、基础设施维护和公共服务型产业为主要发展方向。

（四）加大财政保障力度

1. 适当加大集体产业疏解地区的转移性支付力度

在疏解整治过程中，部分地区农村农民付出了一定的代价，在短期内收入减少，公共财政可以考虑适度加大对这些地区的转移性支付力度。

2. 提高山区生态补贴

可参考北京市新的最低工资标准，提高山区生态岗位补贴；研究将资源缺乏地区生态补贴与低收入帮扶工作相结合，提高补贴标准，延长补贴年限。

3. 加大农民培训资金支持力度

通过基本技能培训、职业技能培训、组织农技专家下乡等方式，提高农民职业技能，逐步解决农村劳动力技能无法胜任相关岗位的问题。

B.13
2017年北京都市农业发展研究[*]

杜姗姗　赵润泽　余　煌　罗红玉　陈奕捷[**]

摘　要： 经过"十一五"阶段起步发展、"十二五"阶段战略性结构调整期，北京都市农业正处于"十三五"的战略关键期。本文对北京都市农业2017年发展概况做出全面总结，分析其发展特点、存在的问题以及对策。总结表明：数量方面，传统农业生产规模和效益总体缩减；产业结构方面，转型升级背景下北京产业内部结构继续进行调整，提质增效；功能方面，休闲农业提档升级，农业生活功能增强，生态服务功能持续增强；空间组织形式方面，农业园区成为主要空间组织形式，且类型多样化；空间布局方面，从圈层布局到区域特色化布局，形成部分产业集群；区域协作方面，京津冀农业协同发展有序开展。北京都市农业发展过程中也存在一些问题，京津冀农业协作缺少统筹协调、缺少区域总体规划指导、都市农业与"三农"问题未统筹考虑、农业文化内涵挖掘不足。针对这些问题，本文提出相应对策建议，应主动融入京津冀农业合作、跨界资源整合，进行乡村振兴的顶层设计，探索从"都市农业"向"首都农业"转变，充分挖掘农业资源条

* 基金项目：国家自然科学基金项目（41401199），北京学研究基地资助项目（BJXJD-KT2014-YB01），北京学研究基地开放课题（Sk50201401）。

** 杜姗姗，北京联合大学应用文理学院副教授，博士，研究方向为城乡规划、都市农业；赵润泽，北京联合大学应用文理学院硕士研究生，研究方向为文化遗产与区域规划；余煌，北京联合大学应用文理学院学生，研究方向为城乡规划；罗红玉，北京联合大学应用文理学院硕士研究生，研究方向为城乡规划；陈奕捷，北京市农村经济研究中心资源区划处副处长、经济师，北京观光休闲农业行业协会副秘书长，研究方向为休闲农业。

件的文化内涵，打造区域品牌文化。

关键词： 都市农业　产业结构　北京

一　北京都市农业发展总体情况

作为一座拥有 3000 多年的建城史、800 多年的建都史、现有 2000 多万常住人口的国际化大都市，农业一直是北京重要的产业类型。北京市 2003 年提出发展都市型现代农业，"十一五"阶段都市农业起步发展，"十二五"阶段进行战略性结构调整，确立了都市农业是"建设世界城市的特色产业、首都生态宜居的重要基础、首都高端农产品供应和城市应急安全的基本保障"。

经过十几年的快速发展，北京都市农业发展取得了显著的成就。2017年是全面建成小康社会的攻坚之年，是实施"十三五"规划的重要一年，也是供给侧结构性改革的深化之年，推进农产品加工业，休闲农业和乡村旅游业，都市农村一二三产业融合发展，对经济社会发展全局具有十分重要的意义。本文试图通过剖析北京都市农业 2017 年的发展现状、存在问题，并结合北京新总规提出的"四个中心"城市战略定位，提出北京由"都市农业"升级为"首都农业"的发展构想。

（一）产业内部结构调整，提质增效

近年来，北京农业着力疏解"非首都功能"，对都市农业发展空间实施战略性调整，按照"调粮保菜，做精畜牧水产"的思路，深化农业结构调整，控制增量，优化存量，发展高效节水农业，主动调减粮食、生猪、家禽等传统农业规模。2017 年北京农林牧渔业总产值 308.3 亿元，同比减少 8.8%，其中种植业和养殖业同比减少 4.4% 和 15.9%（见表 1）。

表1　2017年主要农产品产量

项目	单位	2017年	同比增长(%)
农林牧渔业总产值	亿元	308.3	-8.8
其中:种植业	亿元	188.7	-4.4
养殖业	亿元	111	-15.9
农副产品产量	—		
其中:蔬菜及食用菌	万吨	156.8	-14.6
禽蛋	万吨	15.7	-14.4
牛奶	万吨	37.4	-18.1
生猪出栏数	万头	242.1	-12.1
生猪存栏数	万头	112.2	-32.1

资料来源:《2017农林牧渔业生产情况季度数据》,北京市统计局、国家统计局北京调查总队, http://www.bjstats.gov.cn/tjsj/yjdsj/ny/2017/。

1. 主要农产品播种面积减少、产量降低

有序退出小麦等高耗水农作物种植。2017年在重要水源保护区、地下水严重超采区、地下水防护性能较差地区等重点区域有序退出种植小麦等高耗水农作物,2017年粮田面积调减到83.1万亩(其中小麦播种面积调减到169096亩,比2016年减少了69479亩),年农业用水量5亿方,较2016年节水1亿方左右[1]。

2. 畜牧养殖加速缩减,依然保证市场鲜活农产品的有效供给

北京市畜禽产品以生猪、肉禽、牛奶和禽蛋为主,在疏解非首都功能、京津冀协同发展和加快生态环境建设的背景下,北京进行了肉、蛋、奶等"菜篮子"主要农产品生产空间疏解,养殖规模持续缩减。2017年落实《北京市农业局关于禁止新建、扩建规模化畜禽养殖场的通知》要求,未新增规模化生猪、肉禽养殖,严格控制畜禽规模养殖增量;组织各区开展畜禽综合整治规范工作,通过关停养殖场、淘汰小散低养殖户,清退部分畜禽养

---

[1]　《市农业局2017年度述职报告》,北京市农业局,2018年2月14日,http://www.bjny.gov.cn/nyj/232120/233040/5963322/index.html。

殖，调减生猪、肉禽出栏量。2017年北京市生猪存栏112.2万头，同比下降32.1%；生猪出栏242.1万头，同比下降12.1%；家禽出栏3115.2万只，同比下降19.8%①。禽蛋产量15.7万吨，同比下降14.4%；牛奶产量37.4万吨，同比下降18.1%。在此大背景下，北京依然保证了市场鲜活农产品的有效供给，猪肉和蛋奶的自给率分别达到28%和50%左右②。

3.设施农业效益提升

北京推进设施农业"规模化、集约化、智能化、工厂化"，优化设施结构，提高装备水平，建立了较为完善的综合配套系统和服务体系，同时加快推广新品种和运用新技术，设施农业效益稳步提升。2017年实现亩均收入2.4万元，同比增长3.4%。从品种看，草莓增长显著，播种面积同比增长3.3%，收入同比增长8%②③。

（二）休闲农业提档升级，农业生活功能增强

1.休闲农业进一步提档升级

近年来，北京休闲农业进一步提档升级，2017年北京观光园1216个，比上年减少42个；观光园总收入29.9亿元，增长6.9%（见表2）④。休闲农业准入门槛低但市场竞争激烈，由图1可知，2008～2015年北京观光农业园数量处于波动状态，2015年后数量锐减，但经营总收入保持了上升态势，可见北京休闲农业由规模数量型向质量效益型转变，在规范化和标准化的前提下走个性化、精致化、差异化的道路。

---

① 《2017年北京市农林牧渔业总产值下降8.8%》，北京市统计局、国家统计局北京调查总队，2018年1月19日，http://www.bjstats.gov.cn/zxfb/201801/t20180119_391226.html。

② 《市农业局2017年度述职报告》，北京市农业局，2018年2月14日，http://www.bjny.gov.cn/nyj/232120/233040/5963322/index.html。

③ 《2017年北京经济成绩单》，北京市统计局，2018年22日，http://www.bjstats.gov.cn/tjsj/kshcp/201801/t20180122_391316.html。

④ 《北京市2017年暨"十二五"时期国民经济和社会发展统计公报》，北京市统计局、国家统计局北京调查总队，2018年2月27日，http://www.bjstats.gov.cn/bwtt/201802/t20180227_393406.html。

表2 2017年休闲观光农业发展情况

项目	单位	2017年	同比增长（%）
休闲观光农业情况	—		
观光农业园	—		
数量	个	1216	-3.3
总收入	万元	299171.5	6.9
接待人次	万人次	2105.3	-6.5

资料来源：《北京市2017年暨"十二五"时期国民经济和社会发展统计公报》，北京市统计局、国家统计局北京调查总队，2018年2月27日，http：//www.bjstats.gov.cn/bwtt/201802/t20180227_393406.html。

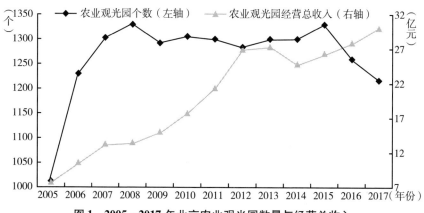

图1 2005～2017年北京农业观光园数量与经营总收入

资料来源：《北京市2017年暨"十二五"时期国民经济和社会发展统计公报》，北京市统计局、国家统计局北京调查总队，2018年2月27日，http：//www.bjstats.gov.cn/bwtt/201802/t20180227_393406.html。

2. 会展农业蓬勃发展

会展业素有"现代城市的面包"之称，具有强大的产业带动效应。2012年以来，北京先后举办了世界草莓大会、食用菌大会、种业大会、葡萄大会、马铃薯大会、月季大会共6项国际性农业会展活动，给农业新产品、新技术提供了很好的展示平台；连续举办了五届北京农业嘉年华活动，成为京津冀农业一体化发展的重要抓手。2017年，全市共举办27项农业会展及农事节庆活动，接待450.5万人次，实现总收入2.5亿元[1]。首都会展

---

[1] 《2017年北京经济成绩单》，北京市统计局，2018年1月22日，http：//www.bjstats.gov.cn/tjsj/kshcp/201801/t20180122_391316.html。

农业及农事节庆活动成为郊区农业文明和农村文化的展示窗口，通过举办活动带动相关产业发展，成为农业和旅游业的结合点。

（三）生态服务功能持续增强

近年来，北京市开展平原造林、水源地保护、水土保持、湿地恢复等生态工程建设，生态环境持续改善，极大释放了乡村旅游活力。

自2012年起北京市开始推动平原造林工程，截至2017年共完成新造林117万亩，新增万亩以上绿色板块23处、千亩以上大片森林210处，建成了18个大尺度公园绿地。平原地区森林覆盖率由14.85%提高到27.81%，部分2012年、2013年的地块林木已显现出森林景观[①]。

在平原造林、生态涵养区的生态景观造林和京津风沙源治理等工程带动下，2017年北京林业产值同比增长12.7%，北京生态功能进一步增强，为建设国际一流和谐宜居之都构筑起一道生态屏障。

（四）空间组织形式：农业园区为都市农业的主要空间组织形式，类型呈现多样化

近年来，北京都市农业从具体的"特色农产品"点状发展，拓展到"都市农业优势主导产业带"线状发展，再逐渐演变为带有"产业园区"特征的观光农业园，观光农业园已经成为北京都市农业的主要空间组织形式。观光农业园包括观光采摘园、农业科技园、家庭农场、都市农业园、市民农园、教育农园、亲子农园、文化创意农园、农业公园等类型（见表3），功能多元化带来类型多样化，旅游活动的具体活动产品日益丰富。结合网络、文献、调研收集数据建立涵盖1000个观光农业园的数据库，统计分析显示北京观光农业园中数量最多的是采摘园，占总数的25.7%，其次是涉农度假村、综合性农园、特色餐饮农庄、农场，可见北京的观光农业园以休闲、度假功能为主。

[①] 《北京6年造林117万亩平原森林覆盖率提高近13%》，新华网，2018年1月29日，http：//www.xinhuanet.com/2018-01/29/c_1122335001.htm。

表3　2017年北京观光农业园的类型与数量

园区类型	数量(个)	园区类型	数量(个)
采摘园	257	养殖园	59
涉农度假村	146	农业公园	26
综合性农园	123	农业科技园	14
特色餐饮农庄	119	市民农园	9
农场	137	亲子农园	7
种植园	103	合计	1000

资料来源：自建北京观光农业园数据库。

（五）空间布局：从圈层布局到区域特色化布局，形成部分产业集群

随着北京"减量发展"和"非首都功能疏解"的推进，农业空间格局也在发生变化。2016年中央调减北京耕地保护指标，北京的耕地保有量面积从322万亩降低到166万亩，减少了156万亩，减少约48.5%。2017年6月，北京划定永久基本农田保护红线151.6万亩，城市周边划定约14.8万亩[1]。已划定的70万亩菜田、80万亩粮田位置，与2万亩畜禽养殖占地、5万亩渔业养殖、100万亩果园一起形成北京农业空间布局图[2]。北京农业空间格局的调整，带来北京农业的提质增效，按照"减粮、扩经、稳饲、强种"思路，北京正在形成"粮经饲种"均衡布局的农作物四元结构。

北京1000个观光农业园空间格局如图2所示，其分布呈现明显的空间集聚、多中心特征，围绕五环呈环状布局，在昌平区、海淀北部、怀柔南部、门头沟东部、顺义东部、密云南部、延庆西部、大兴中部、通州中部形成北京观光农业园的空间集聚区。可见近年来北京观光农业园的空间格局演

---

[1] 《北京划定151.6万亩永久基本农田》，《北京日报》2017年7月3日，http://zhengwu.beijing.gov.cn/zwzt/jjjyth/zljj/t1503990.htm。

[2] 《北京农业空间格局再调整》，科学网，2016年3月30日，http://news.sciencenet.cn/htmlnews/2016/3/341786.shtm。

化是由园区局部空间集聚形成园区集群到区县进行某一主题的园区化开发，园区空间分布由空间点状分布到块状集聚区分布再转向面状网络结构。

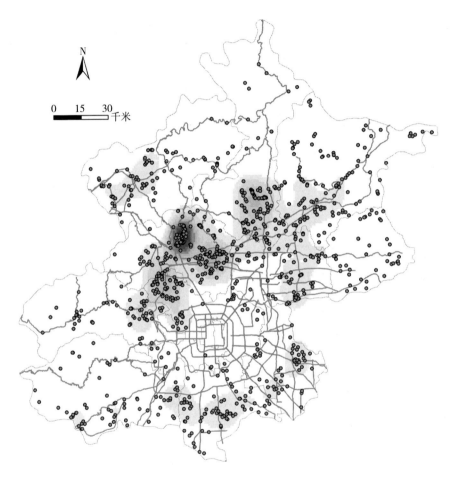

图2　北京2017年观光农业园核密度空间格局与空间集聚热点分布

北京计划利用6年时间重点打造3种类型、50个景观农业示范点，形成20个集聚连片的休闲农业示范区，示范带动20万亩大田作物景观田，使大田功能向生态休闲观光方面转变。根据北京农业产业布局规划和京郊各区域农业资源禀赋、市场需求、环境容量，北京景观农业产业布局将由内向外划分为五个圈层（见表4）。北京将按大田景观、园区景观、沟域景观三大景观类型，分别设立美丽田园创建示范点。2016 年在延庆、顺义、房山、密云、大兴和海淀建了 10 个景观农业示范点。

表 4　北京景观农业产业布局的五个圈层

圈层名称	范围	重点发展产业类型
城市农业发展圈	东城、西城、石景山和其他区城区及新城核心区	公园农业、社区农业、校园农业、屋顶农业、阳台农业等不同类型的城市农业，提升城市景观
紧邻的近郊农业发展圈	朝阳、海淀、丰台城乡结合部和区县城区及新城周边地区	以观赏游览、体验农作为主，包括农业公园、市民租赁农园等观光体验和科普农耕项目
中郊平原农业发展圈	大兴、通州、顺义、房山、平谷、昌平的平原地区和浅山区	优化现有规模景观农田、民俗体验庄园、租赁农园等休闲体验项目，举办农事节庆活动
远郊山区农业发展圈	房山、门头沟、延庆、怀柔、密云、平谷的山区	景观农业的重点打造区域，以休闲疗养、农村文化体验等为主
环京外埠合作农业发展圈	京津冀地区中环北京区域	按照优势互补和区域合作的原则，重点建设现代农业示范园，进行环京休闲农业园区的提档升级，打造特色明显、品牌突出的景观农业产业集群

资料来源：刘菲菲：《五大景观农业圈布局京城》，《京郊日报》2015 年 4 月 29 日，http：//jjrb. bjd. com. cn/html/2015 - 04/29/content_ 275421. htm。

（六）京津冀农业协同发展有序开展

三地共建休闲农业精品游览线路。2017 年 2 月，京津冀农业部门共同签署《京津冀三地休闲农业建设合作协议》，将深度挖掘三地农业和农村的特色资源、特色文化、特色品牌、特色活动等，共同打造风格各异、主题突出、串并线连的休闲农业精品游览线路，构建起京津冀"休闲农业廊道"；同时共同策划休闲农业重大活动，举办各类推介会、博览会、农事节庆、创意大赛等活动，打造京津冀休闲农业区域品牌。

规划建设环首都鲜活农产品流通网络。2017 年 3 月，京津冀三地商

务部门共同发布的《环首都 1 小时鲜活农产品流通圈规划》明确提出，规划建设"一核双层、五通道、多中心"的环首都鲜活农产品流通网络，经过 5 年的发展，京津冀鲜活农产品流通环境将进一步改善，流通环节进一步减少，流通成本明显降低，产销对接更加紧密，流通现代化水平显著提升。到 2020 年，基本形成布局合理、高效畅通、环境友好和协作共赢的环首都 1 小时鲜活农产品流通圈。据悉，目前三地已经完成 8 个项目，在建 12 个项目，北京物流设施地图建设、京津冀冷链区域标准正在积极推进①。

加强农产品质量安全合作。2017 年 8 月，北京与承德召开农业战略合作座谈会，两地签署 30 个农业合作项目，总计达 371 亿元。两地还签署了《农产品质量安全合作框架协议》，重点在建立追溯体系平台与交流合作机制、建立互检互认与质量风险预警交流机制、加强农产品标准化生产与源头管控交流协作、加强农产品检验检测实验室建设和联合培训等方面，助力承德打造北京绿色优质农产品供应基地。

开展外埠蔬菜基地建设。2017 年，对北京裕农、天安、顺鑫石门市场、绿富隆、二商东方等 11 家企业申报的外埠蔬菜基地从分布及面积、周边环境、供应合作方式、产品质量安全控制措施等方面进行现场查验与质询；扶持 11 家企业在河北、天津等地建设 3.35 万亩外埠蔬菜基地。

二 存在的问题

北京都市农业发展走在全国的前列，但也存在一系列问题，主要集中在京津冀农业缺少协作机制和统筹协调，缺少区域总体规划指导，未将都市农业发展与农村、农民的"三农"问题进行统筹考虑，农业文化内涵挖掘不足等几个方面。

---

① 马婧：《京津冀农产品批发市场布局进一步优化 新发地第 15 个分市场落户沧州》，《首都之窗》2017 年 11 月 3 日，http：//zhengwu.beijing.gov.cn/zwzt/jjjyth/zxxx/t1497706.htm。

（一）京津冀农业发展缺少统筹

2016年4月，农业部等八部门联合印发《京津冀现代农业协同发展规划（2016~2020年）》，规划到2020年，京津冀现代农业协同发展取得显著进展，京津农业率先基本实现现代化，河北部分地区、部分行业跨入农业现代化行列。京津冀农业协同发展的最终目标不应该是农业现代化，而是要在明确定位、突出优势、重点突破的基础上，通过推进各类要素的合理配置，实现京津冀农业的协同发展[1]。

2017年京津冀三地的农业合作主要围绕共建休闲农业精品游览线路、规划建设环首都鲜活农产品流通网络、加强农产品质量安全合作、开展外埠蔬菜基地建设等方面进行。京津冀农业协同发展还面临诸多困难，例如京津冀缺少总体统筹协调，区域间协作力度弱，无法建立合理的区域分工体系、区域资源统筹机制，缺少具体的推进项目库支撑、资金匮乏等。

（二）都市农业缺少区域性总体规划的指导和控制，空间发展混乱

京郊各区都很重视都市农业发展，积极培植特色产业，培育特色、打造亮点，由于缺少区域性总体规划的指导和控制，造成部分区项目雷同，没有形成具有区域特色的品牌农产品或项目，形成同质化竞争。同时，因缺少相关的指导和控制，以致各个小规模的农业园区散乱分布，空间发展混乱，无法形成产业互补、融合发展的产业集群。

（三）北京都市农业发展与农村、农民等"三农"问题未进行统筹

党的十九大以来，实施乡村振兴战略、促进城乡融合发展已经成为从中央到地方"三农"工作的总抓手。北京与乡村振兴相关的"都市产业发展、乡村旅游、村庄规划建设、生态环境改善、农民收入提升"等分属于不同的政府部门，各发展各的，各有专项经费扶持发展，而且扶持发展的重点片

---

① 孔祥智、程泽南：《京津冀农业差异性特征及协同发展路径研究》，《河北学刊》2017年第1期。

区在空间上不匹配，在产业发展上不能形成上下游的产业链关系。北京都市农业发展与农村、农民等"三农"问题未进行统筹，政府职能部门资源配置手段处于条块分割的状态，政策红利不能整体性和最大化地释放。

（四）农业文化内涵挖掘不足，品牌打造不足

现有都市农业产品多以观光、休闲为主，内容趋同，仍然存在文化内涵挖掘不足、产品类型不够丰富、创意活动和产品较少，规模效应深化程度不高、带动力不强、农业品牌不突出等问题。

文化和创意是产业发展的新动力，深度挖掘和有效传承农业文化资源，将传统民风民俗、传统节日的文化符号注入北京农业发展，区域打造层次性强、特色鲜明的都市农业品牌，有利于农业衍生产业的发展，有利于促进"三农"问题的良性发展，激发文化产业发展活力，有利于打造国际品牌。

三 对策建议

北京都市农业取得了较好的发展，也存在一些问题，新常态下北京都市农业面临生产空间继续缩减、市场竞争加剧、需求变化、生态压力增加等巨大挑战，建议从以下四个方面入手予以应对。

（一）主动融入京津冀农业合作

京津冀一体化是重要的国家战略，2015年4月审议通过的《京津冀协同发展规划纲要》，明确了"京津冀一体化，农业先行"的主旨，京津冀农业合作已有一定基础，但仍面临诸多困难。北京应主动融入京津冀农业合作，自觉打破自家"一亩三分地"的思维定式，打破行政区划的格局，谋划一盘棋，完善协同发展的机制体制，实现区域内资源、资本等市场要素自由流动。

京津冀农业协同发展，顶层设计是前提。通过规划明确京津冀农业的资源禀赋和比较优势，通过跨区域联动合作机制，引导农业产业合理布局，避免区域内无序竞争。

（二）跨界资源整合，进行乡村振兴的顶层设计

党的十九大报告提出的实施乡村振兴战略，在我国农业农村发展历史上具有划时代的意义。进行乡村振兴的顶层设计，不能再将农业与农村、农民问题割裂开来，应将都市农业、乡村旅游、美丽乡村建设、生态环境改善等统筹兼顾、跨界资源整合、一体推进，并建立与之相匹配的管理体制，只有这样才能实现农业全面升级、农村全面进步、农民全面发展。农业、农村资源的跨界整合又将促使农业体系改造和提升，放大农村一二三产业融合发展效应，催生出一批农业新产业、新业态、新模式、新主体，激发乡村发展活力。

（三）北京积极承担责任，探索如何从"都市农业"向"首都农业"转变

北京都市农业发展成果斐然，然而却面临着"2170万常住人口的食品需求、人均耕地占有量不足0.2亩、农业占GDP比重0.4%、农业从业人员占比不足6%"的发展现实，"微不足道"的农业对于北京来说却是"不可或缺"的。北京新总规明确了"全国政治中心、文化中心、国际交往中心、科技创新中心"的战略定位和"建设国际一流的和谐宜居之都"的发展目标，北京农业也应该紧紧围绕"都"的功能来谋划"城"的建设，积极推动"都市农业"转变为"首都农业"，深入思考建设一个什么样的首都农业，怎样建设首都农业，发展与首都地位相匹配的新经济、新业态、新格局，以协助实现"大国首都、国际一流、可持续发展典范、宜居城市、和谐宜居之都"的发展目标。

（四）充分挖掘农业资源条件的文化内涵，打造区域品牌文化

《北京市"十三五"时期城乡一体化发展规划》中明确提出要加强农业品牌建设，推动都市型现代农业发展。北京农业要挖掘特色、提升品质、做强品牌；北京农业不仅要体现"农"味，还要体现"京"味，真正让"京"字牌农产品畅销、热销。

特色小镇与传统村落篇

Featured Towns and Traditional Villages

B.14

城乡一体化视域下北京运动
休闲特色小镇发展研究

袁　博　宋小雨*

摘　要：　本文以城乡一体化视角审视和关注现今运动休闲特色小镇的
　　　　　发展分布现状及存在的问题，重点以北京市门头沟区清水镇
　　　　　为例，对北京的运动休闲特色小镇的发展情况及存在的问题
　　　　　进行分析，阐述特色小镇建设对城乡一体化的影响，为北京
　　　　　以运动休闲特色小镇为抓手的城乡一体化新格局发展提出相
　　　　　应的建议。

关键词：　城乡一体化　特色小镇　运动休闲　北京

---

* 袁博，北京联合大学文化遗产区域保护规划专业在读硕士研究生，研究方向为乡村文化遗产
保护规划、特色小镇建设等。宋小雨，北京联合大学文化遗产区域保护规划专业在读硕士研
究生，研究方向为乡村文化遗产保护规划、文化遗产空间再现技术。

我国经济进入新常态、改革进入深水期、经济社会发展进入新阶段。特色小镇建设成为推动城乡一体化改革的突破口。建设特色小镇既能疏解过多的城市人口，又能吸引劳动力留在小城镇，带动小城镇发展，为城市反哺乡村、以城带乡、以工促农创造条件，实现城乡协调发展。在此基础上，2017年国家体育总局根据《京津冀健身休闲运动协同发展规划（2016～2025年)》，在北京选择了六处基础条件优越的乡镇进行运动休闲特色小镇试点建设，旨在将运动休闲与旅游、文化、健康、养老、生态建设相结合，打造具有多种特色、多种功能的运动休闲特色小镇。在满足人民群众多元健身需要的同时，促进乡镇一体化发展。

一 北京运动休闲特色小镇发展现状

截至 2017 年 12 月，在全国范围内，住建部共设立特色小镇两批次 403处①，国家体育总局设立体育休闲特色小镇 96 处②。特色小镇建设出现"井喷"现象。其中体育休闲特色小镇则是主要突出体育主题，因地制宜植入山地户外、水上、航空、冰雪等室内外运动休闲场地设施，把健身休闲和旅游、文化、康养、教育培训等项目融合起来，形成产业链、服务圈。体育休闲特色小镇与其他特色小镇虽然设立部门不同，但其都是供给侧改革的实践，是新型城镇化背景下助推城镇化建设的重要举措，都以城乡一体化为最终目标。

（一）运动休闲特色小镇建设原因

为贯彻党中央和国务院关于推进特色小镇建设、加大脱贫攻坚工作力度的精神，充分发挥体育在脱贫攻坚工作中的潜在优势作用，更好地为基

---

① 国家体育总局办公厅：《体育总局办公厅关于公布第一批运动休闲特色小镇试点项目名单的通知》，2017。
② 《体育总局、国家发展改革委、国家旅游局关于印发〈京津冀健身休闲运动协同发展规划（2016～2025 年)〉的通知》，2017。

层经济社会事业、全民健身与健康事业、体育产业发展服务，引导推动运动休闲特色小镇实现可持续发展，国家体育总局决定组织开展运动休闲特色小镇建设、促进脱贫攻坚工作。运动休闲特色小镇建设的意义具体有：一是满足人民群众日益高涨的运动休闲需求；二是推进体育供给侧结构性改革、加快落后贫困地区经济社会发展、落实新型城镇化的重要抓手；三是促进基层全民健身事业发展、推动全面小康和健康中国建设的重要探索。建设运动休闲特色小镇，能够搭建体育运动新平台、树立体育特色新品牌、引领运动休闲新风尚，增加适应群众需求的运动休闲产品和服务供给；有利于培育体育产业市场、吸引长效投资，促进镇域运动休闲、旅游、健康等现代服务业良性互动发展，推动产业集聚并形成辐射带动效应，为城镇经济社会发展增添新动能；能够有效促进以乡镇为重点的基本公共体育服务均等化，促进乡镇全民健身事业和健康事业实现深度融合与协调发展。

（二）选拔标准及分布分类特色

1. 选拔标准

运动休闲特色小镇的建设不同于一般的特色小镇建设。根据国家体育总局 2017 年发布的推动运动休闲特色小镇建设工作通知，其建设申报标准需要满足以下五条要求：①交通便利，自然生态和人文环境好；②体育工作基础扎实，在运动休闲方面特色鲜明；③近 5 年无重大安全生产事故、重大环境污染、重大生态破坏、重大群体性社会事件、历史文化遗存破坏现象；④小镇所在县（区、市）政府高度重视体育工作，能为发展运动休闲特色小镇提供政策保障；⑤运动休闲特色小镇建设对当地推进脱贫攻坚工作具有特殊意义。

2. 分布特征及分类特色

根据《京津冀健身休闲运动协同发展规划（2016～2025 年）》的要求，依据京津冀三地功能定位，结合京津冀地形地貌、气候等自然资源，构建"一地""五区""五带""六路"基本空间布局。北京第一批运动休闲特色小镇分布在延庆区、门头沟区、海淀区、顺义区和房山区五个区，从北京市总体上看，主要分布在北京西部和北部山区，位于"五带"规划范围内（见表1）。而从京津冀范围看，坐落于国家环京津冀运动休闲带节点上的运动休闲特色小镇，有的位于草原运动休闲带上，连接带动北京延庆、河北张家口和承德等地；有的位于山野运动休闲带上，沿燕山山脉、太行山山脉辐射带动北京周边河北张家口、承德、保定、石家庄等地；还有的位于冰雪运动休闲带上，以运动休闲特色小镇的建设为基点，促进京津冀高纬度地区冰雪运动的发展，助力北京2022年冬奥会。运动休闲特色小镇的建设成为促进京津冀协调发展不可或缺的抓手。

表1 北京市第一批运动休闲特色小镇数量分布

北京市下辖区	第一批运动休闲特色小镇数量	北京市下辖区	第一批运动休闲特色小镇数量
东 城 区	0	顺 义 区	1
西 城 区	0	大 兴 区	0
朝 阳 区	0	昌 平 区	0
丰 台 区	0	怀 柔 区	0
石景山区	0	平 谷 区	0
海 淀 区	1	密 云 区	0
门头沟区	2	延 庆 区	1
房 山 区	1		
通 州 区	0	总 计	6

资料来源：《体育总局办公厅关于公布第一批运动休闲特色小镇试点项目名单的通知》附件《第一批运动休闲特色小镇试点项目名单》。

（1）山野运动休闲带。主要沿燕山山脉、太行山山脉走向规划建设，延庆区旧县镇全国运动休闲特色小镇就位于燕山山脉上的山野运动休闲带。门头沟区清水镇运动休闲特色小镇、王平镇运动休闲特色小镇和房山区张坊镇生态运动休闲特色小镇位于太行山山脉上的山野运动休闲带，其适宜开展以徒步、骑行、登山、水上漂流等为主的健身休闲活动。

（2）湿地水库运动休闲带。主要分布在水源充足的湿地、水库旁。海淀区苏家坨镇运动休闲特色小镇位于湿地水库运动休闲带。湿地水库运动休闲带利用当地湿地和水库资源，在湿地、水库以及周边地区建设运动休闲带，适宜建设以徒步户外、钓鱼及水上运动为主的湿地水库运动休闲带。

（3）冰雪运动休闲带。主要根据张家口、北京、承德三地的地理地貌、降雪气候等特点，以京津冀高纬度地区（崇礼、沽源、承德、蓟州、延庆）为主要建设场所。顺义区张镇运动休闲特色小镇位于冰雪运动休闲带，其建设还将辐射北京平谷、密云、昌平等区域。建设华北地区综合冰雪运动区域，致力于在北京、天津、石家庄等人口密度较大的城市打造冰雪运动嘉年华。

以依托本地自然、人文资源及交通条件，结合旅游、文化、健康、养老、生态建设，打造具有多种特色、多种功能，辐射京津冀三地各城市人群为目的的运动休闲特色小镇，在建设之初就将如何促进城乡一体化发展考虑在内。以特色小镇为基点，提升带动乡村基础设施建设水平，将乡村资源变资产，吸引青年返乡就业，促进城乡人流、物流、资金流、信息流间的交流沟通，助力城乡一体化发展。

二 北京运动休闲特色小镇发展中存在的主要问题

2017 年国家体育总局下发全国第一批运动休闲特色小镇名单，其中北京市规划建设 6 处运动休闲特色小镇，这些特色小镇均具有自然人文资源丰富、体育氛围突出、邻近市区、发展潜力巨大等特点。与此同时，获选的特色小镇也具有一定的发展基础，但在面临建设特色小镇的新形势新挑战中还存在着一定的不足与问题。

经过实地走访调研发现，北京市在体育休闲特色小镇的建设方面还存在以下几方面的问题。

（一）旅游产业生产力挖掘深度有限

1. 全域整体旅游资源规划缺位

由于自发形成的独特性，景区在建设发展时未进行全镇域范围内的整体规划。虽然各景区经过数年的发展，自身都有一套完备的旅游设施，但是，在以全镇域视角打造特色小镇时，缺少对集中游客的讲解。运动休闲特色小镇面对的人群应细分为两类，一类是以业余休闲娱乐、体验型为主；另一类是以专业拓展、挑战自我为主。小镇目前并没有对客源进行细分并予以引导。各景区圈地为园，单独收取门票，既不利于运动休闲小镇整合共享地全面发展，也不能满足广大群众健身休闲的需求。

2. 公共交通通达性亟待提升

交通对特色小镇的发展有至关重要的影响，国家体育总局副局长张勇强调，运动休闲特色小镇要科学确定选址范围，选在城市、景区、交通干线旁边。[①] 例如清水镇，距离城区较远，虽有 G109 国道穿镇而过，自驾游交通方便，但公共交通存在与城区接驳少，每天只有定点的少量班车，发车时间间隔长、且换乘不方便的问题，给公交出游者带来很大不便。与此同时，小镇内各景区相距遥远，景区间没有公共交通连接，也给全镇域的综合旅游带来一定影响。同时在旅游旺季，景区及周边私家车数量猛增，造成交通拥堵，影响出行效率。

3. 旅游商品单一特色不突出

小镇地处深山区，有丰富的自然、人文资源。但是在资源变资产过程中的高效利用还存在一些不足。目前小镇主要依靠与旅游相关的住宿、餐饮以及出售旅游商品来进行盈利。但目前小镇旅游商品种类过于单一，多为沿街、沿景区出售的当地种植的水果蔬菜，劣质的登山用品，附加值低，缺乏有效的市场监督。虽也有手工艺品商店，但知名度不高，鲜有购买的游客，

---

① 付媛杰：《赵勇在全国运动休闲特色小镇建设工作培训会上强调：把运动休闲特色小镇打造成运动小镇 健康小镇 生态小镇 幸福小镇》，《中国体育报》2017 年 8 月 16 日，第 2 版。

地方特色不突出。运动休闲相关特色商品还处于空白。

4. 娱乐设施陈旧更新换代乏力

镇域内像农家乐等休闲娱乐场所,设备陈旧,缺乏新意,还停留在"吃吃喝喝,打牌唱歌"的阶段,而且农家乐大都风格雷同、项目单调,或是把城里的娱乐设施直接搬到乡下,不能有效结合自身农家特色,因此也很难体现淳朴自然的民风民俗,难以满足现代人对文化等更高需求的消费。

(二)区域内旅游产业发展不均衡

1. 时间发展不均衡

以清水镇为例,清水镇辖域内的三个著名风景区均为山地类自然风景区,每年10月1日至次年清明节封山育林,关闭景区。冬季气候寒冷,又缺少娱乐活动,致使旅游业受季节影响大,有明显的淡季旺季区分。游客主要集中在6~9月,且最大峰值出现在周六日,严重影响地区经济有效持续的发展。

作为全国第一批试点的运动休闲特色小镇,应该在运动休闲产业的带动下,结合自身特色与原有产业,摆脱由单一产业带来的时间发展不均衡的约束。

2. 空间发展不均衡

在成为特色小镇之前,虽然经过数年的景区发展建设,在各景区周边及主要交通沿线带动起一批靠旅游致富的村庄,但是在远离景区和交通线的地方,经济发展缓慢,呈现全镇经济发展不均衡的特点。

相较于依靠景区发展的村庄,不具备地缘优势的乡村能否借助特色小镇的建设发展自身的经济,打破地区经济不平衡不充分的约束,还需做进一步探讨论证。

(三)区域外协同发展整合共享不够

以清水镇为例,小镇位于门头沟区最西端,东接门头沟斋堂镇,南与房山区,西北与河北省涞水县、涿鹿县、怀来县相邻。与周边区镇同属山区，景观相似，景区同质性强，彼此间竞争激烈，还未形成长远合作发展态势，并且各区镇的旅游产业业态在一定程度上重复性较高，也造成资源使用的浪费。

（四）运动休闲特色产品不突出

作为运动休闲特色小镇的清水镇，在 2017 年一年间共举办：西达摩村红叶节、"美丽清水·健康徒步"、"舞动清水"农民广场舞大赛、"京一"白露核桃节、奇异莓文化节、"红歌嘹亮·唱响清水"红五月歌咏比赛、"年货大集"①、百花山森林旅游节②等活动，受到群众好评，其中运动体育类特色活动三场，且集中在 7～10 月间，但仍存在特色产品不突出的问题。

1. 体育文化氛围不浓厚

小镇内虽然结合当地资源开展过一系列全民健身赛事和活动，但是还欠缺举办大型成熟体育赛事组织运营的经验，品牌影响力不足。村民对体育文化的认识理解不到位，对民间民俗传统体育文化挖掘力度还有欠缺。未形成运动休闲特色名片。

2. 运动休闲业态不鲜明

运动休闲特色小镇，重在运动特色。应以小镇为载体，聚焦运动休闲、体育健康等主题。依托小镇自身基础特点，形成体育竞赛表演、体育健身休闲、体育培训与教育、传媒与信息服务、体育用品制造等产业生态链。而就目前来看，小镇内的运动休闲产业业态还不鲜明，缺乏完整的以体育为核心的产业链。同时在体育培训教育、传媒、信息服务、相关产品制造等方面还有很大的发展空间。

3. 相关产业融合发展不均衡

运动休闲特色小镇的建设是为实现体育旅游、体育传媒、体育会展、体育广告、体育影视等相关业态共享发展，运动休闲与旅游、文化、养老、教

---

① 北京市门头沟区清水镇人民政府网。
② 北京市门头沟区旅游发展委员会。

育、健康等业态融合发展。就目前来看，小镇在运动休闲与旅游业联系方面较为紧密，但是与其他业态关联性不强，还没有成为以运动产业为吸引力的旅游目的地。

4. 禀赋资源有效利用不高

《体育总局办公厅关于推动运动休闲特色小镇建设工作的通知》中指出：自然资源丰富的小镇依托自然地理优势发展与其相应的运动项目；民族文化资源丰富的小镇依托人文资源发展民族民俗体育文化。大城市周边重点镇加强与城市发展的统筹规划与体育健身功能配套；远离中心城市的小镇完善基础设施和公共体育服务，服务农村。例如清水镇，虽拥有丰富的山地自然资源，但是目前资源的利用率不高，举办活动较为单一，且缺乏专业性体育运动。小镇历史悠久，但对民族民俗体育文化的挖掘还有所欠缺。作为"首都的生态花园"，门头沟区承载着首都市民运动休闲的需要，但是其在体育健身功能配套上还需进一步加强。而就目前小镇的基础设施与公共体育服务而言，虽然每村都有自己的运动场地与器械，但是使用率低，村民对体育运动的认识还存在不足。

三　推进运动休闲小镇建设的对策建议

（一）　整合镇域内自然人文资源统一规划管理

自然资源与人文资源作为宝贵且不可再生的资源具有独特的稀缺性，而且极易遭受破坏以致消失。所以，自然与人文资源必须得到有效的整合管理，形成"1+1大于2"的效果，才能发挥其应有的社会、经济、艺术价值。

在建设运动休闲特色小镇时，应该破除景区的大门限制，整体连片管理，细化并引导客源。应优化提升小镇内的公共交通系统，针对市区与特色小镇之间以及特色小镇内部景点之间公交连接薄弱的问题，建议发展连接市区与特色小镇以及特色小镇内部景点的专项旅游公交线路；针对旅游旺季，私家车数量猛增，影响出行效率的问题，应提倡绿色出行。在保证淳朴乡村特色的同时，结合市场需要，时代潮流，进行文创加工，打造一批受游客喜爱的文化产品，提高乡村产品的附加值。同时还要加强政府的监督管理工作，维护市场的稳定健康发展。在文化遗产保护方面，在保留乡村民俗文化精华的基础上，加强现代城市文化的展示，不断推陈出新，使乡村发展符合时代潮流，将新鲜文化与传统乡村相融合。

（二）利用新兴媒体加强运动休闲特色小镇宣传

目前网络自媒体已经成为大众广泛接受的宣传方式，在运动休闲小镇的宣传方面，应注重如微博、微信公众号等新兴网络力量，宣传营销推陈出新，推出行之有效的网络宣传营销。利用微博等新兴自媒体传播广、互动性强的特点，增进与群众的互动。利用点评功能，总结小镇建设中的成果与不足并加以改进，从而利用网络全民互动的形式建立推广营销平台，形成品牌效应，宣传运动休闲特色小镇。

（三）优化小镇内外部环境以及配套服务

运动休闲特色小镇，作为新型旅游目的地，具有带动乡村地区发展、承接城市功能的双重使命。应在打造自身特色的同时，努力健全自身配套服务设施，加大投入改善小镇及周边环境，增加小镇内及周边配套服务设施数量及质量，充分利用特色小镇的政策支持，联动落实周边商品零售业、餐饮业的规划建设工作，在改善小镇内配套服务设施的同时带动周边服务业发展，以点带面，达到共赢。

（四）结合当地特色资源创新小镇发展模式

以自然资源为主要基础的运动休闲特色小镇，受自然条件限制较大。可将文化资源与自然资源相互融合衔接，利用其自身特色在冬季旅游空窗期举办民俗文娱活动吸引游客，因地制宜开展冬季体育活动，利用寒冷天气打造冬季冰雪活动，构建室内场馆；利用传统文化、地域资源结合现代科技做到"全季游"，打破小镇时间发展的不平衡。

（五）关注当地居民切身利益，保证小镇持续发展

在特色小镇规划建设时，必须关注村民在小镇发展中的利益问题，使村民在特色小镇建设的同时能够公平合理地进入利益圈内，保证其持续性收益。首先应借助于特色小镇建设的机会，打破镇域内空间发展的不平衡状态，结合新兴产业布局，带动边远村庄的村民就业，提高农民收入。其次还应继续提高农民享有的公共服务水平，减少农民收入中用于购买公共服务的支出，借以增加农民收入。

（六）重视环境人文，走可持续发展道路

"绿水青山就是金山银山"，在特色小镇的建设中，要努力保护好当地自然、人文资源，像保护眼睛一样保护生态环境。以运动休闲为特色的产业小镇，要在原有自然环境基础上，在扩大绿化美化面积、增加植被蓄积量的同时，提高规划区范围内的生物多样性；同时，还应整合各项建设资金，建设生活污水处理厂、生活垃圾处置场等环保基础设施，对特色小镇产生的污染物要达标排放或合理利用，以持续改善、保护好小镇的生态环境质量，确保小镇绿色健康发展。在保护自然环境的同时，还应对小镇的特色风貌进行保护。严格制定保护标准政策，在保护好历史建筑遗址的同时，还要保护好文化遗产周边环境，并做到活化利用。留住乡愁，让文化遗产在新时代呈现新活力。

（七）统筹城乡一体化，以城市带动小镇发展

运动休闲特色小镇的建设，既能满足城市居民的健身休闲需要，又能提升小镇基础设施建设水平，带动乡村就业，提高村民生活质量，达到双赢目的。

在城乡一体化视角下，特色小镇是城乡资源双向流动的重要载体，是实现城乡设施共建共享和产业融合发展的有效路径，是落实新型城镇化战略的重要抓手。应发挥特色小镇在脱贫攻坚工作中的潜在优势作用，更好地为乡

村基层经济社会输送养料。体现城市反哺乡村，以城带乡，以工促农，从而达到城乡一体化发展的目的。在建设特色小镇的同时，还要以小镇为中心，辐射带动周边村镇的发展，以此促进美丽乡村建设，引导生活方式的转变，实现乡村振兴。同时要明确小镇定位，不可进行过度城市化建设。要保留小镇、乡村固有风貌。

参考文献

1. 柴浩放、张佰瑞、黄序、张宝秀：《中国城乡一体化发展报告·北京卷（2011～2012）》，社会科学文献出版社，2012。

2. 张景秋、李欣雅：《城乡一体化视角下的北京文化产业空间整合研究》，《中国城乡一体化发展报告·北京卷（2012～2013）》，社会科学文献出版社，2013。

3. 朱建江：《城乡一体化视角下的上海特色小镇建设》，《科学发展》2017年第11期。

4. 邓罗飞：《特色小镇理念在城乡统筹发展中的实践——以伊滨区城乡统筹发展为例》，《持续发展 理性规划——2017中国城市规划年会论文集》，中国建筑工业出版社，2017。

5. 梅耀林、许珊珊、汪涛、丁蕾：《基于城乡一体化的特色小镇规划建设导则研究——以南京市江宁区为例》，《小城镇建设》2017年第7期。

6. 董光海：《以"特色小镇"引领城乡一体化》，《海口日报》2017年6月30日，第8版。

7. 蓝枫：《建设特色小镇 推进城乡一体化进程》，《城乡建设》2016年第10期。

8. 王蔚：《山东省休闲旅游发展研究》，山东大学博士学位论文，2010。

9. 陈胜容：《"旅游商品"概念内涵之辨析与定义》，《桂林旅游高等专科学校学报》2006年第5期。

10. 苗学玲：《旅游商品概念性定义与旅游纪念品的地方特色》，《旅游学刊》2004年第1期。

B.15
从工业园区到特色小镇的蜕变之路

——北京市房山区阎村镇金融科技小镇调研报告

季虹 赵术帆*

摘 要： 本文深入分析了北京房山区阎村镇在 2014 年疏解非首都功能以及北京市出台《北京市新增产业的禁止和限制目录》的背景下，利用原有的 325 亩工业用地发展金融服务产业，整合工业用地、传统工业厂房，腾退不符合功能定位的产业，通过空间打造、产业集聚、人才汇集，实现了从工业园区到特色小镇建设的转型蜕变过程，对其发展路径的主要做法、优势和存在问题进行了阐述，为北京培育建设特色小镇提供了借鉴。

关键词： 工业园区 特色小镇 房山区

阎村镇工业园区属于北京房山工业园区东区，在 2014 年疏解非首都功能以及北京市出台《北京市新增产业的禁止和限制目录》的背景下，园区内的北京博源包装制品有限公司果断转型，利用原有的 325 亩工业用地发展金融服务产业，于 2015 年 6 月被北京市金融工作局正式授牌"北京市互联网金融安全示范产业园（以下简称金融安全产业园）"。金融科技小镇利用金融安全产业园作为特色产业起步区，腾退不符合功能定位的产业，

---

* 季虹，北京市农村经济研究中心城乡发展处处长，副研究员；赵术帆，北京市农村经济研究中心城乡发展处主任科员，中国农业大学硕士。

整合工业用地、传统工业厂房，腾出足够空间作为特色小镇的拓展区，通过空间打造、产业集聚、人才汇集，实现以工业园区为载体建设特色小镇的蜕变。

一　金融科技小镇的发展之路

（一）第一阶段：工业园区基本情况

北京房山工业园区东区位于阎村镇内，是北京市 28 家被保留的工业区之一，入驻和注册企业涵盖了科技、信息商务服务、高端制造、建筑、房地产投资、金融保险等多种类型。园区规划用地面积 70.42 公顷，其中建设用地 52.58 公顷，市政道路、绿化及停车场用地 17.84 公顷。截至 2016 年 12 月底，园区有注册企业 1000 多家，其中园区入驻企业 8 家，累计注册资金 38 亿元。2015 年全年完成税收 10228 万元。

（二）第二阶段：金融安全产业园的发展状况

北京市互联网金融安全示范产业园位于阎村镇的中心地带，首期用地 325 亩，建设面积 22 万平方米，投资 20 亿元。2015 年 6 月 18 日经北京市金融工作局正式授牌，2016 年 9 月 8 日正式开园。截至 2017 年底，共注册企业 102 家，入驻企业 24 家，管理资产规模 4000 余亿元，预计 2017 年可实现税收 3 亿元。目前园区构筑了以科技为核心、安全为龙头、金融为主体的生态系统。

截至 2017 年底，园区一期工程 51 栋、总建筑面积 12 万平方米，周边的城市道路、轨道交通、信息网络、水电气暖、环境绿化等基础设施建设，以及园区内的燃气、通信、安防、绿化、道路等工程建设全部完成。园区二期工程计划投资 5 亿元，规划建筑面积 7 万平方米，拟建设综合楼 1 栋、办公楼 20 栋，正在办理相关建设手续，2017 年下半年开工建设，2019 年底完工。

（三）工业园区和金融安全产业园相关指标对比（见表1）

表1

类别	工业园区	金融安全产业园
入驻企业	8 家	24 家
产业类型	种类多	以金融、科技类为主
管理资产	38 亿元	4000 余亿元
实现税收	1.02 亿元	3 亿元（预计）

二　从工业园区到特色小镇的蜕变

（一）产业形态的转型升级

原工业园区内实际经营的企业包括北京中资燕京汽车有限公司、北京市超越电缆有限公司、北京重型电缆厂、北京市原子高科金辉辐射有限公司等，这些企业以生产加工为主要经营模式，都面临着疏解腾退或转型升级。

现在的产业园从优化产业定位着手，以安全为主题，形成以风险防控为核心，以网络安全、信息安全、数据安全、系统安全的产业为龙头，形成以互联网金融产业为主体的跨界产业生态组合，集聚形成 X 条"互联网 + 传统经济"产业链。

（二）运营管理理念的转变

1. 创新管理模式，政府提供绿色通道

目前，产业园采用"政府引导、企业为投资主体，市场化运作"的经营模式，投资方成立运营公司，按照市场规律进行园区的管理运营，形成了科学、规范的招商引资、运营管理体系和制度。

房山区人民政府成立北京市互联网金融安全示范产业园园区管委会，为了加快推动产业园项目建设与企业落地而设立的政府派出机构北京市房山区金融产业服务中心，为入驻机构落实各项奖励政策，提供便捷的行政服务，设立了绿色通道；通过组织示范，形成园区运营公司、管委会、网贷协会三方会商机制。以一种全新的方式组织起来，搭建新场景，提供新服务，创造新价值。

2. 提供全方位服务，助力企业转型升级

目前园区已构建了七大"园区＋"的服务平台："园区＋信息安全"、"园区＋政府"、"园区＋资本"、"园区＋金融"、"园区＋征信"、"园区＋配套服务"、"园区＋人力资源"。运营公司通过"园区＋"服务平台可以实现与园区网络空间内相关企业的互联互通，可以多维度地获知企业需求，更加精准地提供服务。以这七大服务平台的建设为抓手，推动传统产业转型升级，助力科技创新驱动，摸索出一条有一定示范意义的供给侧结构性改革试验田的途径。

3. 完善配套设施，打造生产生活融合环境

根据园区的主导功能有针对性地进行服务配套，满足园区的发展需要。其中餐饮设施主要解决园区企业员工自助餐、快餐及商务宴请等需求，如希尔顿欢朋酒店；创客商务设施主要提供咖啡、茶吧、书吧等针对性的主题创客及休闲服务，如梅地亚创客服务中心；乐活设施主要满足园区生活必需、休闲健身以及交通出行等基本需求，如园区内配置的电动汽车。

（三）"自上而下"的政府主导转为"自下而上"的市场选择

在特色小镇的建设中，大多是政府主导规划、统一建设标准，这种自上而下建设的特色小镇，在实践中往往会造成政策供给与实际需求不匹配。而房山金融科技小镇是由北京市互联网金融安全示范产业园的前身北京博源包装制品有限公司经过市场选择、转型升级打造的，在建设过程中所遇到的困难和政策诉求，也将由市、区相关部门开展定制化方案研究

予以协调解决。这种由工业园区转型建设而成的特色小镇一方面经过了
市场的优胜劣汰选择；另一方面各项政策供给又立足实际、符合当地的
发展要求。

三　从园区到特色小镇路径的优势分析

（一）存量建设用地的再利用，实现提质增效

当前北京市面临着城乡建设用地减量发展、平原地区降低开发强度的趋
势，而特色小镇需要的建设用地量大，这两个因素会导致特色小镇建设用地
手续审批难、办理手续周期较长。目前，北京的工业园区大多处于业态低
端、闲置企业较多的状态，面临着疏解腾退，下一步将腾退出大量的产业用
地。如何实现产业用地利用的提质增效是我们面临的课题，阎村工业园区进
行转型升级，以互联网金融安全产业为主导产业，发展培育金融科技小镇的
路径是利用存量建设用地，实现提质增效，全年税收由 1.02 亿元（工业
园）增加到 3 亿元（金融安全产业园）。

（二）由园区改造特色小镇，节约了小镇建设时间和开发成本，抢占了产业发展先机

工业园区的土地、规划等相关手续完备，为特色小镇的建设节约了办理
前期手续的时间和成本，为传统产业转型升级为互联网金融安全产业创造了
发展机遇。房山区作为国家级的新型城镇化综合试点地区，各乡镇也在积极
创建和培育特色小城镇，如长沟基金小镇、张坊运动休闲小镇等。但是在调
研过程中，我们发现这些小镇的建设目前都还处于相关手续的办理阶段，距
离规划项目落地还有很长一段时间。而阎村创建金融科技小镇，它的产业形
态未来可能和长沟基金小镇形成一定的竞争，但是按照现在的发展趋势，阎
村抢占了时间优势上的发展先机。

四　阎村金融科技小镇在建设中遇到的问题

（一）产业"腾笼换鸟"有难度

目前，园区以工业区企业腾退土地作为特色小镇的拓展区，计划清退转型现有的 5 家工业企业，建成后产业用地规模达 47.93 公顷，配套用地达 4.65 公顷，配套以商业、办公为主，但腾退进展缓慢，没有达到预期效果。

（二）优质公共服务不配套

特色小镇培育的关键在于如何吸引优质资本、聚集优质产业、留下优质人才，而这些都离不开优质的公共服务。优质的公共服务既包括自然风貌、生活设施等硬件，也需要优质的医疗、教育以及休闲娱乐等软件。目前，阎村金融科技小镇周边的硬件软件都算不上优质公共服务，对下一步的发展会带来影响。

（三）缺乏特色生态景观

特色小镇是产业、社区、文化等多种功能的融合，故需要一定的生态景观，具有区别于其他乡镇的自然形态。而阎村金融科技小镇生于工业园区，天生就缺乏自然生态资源，这将在一定程度上制约小镇招商引资、集聚高端人才等。

五　几点启示

（一）特色小镇的核心在于特色产业的培育和集聚

按照小城镇生成发展的一般规律，产业发展是小城镇生成发展的核心，特色小镇的建设也离不开特色产业功能的培育。阎村金融科技小镇的生成不

是"无中生有"，而是由于阎村工业园区的发展形成了一定的产业基础和经济集聚，为阎村金融科技小镇的建设奠定了必要的特色产业基础。

（二）在减量节约发展的背景下，阎村金融科技小镇的培育路径为特色小镇用地需求和产业园区的转型升级提供了借鉴

特色小镇各个项目的建设和培育，最终需要落地，关键就是土地指标的解决。一方面由于在北京市非首都功能疏解的大背景下，土地减量节约发展成为不可逾越的红线，故而在调研过程中很多特色小镇的项目始终处于规划阶段，迟迟未落地；另一方面北京市共有 28 个工业园区，大部分园区的产业也将面临疏解腾退、转型升级的压力。阎村金融科技小镇的培育路径既为特色小镇用地需求提供了解决方案，又为工业园区的转型升级提供了参考。

（三）无论是特色小城镇还是特色小镇，形成高端要素集聚离不开优质的公共服务的吸引

在特色小镇建设过程中，产业集聚需要形成集聚内核，需要足够的吸引力或者说更大的反磁力吸引城区的高端要素，这就离不开高标准的基础设施和高品质的公务服务。阎村金融科技小镇在培育过程中，高端生产要素对于金融科技要素的集聚和发展至关重要，故应搭建好公共服务平台来吸引高端生产要素。

（注：本文所用数据、资料，均系作者调研所得。）

B.16

公租房变创客小镇　集体经济谋转型升级

——北京市海淀区温泉镇中关村创客小镇调研报告

季虹　赵术帆*

摘　要： 本文介绍了温泉镇中关村创客小镇的创建背景及主要创新做法：制定两项政策，充分发挥政策创新的效能；成立混合所有制企业，专业助力创客小镇的市场化运营；实现全资源覆盖的服务创新，推进产城融合。本文还系统分析了温泉镇中关村创客小镇集体经济转型升级的情况，其发展路径为特色小镇创建、集体土地建设租赁住房实现集体经济转型升级提供了借鉴。

关键词： 公租房　创客小镇　集体经济

中关村创客小镇的前身是 2013 年海淀区温泉镇启动建设的 351 地块集体土地公租房项目，2016 年 4 月海淀区将项目确立为创客人才公共租赁住房试点项目，并获得中关村管委会正式授权冠名为中关村创客小镇。创客小镇通过引入创客团队导入了创新产业，促进了农村传统的瓦片经济"腾笼换鸟"，既是特色小镇的一种培育路径，也成为集体经济转型的新路径。在京津冀协同发展以及疏解非首都功能的背景下，中关村创客小镇的发展经验对于北京市特色小镇培育以及集体经济转型升级具有借鉴意义。

---

* 季虹，北京市农村经济研究中心城乡发展处处长，副研究员；赵术帆，北京市农村经济研究中心城乡发展处主任科员，中国农业大学硕士。

一 基本情况

中关村创客小镇占地面积 5.9 万平方米，规划建筑面积 18.49 万平方米，创新商业面积 1.28 万平方米，公共服务配套业态 0.83 万平方米。目前，小镇已入驻的创新创业团队达到 325 家，入住的创客达 3000 余人。

（一）开发建设情况

创客小镇建设的 351 地块原属东埠头村、太舟坞村地域，项目建成前村民多有自建、违建简易房出租。项目以温泉镇东埠头村经济合作社为用地和建设主体，自筹资金、自主开发建设。项目建成后，集体土地所有权、使用权和房屋所有权均归集体所有，相应地，只核发项目整体产权证，不予分科办理单元产权证，租赁住房只作为出租使用。

（二）利益安排

整个项目在政府的监管下运作，海淀区住房保障服务中心明确集体土地租赁租房租期暂定为 10 年，保障了农民及时取得租赁收入，实现建设资金回笼和产业增收，同时也防范杜绝了"小产权房"。在这个过程中，农民不仅收取租金、还参与物业管理获得工资收益。具体情况如下：

（1）项目中的公寓部分，由海淀区房管局从产权方一次性趸租后委托镇集体经济控股的专业公司进行市场化运营管理，租金收益由房管局统收后上交区财政，区房管局和温泉镇分别给予运营公司相应管理费和服务费支撑运营。

（2）项目其余配套空间部分，包括地上和地下空间均由运营公司趸租，并按照"双创"需求进行改造、招租、运营和服务，趸租、改造成本由温泉镇和运营公司共同承担，收益归运营公司支配使用。

二　创建的背景

（一）海淀区作为全国集体产权制度改革试点的政策保障

海淀区自 2002 年开始探索集体产权制度改革试点到 2011 年全面开展，经历了十多年的改革，建立了一套科学合理的政策体系，为农村城市化进程中集体经济发展等提供了基本的制度条件。当前，温泉镇已完成镇级、村级改革，这些改革工作理顺了集体经济发展必备的组织架构，为促进农村集体经济"腾笼换鸟"、打造创客小镇奠定了基础。

（二）海淀区作为国家"双创"示范基地的资源优势

海淀区作为国家首批双创示范基地，从新中国成立以来就拥有丰富的创新创业资源，一是拥有众多著名高校和科研院所。据统计，海淀区拥有以北大、清华为代表的高等院校 83 所，拥有以中国科学院、中国工程院为代表的科研院所 138 所，占北京地区科研院所总数的 34.7%；二是培养和聚集了一批优秀创新人才，智力资源丰富。这些丰富的资源为创客小镇提供了人才要素。

三　主要创新做法

（一）制定两项政策，充分发挥政策创新的效能

一是通过海淀区财政对创客公寓的入住人才给予 50% 的直接房租补贴，提高了创客小镇的吸引力。

二是由海淀区房管局、财政局联合出台了《创客人才公租房暂行管理办法》，规范和约束项目招租、管理和运营。按照管理办法，该项目取消了籍贯、学历、收入等常规公租房准入要求，面向海淀区注册和纳税不超过 5

年的小微科创企业开放，这些小微企业创始人、管理人员和市、区一级的资质人才均可入住，充分发挥了项目支持创新、服务双创的社会效益。

（二）成立混合所有制企业，专业助力创客小镇的市场化运营

创客小镇的开发主体为海淀区温泉镇农村集体经济组织，土地全部为集体建设用地，为使创客小镇项目更好地进行市场化运营和管理，温泉镇集体经济控股51%和社会资本占股49%，共同成立了混合所有制企业——北京创客小镇科技有限公司，全面负责创客小镇社区的运营管理。运营公司根据市场需求和社会效益综合考量，严格按照《创客人才公租房暂行管理办法》的要求组织材料初审、路演复审等流程，并将审核建议报送海淀区创客公租房联席会议审批；通过审批的入驻企业享受创客公寓和运营公司的双创服务，运营公司依靠服务和投资取得收益，形成良性互动共赢。

（三）实现全资源覆盖的服务创新，推进产城融合

一是建立360度服务的生态体系。创客小镇在运营管理中，重点关注科技服务的品质和创新，以财政补贴的创客公寓为核心资源，叠加众创空间、孵化服务、试产试验、社交培训和生活保障设施，通过自营与外包相结合的方式为小微企业提供日常办公、投资融资、工商财税、知识产权、大赛展示等科创服务和生活居住、日常餐饮、社交健身、托儿教育、医疗门诊等生活服务，共计11类61种专业级服务项目，建成了创客小镇独有的"创业＋生活＋社交"360度科创服务生态体系。

二是创立"24小时重度服务＋精准孵化"4.0版孵化器模式。小镇依托职住一体的资源优势，在社区内将汇聚的创业导师、投资机构、科研院所、大学高校、第三方服务企业、国内外孵化机构以及入驻的高端人才与入孵小微企业按照产业链、投资链、孵化链进行有序对接，选择重点孵化的入驻团队配以资金、导师、技术、生产和市场予以精准扶持。

小镇的全资源覆盖服务实现了"在一个社区内全天候满足创新创业工

作、生活的全部需求"，极大地降低了创业经济成本、时间成本、工作成本和产业化成本，促进了创客团队互动融合，提高了科技成果转化速度。

四　对北京培育特色小镇和集体经济转型升级的启示

（一）集体土地上生长的特色小镇一方面解决了北京特色小镇培育的土地指标困境；另一方面实现了集体土地的高效利用

《北京城市总体规划》（2016 年～2035 年）提出"到 2020 年城乡建设用地规模由现状 2921 平方公里减到 2860 平方公里左右，到 2035 年减到 2760 平方公里左右"。今后几年，全市城乡建设用地总量面临减少，这其中，集体建设用地是减量重点。同时，总体规划也提出要"腾退低效集体产业用地，提高产业用地利用效率"。创客小镇的培育建设同时解决了土地指标紧缩和集体建设用地效率低效的问题，为探索集体土地的高效利用提供了一种路径。

（二）公租房变身创客小镇，探索了一条农村集体经济转型升级的模式

一是通过温泉镇集体经济统筹统建，改变了过去农民散租的低效"瓦片经济"。通过政府趸租方式预先实现了集体经济房屋基础租金"旱涝保收"的保值目标。

二是通过创客小镇吸引科技创新项目有序集聚和融合发展，创造了集体经济产业化发展的上升空间，进一步提升了温泉镇地区的科技创新产业能力。

三是小镇由温泉镇集体经济控股，引入社会资本和专业力量成立了"北京创客小镇科技有限公司"进行运营管理，开启了集体经济控股、市场化运营管理的创新模式，进一步确保了集体资产的安全、增值和效益最大化。

（三）特色小镇的成长繁荣要充分依托和挖掘当地资源特色

中关村创客小镇毗邻中关村环保园、华为技术研究中心、翠湖科技园等大批高科技园区，紧靠地铁 16 号线和北清路，区位优势明显，同时借力海淀区丰富的双创资源，以人才为特色，以创新创业为产业，充分挖掘了当地的资源特色，为特色小镇的成长繁荣打下了坚实的基础。

（注：本文所用数据、资料，均系作者调研所得。）

B.17
保护和提升京西传统村落群焕发西山
永定河文化带活力魅力[*]

胡九龙　孙进军　蔡少庆　韩振华　田晶晶^{**}

摘　要： 传统村落保护和发展是北京历史文化名城保护的重要组成部分，也存在短板突出的问题，需要在发展理念、体制机制、相关政策等方面创新突破。课题组在调研基础上，对北京传统村落认定和分布情况、保护和发展现状及存在问题进行了深入分析，并提出了以京西传统村落群为重点，加强北京市传统村落保护和发展的政策建议。

关键词： 名镇名村　传统村落　历史文化名城保护和发展

2017年2月份，习近平总书记再次视察北京并发展重要讲话，其中强调：要构建涵盖旧城、中心城区、市域和京津冀的历史文化名城保护体系，更加精心保护好历史遗产，加强对"三山五园"、名镇名村、传统村落的保护和发展。同年9月13日，党中央国务院在对《北京城市总体规划（2016年~2035年）》的批复中又强调"做好历史文化名城保护和城市特色风貌塑

* 本文是北京市政府研究室《北京传统村落保护和发展问题研究》课题组的调研报告，其中未标明出处的数据均为调研所得。
** 胡九龙，北京市政府研究室副主任，法学博士；孙进军，北京市政府研究室农村发展处处长，经济学学士；蔡少庆，北京市政府研究室农村发展处调研员，经济学硕士；韩振华，北京市政府研究室农村发展处副处长，管理学硕士；田晶晶，北京市政府研究室农村发展处干部，法律硕士。

造"，"加强老城和'三山五园'整体保护，老城不能再拆，通过腾退、恢复性修建，做到应保尽保。推进大运河文化带、长城文化带、西山永定河文化带建设。加强对世界遗产、历史文化街区、文物保护单位、历史建筑和工业遗产、中国历史文化名镇名村和传统村落、非物质文化遗产等的保护，凸显北京历史文化整体价值，塑造首都风范、古都风韵、时代风貌的城市特色"。

为落实总书记重要指示精神，北京市在新一版城市总体规划中提出要"构建四个层次、两大重点区域、三条文化带、九个方面的历史文化名城保护体系"。北京市推进全国文化中心建设领导小组第一次会议明确要求"以培育和弘扬社会主义核心价值观为引领，以历史文化名城保护为根基，以大运河文化带、长城文化带、西山永定河文化带为抓手，推动公共文化服务体系示范区和文化创意产业引领区建设，把北京建设成为弘扬中华文明与引领时代潮流的文化名城、中国特色社会主义先进文化之都"。北京市传统村落的保护和发展是历史文化名城保护的重要组成部分，也存在短板突出的问题，需要在发展理念、体制机制、相关政策等方面创新突破。京西传统村落是在北京城市历史演进中形成的，是西山永定河文化带上的一串明珠，是京西文化乃至北京历史文化的活化石，应促进其集群发展，让传统村落"活"起来，让京西文化传承起来，带动西山永定河文化带建设与大运河文化带、长城文化带建设齐头并进、交相辉映。

一　北京市传统村落的认定和分布情况

目前，关于传统村落的认定，主要有两个层级、两个类别。两个层级即国家级和市级；两个类别即中国传统村落名录和中国历史文明名镇名村。前者由住建部、文化部、财政部联合认定分批公布，后者由住建部和国家文物局联合组织评选并分批公布。

（一）中国传统村落名录村庄的认定

按照住建部、文化部、文物局、财政部联合下发的《关于开展传统村落调查的通知》（建村〔2012〕58 号）要求，传统村落是指村落形成较早，拥有较丰富的传统资源，具有一定历史、文化、科学、艺术、社会、经济价值，应予以保护的村落。至少要具备传统建筑风貌完整、村落和格局保持传统特色、非物质文化遗产活态传承三个条件之一，方能列为调查对象。住建部、文化部、财政部等部门分别于 2012 年、2013 年、2014 年、2016 年公布了四批中国传统村落名录，共计 4153 个村庄，其中北京市有 21 个村被列入名录（见表 1）。

表 1　北京市被列入中国传统村落名录村庄分布情况

区	数量	村名
门头沟	12	龙泉镇琉璃渠村、三家店村； 斋堂镇爨底下村、黄岭西村、灵水村、马栏村、沿河城村、西胡林村； 雁翅镇苇子水村、碣石村； 王平镇东石古岩村； 大台街道千军台村
密云	3	新城子镇吉家营村；古北口镇古北口村；太师屯镇令公村
房山	3	南窖乡水峪村、南窖村；蒲洼乡宝水村
顺义	1	龙湾屯镇焦庄户村
昌平	1	流村镇长峪城村
延庆	1	八达岭镇岔道村

表 2　北京市国家级传统村落数量与其他省份的比较

省份	第一批	第二批	第三批	第四批	总计
北京	9	4	3	5	21
天津	1			2	3
上海	5				5
重庆	14	2	47	11	74
河北	32	7	18	88	145
山西	48	22	59	150	279
江苏	3	13	10	2	28
浙江	43	47	86	225	401
福建	48	25	52	104	229
山东	10	6	21	38	75
广东	40	51	35	34	160

资料来源：中国传统村落保护与发展研究中心网站，www.Chuantongcunluo.com。

（二）中国历史文化名镇名村的认定

按照《中国历史文化名镇（村）评选办法》，住建部和国家文物局自2003年开始对保存文物特别丰富且具有重大历史价值或纪念意义的、能较完整地反映一些历史时期传统风貌和地方民族特色的镇和村，组织专家委员会，以不定期的方式进行中国历史文化名镇名村的评选认定，监督保护规划实施情况，并实行动态管理。2003年以来，共评选出6批252个镇、276个村，其中北京市有1个镇、5个村，这5个历史文化名村同时被纳入中国传统村落保护名录（见表3）。

表3　北京市被评选为中国历史文化名镇名村的镇村情况

类别	数量	分布
名镇	1	密云区:古北口镇
名村	5	门头沟区(3):斋堂镇爨底下村、灵水村,龙泉镇琉璃渠村; 顺义区(1):龙湾屯镇焦庄户村; 房山区(1):南窖乡水峪村

（三）市级传统村落的认定

2012年，北京市农委会同市住建委、市文化局、市文物局、市财政局、市旅游委、市规划委等部门启动了本市传统村落调查与保护发展工作，在区县推荐、专家审查、现场核实的基础上，初步确定52个村庄（门头沟区14个，密云区10个，昌平区6个，房山区5个，怀柔、延庆区、丰台区各3个，海淀区、平谷区各2个，朝阳区、顺义区、大兴区、通州区各1个）基本符合传统村落的认定条件，并将其作为中国传统村落候选村庄向住建部等部门进行了推荐。2017年，市农委等部门启动了第一批市级传统村落名录建立工作，有44个村基本符合评价认定标准，其中有21个村同时属于国家级传统村落（见表4）。

表4 市级第一批传统村落名录村庄分布情况

区	数量	村名
门头沟	14	龙泉镇琉璃渠村、三家店村； 斋堂镇爨底下村、黄岭西村、灵水村、马栏村、沿河城村、西胡林村； 雁翅镇苇子水村、碣石村； 王平镇东石古岩村； 大台街道千军台村； 清水镇张家庄村、燕家台村
密云	9	新城子镇吉家营村、遥桥峪村、小口村； 古北口镇古北村、潮关村、河西村； 太师屯镇令公村、黄峪口村； 冯家峪镇白马关村
房山	6	南窖乡水峪村、南窖村； 史家营乡柳林水村； 佛子庄乡黑龙关村； 大石窝镇石窝村； 蒲洼乡宝水村
昌平	5	流村镇长峪城村； 十三陵镇万娘坟村、德陵村、康陵村、茂陵村。
延庆	5	张山营镇东门营村、柳沟村； 永宁镇南关村； 康庄镇榆林堡村； 八达岭镇岔道村
顺义	1	龙湾屯镇焦庄户村
平谷	1	大华山镇西牛峪村
怀柔	1	琉璃庙镇杨树底下村
通州	1	漷县镇张庄村
海淀	1	苏家坨镇车耳营村

二 京西传统村落的地位、历史沿革及文化价值

（一）京西传统村落是北京市传统村落保护和发展的主体

京西传统村落是西山永定河文化带和长城文化带的重要组成部分，其所

217

承载的京西古道文化与大运河漕运文化东西呼应。

从分布来看，北京市传统村落主要集中在门头沟区、房山区、昌平西北部等西山地区，合计占总数的近 60%。京西地区传统村落不仅数量较多，分布也较为密集，连片成群。京西地区传统村落群的整体保护和利用，是全市传统村落保护和利用工作的重中之重。

从文化脉络来看，京西传统村落的文化脉络主要有商道商贸、红色革命、戍边守陵、采石采矿、驻军屯兵等类型，有古道文化、永定河山水生态文化、军事防御文化、宗教寺庙文化等多种文化元素，是西山永定河文化带的重要组成部分。门头沟区黄草梁、沿河城等村落还有长城遗迹，属于长城文化带的一部分。在北京发展历史上，这些村落所处的京西古道有商运道、军用道、香道等，沿永定河谷而行，承担着向京城供应煤炭、布匹、食盐、石材、琉璃、木料等物资的功能，与北京东部的大运河漕运成为东西两条重要的物资供应通道。整体保护和发展京西传统村落群，对于完善首都历史文化名城保护体系、建设全国文化中心具有重要作用。

（二）京西传统村落群整体保护和发展对完善京津冀南北向千年文化轴线具有重要意义

2017 年 4 月，中央决定设立雄安新区，这对调整优化京津冀城市布局和空间结构具有重大现实意义和深远历史意义，是千年大计、国家大事。京津冀协同发展专家咨询委员会组长、中国工程院主席团名誉主席徐匡迪院士在详解雄安新城建设规划时介绍，雄安新区南北向中轴线将延承自北京潭柘寺一线，形成一条千年轴线，依托这条轴线选定雄安新区地址。京西传统村落群成为这一千年轴线的一个重要元素，是千年轴线南北贯通的历史成果和当代见证，具有很强的说服力，应予以整体保护和发展。

（三）京西传统村落的保护和发展对提升北京市西部山区整体发展水平具有带动作用

北京西山的地理范围一般认为北起昌平区南口关沟，南抵房山区拒马河谷地，西至市界，东临北京小平原，行政区包括昌平、海淀、石景山、丰台、门头沟和房山六区的全部或部分，总体呈北东—南西走向，长约 90 公里，宽约 60 公里，面积约 3000 平方公里，约占北京市面积的 17%。这一地区是首都西部重要的生态涵养区，历史上曾以采煤、采矿、石材等资源型产业为主，21 世纪以来逐步关闭煤矿，加强生态治理，也迫切需要替代产业的培育。在今后的发展中，应立足生态优先和山水人文特色，培育高品质的旅游休闲、健康服务、会议会展等绿色产业体系，带动山区农民增收致富，改善山区生产生活条件。京西传统村落是这一地区发展的宝贵资源，可以为发展上述绿色产业提供空间载体和品牌特色，通过整体保护和发展，可以带动西部山区的发展，由此对落实城市总体规划中"多点一区"的空间布局和发展构想具有重要支撑作用。

三 传统村落保护和发展现状

传统村落的保护主要有政策保护和旅游发展保护两种路径，目前北京市主要以政策保护、政府投入为主，旅游发展保护不够，村民参与保护的积极性没有充分调动起来。

（一）政策保护情况

国家最早开展的是历史文化名镇名村的评选，较早制定了评选办法，并于 2008 年以国务院令的形式颁布了《历史文化名城名镇名村保护条例》。2012 年又组织开展了中国传统村落的调查和认定工作，并制定了一系列政策意见，对传统村落保护规划、利用等提出了明确要求，形成了较为完善的政策体系（见表5）。

北京市为了落实国家有关政策，相关部门陆续制定了《北京市传统村落修缮技术指导意见》《北京市传统村落保护规划设计指南》，正在制定《关于加强传统村落保护发展的指导意见》。北京市门头沟区在对传统村落保护政策的制定方面，走在全市前列，制定了保护办法，传统村落相对集中

的斋堂镇也制定了保护管理办法，对传统村落保护的规划编制、建筑修复等
方面的技术规范和资金补助进行了明确规定（见表6）。

表5　国家有关传统村落的保护政策

名称	生效时间	发布部门	主要内容
《历史文化名城名镇名村保护条例》	2008年7月	国务院	以国务院令的形式,对历史文化名城名镇名村的申报、批准、规划、保护、资金支持、法律责任进行了规定
《中国历史文化名镇（村）评选办法》	2003年10月	建设部（现住房和城乡建设部）	细化评选条件、标准和办法
《关于开展传统村落调查的通知》	2012年4月	住房和城乡建设部、文化部、国家文物局、财政部	明确了传统村落的调查对象和认定条件,在全国范围内启动了传统村落调查工作
《关于印发传统村落保护发展规划编制基本要求（试行）的通知》	2013年9月	住房和城乡建设部	指导各地做好传统村落保护发展规划编制
《关于切实加强中国传统村落保护的指导意见》	2014年4月	住房和城乡建设部、文化部、国家文物局、财政部	对传统村落的规划、保护、传承、利用等提出了要求
《关于做好中国传统村落保护项目实施工作的意见》	2014年9月	住房和城乡建设部、文化部、国家文物局	为防止出现盲目建设、过度开发、改造失当等修建性破坏现象,提出了挂牌保护文化遗产、建立本地传统建筑工匠队伍、严格控制旅游和商业开发项目、建立专家巡查督导机制等十二条意见

表6　北京市有关传统村落的保护政策

名称	生效时间	发布部门	主要内容
《北京市传统村落修缮技术指导意见》	2015年6月	市住建委、市农委	对传统村落民居维修、改建等活动提出了技术要求
《北京市传统村落保护规划设计指南》	2015年4月	市规划委（现市规划国土委）	细化传统村落土地使用、产业发展、道路交通、防灾建造、重点地段设计等方面的规划要求

名称	生效时间	发布部门	主要内容
《北京古村落旅游发展规划》	2015 年 4 月	市旅游发展委	将古村落分为三类,总体指导其旅游业发展
《关于加强传统村落保护发展的指导意见》	正在制定	市农委	拟提出传统村落保护主要内容、保护发展措施、保护管理机制等方面的具体意见
《北京市门头沟区人民政府批转区文委关于门头沟区古村落保护办法的通知》	2010 年	门头沟区人民政府	对集体产权古民居修缮实行全额补助,对个人产权古民居修缮费用补助 20%
《斋堂镇传统村落保护管理办法》	2016 年	斋堂镇政府	从规划建设、户籍管理、旅游经营与管理、影视拍摄管理、制度保障五个方面重点予以具体规定

（二）资金投入情况

用于北京市传统村落保护的资金主要有中央资金和市级资金两类。中央资金方面：列入中国传统村落的村已进入中央资金支持范围，每个村平均获得 300 万元支持经费，重点用于改善传统村落人居环境；积极争取国家文物保护资金，加大传统村落中文物保护单位的修缮力度，实施了一批传统村落文物保护单位的修缮工程，其中爨底下村修缮工程得到国家文物局批复修缮专项资金 999 万元。市级资金方面：市财政累计投入专项经费超过 1.4 亿元，对传统村落中的文物保护单位进行了抢险修缮；投入 118 万元，用于支持传统村落档案制作和规划编制等；其他用于传统村落保护的资金主要来源于对现有村级公益事业建设一事一议财政奖补、美丽乡村建设资金、沟域经济发展资金、农宅抗震节能改造补助资金、文物保护资金、文化发展资金等各类专项资金（见表7）。从 2015 年开始，农口资金通过转移支付方式下达区县，其中 60% 的资金采取考核的方式，传统村落保护完成情况已被列为考核指标之一。

表7 传统村落保护的相关资金情况

		资金用途及来源
中央资金	中国传统村落保护专项资金	补助对象为列入中国传统村落名录内的村庄(300万元/村),其中150万元用于支持农村垃圾、污水等环保项目,150万元用于支持农村基础设施和公共服务设施建设项目
	国家文物保护资金	实施了一批传统村落文物保护单位的修缮工程,其中900多万元用于爨底下村的保护修缮工程
市级资金	市农委	村级公益事业建设一事一议财政奖补、美丽乡村建设资金、沟域经济发展资金、农宅抗震节能改造补助资金等
	市文物局	支持文物本体保护
	市旅游委	市级旅游专项资金:用于"五个一"工程:一本开发建议书、一本地图折页、一个移动式咨询站、一个生态厕所和一个免费Wi-Fi站

（三）保护机制情况

传统村落保护和发展是一项综合工作,涉及多个部门,为科学推动传统村落的保护和发展,市农委作为牵头部门,与市文物局、市住建委、市旅游委、市文化局、市财政局、市规划委、市国土局、市发改委、市公安消防局等10余个部门进行协调与沟通,搭建工作平台,共同推动传统村落保护和发展工作。市防火委牵头推动本市传统村落消防安全防控工作,制定了《加强历史文化名城名镇名村传统村落及文物建筑消防安全工作的实施意见》,将传统村落消防安全管理工作纳入其中统筹推进,并组织开展了传统村落专项排查行动,消除火灾隐患。

（四）保护规划编制情况

坚持规划先行理念,支持列入中国传统村落名录的村庄编制村庄保护规划。截至2017年底,21个列入中国传统村落名录的村,有12个村编制了村庄保护规划,其中门头沟爨底下村、琉璃渠村和房山水峪村的保护规划得到了批复,其他传统村落的保护规划正在编制中。2013年以来,市文物局组织相关区,对列入中国传统村落名录的21个村庄,按"一村一档"的要求，以文字、图纸和照片等形式建立传统村落资源档案，已完成 14 个中国传统村落档案的制作工作。

（五）旅游发展保护情况

通过发展旅游业来保护传统村落，既能够增加村民收入，又能够调动村民参与保护的积极性，保障了传统村落保护的可持续性。市旅游委按照资源保存现状和旅游开发条件，将北京市传统村落分为三类。第一类：古村落风貌和古民居保护很好、旅游资源优质、交通便利、基础设施完善、旅游发展相对成熟的传统村落，如门头沟区的爨底下村、灵水村、沿河城村、马栏村等。第二类：古村落保护尚好、旅游发展处在起步阶段、交通设施或基础设施不完善但周边自然景观较好，或者有成熟的景区、景点带动、旅游发展潜力大的传统村落，如昌平区的康陵村、房山区的水峪村、顺义区的焦庄户村等。第三类：古村落保护尚好，但进行旅游开发难度较大，需要大量投资建设才能发展旅游，如昌平区的茂陵村、房山区的柳林水村、平谷区的泉水峪村等。市旅游委针对这三类传统村落分别研究制定旅游产业发展政策，编制了《北京古村落旅游发展规划》，依据规划专门设计了传统村落旅游线路，充分利用市级旅游专项资金对全市 10 个传统村落的旅游基础设施和公共服务设施进行提升改造，并组织推动传统村落具有文化内涵和当地特色的民俗手工艺品向旅游商品转化。

（六）开发利用的主要模式

目前，在村集体土地和农民宅基地土地性质不变的前提下，北京市传统村落开发利用可归结为三种模式：一是政府主导模式。以门头沟爨底下村为代表，由政府统一规划、设计、筹集建设，并由政府设立专门机构引入社会资本，采取政企合作的模式开发建设。该模式规划整体性强，注重传统村落开发的综合效益，开发风险较低，保护和发展可控制。二是引入公司经营模式。以延庆岔道古城为代表，该模式由村集体经济组织将农民闲置房屋整体打包进行招商引资，委托具有一定实力的企业统一经营管理，农民可选择一

次性收取租金或每年收取固定收益，以及参与企业入股分红等几种形式。三是村集体自行开发经营模式。以密云吉家营村、延庆柳沟为代表，该模式是在企业、村集体组织和农民三方的收益不能达成一致的情况下，由村集体成立专业合作社，通过积极争取项目、村民集资、政策扶持等途径改造农宅，依托村内自然资源自己经营等，是自行开发的典范。

四 传统村落保护和发展中存在的主要问题

总体上看，北京市传统村落的保护现状与历史文化名城的称号、与建设全国文化中心的要求相比，还有很大差距，保护工作尚处在起步阶段，面临的形势十分严峻，仍存在诸多问题。

（一）抢救迫在眉睫

随着经济的发展和新农村建设，全市大部分古村落已经消失，只有远郊、山区部分古村落保存相对完整。2012 年，市农委等部门开展摸底调查时，符合或基本符合国家关于传统村落认定条件的村落仅有 52 个，但这一数字也在逐年递减，2016 年再次摸底开展第一批市级传统村落认定时，这一数字已经降为 44 个，这意味着在 4 年内陆续有 8 个传统村落消亡。从实地调研看，除个别村落依靠旅游业得到保护以外，多数村落的保护现状堪忧，一些民居外观残破，有的建筑已经濒临倒塌。村落中原有的一些公共空间，如寺庙等，也破损严重。如果不抓紧加大抢救保护力度，仅存的 44 个传统村落势必不保。

另外，北京市传统村落人口流失现象突出，出现村庄"空心化"趋势。一些传统村落中的人口尤其是青壮年劳动力不断"外流"，造成常住人口减少，出现"人走房空"现象，一些传统民居无人居住，年久失修，杂草丛生。门头沟区 14 个传统村落中有 4 个村落外出务工人员数超过了户籍人口数的 1/4，其中黄岭西村外出务工人员数超过了 50%。房山区水峪村古民居院落的空置率高达 95%。

（二）保护统筹层级不够，政策法规不完善

对传统村落保护在市级层面多部门指导，缺乏顶层设计，权力分割难以形成合力整体统筹。北京市针对传统村落保护仅有两个技术规范文件和一个旅游发展规划，没有专门的保护法规，在现行的《北京历史文化名城保护条例》中，没有传统村落保护的相关内容。在区级层面，只有门头沟区制定了专门的保护办法，其他区没有相关的政策法规。福建省是我国拥有传统村落较多的省份，建立了比较完善的保护和发展的政策法规体系。北京市与福建省相比，在统筹、规划、资金投入等方面存在很大差距（见表8）。

表8　北京市与福建省在传统村落保护政策法规方面的比较

	北京	福建
认定办法	无（通过摸底调查）	《福建省历史文化名镇名村评选办法》；《福建省传统村落评审认定办法》
保护条例	无（《北京历史文化名城保护条例》也没有传统村落相关内容）	《福建省历史文化名城名镇名村和传统村落保护条例》
发展规划	《北京古村落旅游发展规划》	《福建省"十二五"历史文化名镇名村保护设施建设规划》；《福建省历史文化名镇名村保护与发展规划》
指导意见	《关于加强传统村落保护发展的指导意见》（正在制定）	《关于重点扶持历史文化名镇名村保护和整治的指导意见》
规范引导	《北京市传统村落修缮技术指导意见》；《北京市传统村落保护规划设计指南》	《福建省历史文化名镇名村保护和整治导则》

（三）保护资金投入不足，私有产权文物建筑遭破坏严重

一是保护资金总体不足。传统村落大多建于辽代、明清时期，多为

砖木结构，历史建筑年代久远、损坏严重，急需保护修缮，但对古建技术、材料有严格要求，修复成本较高，政府现有投入严重不足，只够对个别重要建筑进行抢救性修复。同时，传统村落规划设计、传统风貌保护（线缆入地）、防灾减灾等方面缺乏资金支持。二是私有古建无法享受政府补助，在翻建中历史风貌被改变。按照《文物保护法》的规定，私有文物建筑的修缮原则上不安排财政经费补助，但传统村落中多数为私有民宅，村民享受不到政府补助，由于现代建筑成本较低，在私自翻建过程中往往将古建改建为现代风格的住宅建筑，历史风貌不复存在。从市政协课题组对 22 个村落的调查数据看，有 8 个村落近十年拆除和新建的房屋超过十年前房屋总数的 20%，个别村落甚至超过了 50%。新建建筑在高度、体量、建筑形式和色彩方面都与传统形式不相协调，严重破坏了传统村落的整体风貌。

（四）保护传统村落与改善村民居住条件的问题缺乏统筹，影响了村民保护的积极性

新农村建设相关工程和政策与传统村落保护有冲突，编制和实施传统村落保护规划后，农户住宅不得随意翻建，农宅抗震节能改造等新农村建设补贴政策暂停实施，使得村民居住条件及环境与非传统村落相比越来越差，严重挫伤了村民保护传统村落的积极性。

（五）基础设施薄弱、生态容量有限，与大规模旅游开发矛盾突出

传统村落大多位于偏远山区，很多传统村落属于北京市经济薄弱村庄，道路、饮水、供电、环卫、污水收集处理等基础设施较差，生态承载力较低，特别是部分山区，只有一条进出道路，严重影响到这些村落的发展。另外，传统村落发展休闲旅游等产业后，势必带来大量游客涌入，停车场、水泥路、旅馆的建设需求迫切，若超过了环境人口容量，势必会对传统村落的生态造成破坏。

五 以京西传统村落群为重点，加强北京市传统村落保护和发展的政策建议

加强北京市传统村落的保护和发展已经刻不容缓，在区域上应聚焦京西地区传统村落群，将京西传统村落群保护和发展纳入西山永定河文化带的整体规划，着力打造京西传统村落群名片；在政策上应参考福建省等地区的做法，把传统村落保护纳入保护条例，制定专门的保护和发展规划，提高统筹层次；在投入上应建立有别于一般新农村建设的投入机制，建立专项资金，覆盖全部传统村落和村落里的各类历史建筑；在发展上要积极探索多种开发利用模式，促进传统村落可持续发展，让更多的村民享受到保护所带来的居住环境改善、收入增长等实惠。

（一）高点站位，全盘谋划，把传统村落保护和发展作为三大文化带建设的一项重点内容

有学者研究认为，大运河文化带、长城文化带、西山永定河文化带承载了北京"刚柔并济、山水相依"的自然文化资源和城市发展历史，还与天津、河北地缘相连、山水相接，是北京文化乃至中华文明的精髓和象征。传统村落是散落在三大文化带上的活化石，是建设三大文化带的重要元素。目前，北京市正在制订三大文化带的总体保护和利用规划，应该把传统村落的保护和发展纳入规划中，构建整体保护格局，推进传统村落连片、成线保护利用，挖掘传统村落文化遗产整体价值。

特别是对于传统村落较多的西山永定河文化带，古村落古道文化是永定河文化的重要内容，也是独有的显著特色，应全力保护好传统村落，传承好古道文化，深入挖掘文化资源，对京西传统村落进行整体保护和打造，带动西山永定河文化带建设发展，并成为其标志性文化品牌，从而既增强首都建设全国文化中心的整体性，又凸显独具魅力的文化内涵。

（二）全面排查，加大投入，集中力量抢救保护一批传统村落

目前，北京市传统村落面临破败、消亡的威胁，全力予以保护是当务之急、迫在眉睫。一是要全面摸底排查。建立北京市传统村落保护的基本档案，对各个村落的建筑现状、开发利用、损坏破坏等情况要全面掌握，并建立需要保护的优先等级。二是全力抢救保护一批。对遭破坏严重或破败的单体文物或整个村落进行抢救性保护，逐步恢复传统风貌。北京市现有传统村落不多，目前市级才有44个，国家级仅有21个，应制订专项行动计划，以每年10个村庄的进度，实施整体保护、环境整治和景观提升工程，用3～5年时间全面提升传统村落保护和发展水平。三是保护修缮要尊重专业、尊重历史原貌。每个村落形成原因不一样，有的源于军事，有的源于商业，有的曾经是交通要道、流民聚居，对传统村落的保护绝不能搞"千村一面"，而应该根据村落的成因区别保护，展现出村落的差异性和多样性。

（三）理顺机制，明确责任，增强部门保护与发展合力

一是制定专项保护发展规划和专项政策。借鉴福建省的做法，进一步完善传统村落评选认定、发展规划、基础设施建设、环境整治等一系列政策。传统村落的保护发展不同于一般村庄，在推进美丽乡村建设过程中，在技术指导、资金投入、用地保障等方面制定专门支持政策。二是完善市级保护工作机制。依托北京市全国文化中心建设领导体制，建立由市领导牵头，各相关部门共同参与的推进机制，定期研究传统村落保护工作，制定推动传统村落人居环境改善、传统风貌保护以及特色产业发展的推进政策。三是健全长效管护机制。建立"保护责任追究制"，将传统村落保护和发展利用纳入相关区各级政府领导干部政绩考核，通过健全保护利用机构、明确管护责任、落实管理经费等措施，实现传统文化保护、基础设施维护、环境卫生管护常态化，形成长效机制。

（四）完善立法，加大宣传，增强全社会参与保护发展的意识

一是加强立法保护。目前，北京市历史文化名城保护条例中没有传

统村落保护的相关内容，传统村落的概念、价值、范围、保护方法、主要任务、基本要求、资金来源、保护程序、各方职责、罚则等都没有明确规定，可以说无法可依。应借鉴福建省的做法，加强立法保护，要么专门立法，尽快研究出台《北京市传统村落保护条例》，或者对现行的《北京历史文化名城保护条例》进行修订，把传统村落保护作为一部分，在条例中进行详细规定，形成完整的传统村落法律保护框架，使传统村落的保护有法可依。二是加强专家指导。建立本市传统村落保护专家组，对本市传统村落规划、建设等重大事项进行研究论证，指导各相关区，建立驻村专家制度，纳入中国传统村落保护名录的村庄，每个村都有一名市级以上专家对村落的保护发展给予专门指导。三是加强执法保护。加大保护的执法力度，严格执法，对破坏传统村落风貌的行为予以查处；加强执法检查，对行政执法人员的执法行为予以监督，使其做到有法必依，执法必严，违法必究。四是加大宣传与社会动员力度。通过多种途径，向市民展示传统村落，让市民了解传统村落的文化脉络、历史沿革、风土人情及在城市发展中的作用。举办永定河文化节等主题文化节，展播更多反映古村落的纪录片，宣传传统村落里的非物质文化遗产，通过原创作品音乐会、人文地理影像志、西山古村雅集、原创舞台剧等高品质的文化活动，让社会大众更多认识传统村落、走进传统村落，参与保护传统村落。

（五）放活管制，培育主体，促进政府、社会力量、村集体和村民多元参与保护发展

一是加大政府资金投入。市财政统筹农村环境、一事一议奖补、美丽乡村、煤改清洁能源、农村综合改革、农民住宅抗震节能改造、文物及历史文化保护区等各类资金，建立传统村落保护专项资金，重点用于传统村落规划设计、人居环境改善、传统民居修缮保护、历史环境要素提升、防灾减灾等。政府资金要覆盖到私有产权传统建筑房屋的修缮，整村推进保护修缮工作，同时支持传统村落基础设施和公共服务设施建

设。二是奖励补助村民和村集体按照传统风貌修缮房屋建筑。政府可给予适当补助维修经费，鼓励扶助村民"自保"，受补助者在乡土建筑的维修、使用、管理、开放、展示等方面履行相应的义务。若产权人无力承担修缮经费，可将产权转移村集体或由政府收购产权，垫资修缮乡土建筑，产权人享有居住权，并承担保护义务。村集体利用旅游收入、信贷资金等维修集体所有建筑，补贴经济困难的村民或者垫资修缮传统建筑，村集体对修缮好的传统建筑享有相应的权益。三是引导社会资本参与。通过鼓励村民入股，土地、房屋产权的置换或租赁等方式，吸纳多种资本参与传统村落保护与合理利用；向社会、企业募集资金，建立"传统村落保护基金"。

（六）因地制宜，减量提质，促进精品旅游、文化创意和绿色富民产业融合发展

传统村落在得到有效保护的前提下，要进行合理的开发利用，让文化价值、生态价值转化为经济价值，让村民就地创业就业，获取更多经济收入。只有这样，传统村落的保护才具有可持续性，才能真正"活"起来。一是因地制宜引进多元开发主体。依据村落现有的文化资源、保存现状、开发程度、修缮情况等，对传统村落进行分类，分别引进合适的开发主体。对基础较差、亟须修缮保护、开发处于起步阶段的村落，由于修缮保护更为迫切，投入较高，村集体和村民经济实力有限，企业不愿投入，应由政府主导，进行统一规划、修缮、开发、管理，待发展相对成熟后，再引入市场主体参与经营；对有较好市场区位或独特资源的村落，在符合规划和保护要求的前提下，可引进有实力有经验的企业进行投资开发、宣传推广、经营管理，村集体和村民将村落内的房屋等资源租赁给企业，获取租赁收入或门票分成收入，实现经营权和所有权的分离；对具有一定经济实力的村集体，也可以在政府的规划指导下，组建农民专业合作社，将村内旅游资源整合起来、农民组织起来，由村民和村集体作为开发主体，设立开发公司，自筹资金，自主开发经营，经营权与所有权统一。二是突出特色发展多样化产业。针对不同资源特色，采取"一村一策划"的方式，对文化遗产进行合理利用，进行特色产业培育，积极探索发展特色农业、生态旅游、健康养老、文化创意、乡村民宿、户外运动、传统工艺、民俗展示等多种产业发展形态，避免村落发展同质化。三是在保护的前提下有序开发利用。不搞盲目扩大体量与强度的开发模式，科学测算村落的环境容量，确定可承受的游客人数上限，减少游客对古村落环境的破坏。每个村都要制定实施管理办法，规范约束游客与经营者的行为，减少开发利用对村落整体环境、传统风貌的破坏。

（七）改善条件，美化村容，把村民留在传统村落

传统村落的主人是生活其中的村民，传统村落的生机活力需要村民代代传承，其保护和发展需要调动村民的积极性，让村民全程参与，得到实惠。一是完善传统房屋建筑的现代居住功能。要考虑房屋抗震节能保暖等现实需求，由政府统一组织或奖补村民自行进行相关改造，在保持房屋建筑传统风貌的前提下，内部要有完备的现代化生活设施，提高村民的生活品质。二是完善传统村落基础设施和公共服务，改善村民人居环境。在不破坏村落历史风貌的前提下，配套公用建筑，整体规划建设或完善水、电、路面、路灯、供水、排污、垃圾收集和公共交通等相应的配套设施，完善消防、防灾避险等必要的安全设施，整治文化遗产周边、公共场地、河塘沟渠等公共环境，坚决拆除违章建筑，营造古朴、干净、明亮的村庄环境。针对部分传统村落电线老化、乱搭乱建等现象，可以效仿西递宏村等古村落，将供电、通信、有线电视等架空线路入地，消除安全隐患，美化村落面貌。针对旅游发展较好或潜力较大的村落，要补齐停车场、移动厕所等短板，适度拓宽原有巷道，改善行人出入环境，对不宜拓宽的巷道，要加强环境整治，禁止杂物堆积等拥堵巷道的行为，保持村内道路清洁畅通。同时，要针对村民就医就学需求，合理选址，完善幼儿园、中小学、医务室等公共服务设施。三是在保护的基础上拓宽村民增收的渠道。历史建筑、传统风格的院落房屋是传统村

落的载体，也是发展的资本。要借鉴现有的各种模式，盘活利用好传统村落农宅，挖掘并传承非物质文化产品，创新设计更多的游客能够参与的民俗活动项目，发展休闲旅游等产业。把村民组织起来，与社会资本合作，打造高端民俗，增加财产性收入和工资性收入，让村民得到实实在在的收益，使其充分认识到"保村落就是保发展、保饭碗"。同时，将有关的保护措施写进村民公约，提高村民的文化自觉和文化自信，调动村民参与传统村落保护的积极性。

B.18
基于社交媒体文本分析的北京爨底下村旅游形象感知研究[*]

李　琛[**]

摘　要： 旅游业是大都市城郊乡村振兴的重要产业，是城乡统筹发展的重要支撑，旅游形象是旅游业发展状况的直观表现。本文以爨底下村为例，运用网络文本法分析其旅游形象，研究发现：①旅游服务的整体满意度与旅游者的期望值之间存在较大差距；②餐饮和住宿需要进行整体优化和提高。针对以上问题，本文提出了促进旅游业发展的对策与建议。

关键词： 乡村振兴　乡村旅游　北京爨底下村

党的十八大以来，我国农村面貌发生了巨大变化，农业发展取得历史性成就，但城乡二元结构仍是当前我国发展面临的最大结构性问题，乡村振兴战略关乎我国现代化建设，是一项长期的历史性任务，要坚定不移、始终不渝地贯彻实施。对于位于北京城郊的乡村，要充分依托大都市的经济集聚牵引作用，着力促进第三产业联动发展。

一　爨底下村概况

爨底下村位于北京市西部门头沟区斋堂镇西北部的深山峡谷中，属门头

---

　* 2017年北京联合大学应用文理学院重点建设课程《区域分析与规划》资助。
　** 李琛，博士，北京联合大学副教授，主要研究方向为旅游容量、旅游资源开发、可持续发展与生态旅游。

沟区斋堂镇辖区。该村距北京市区90km，距门头沟区政府65km。位于109国道上北沟村口6km处。全村面积1万平方米，现有村民34户，71人，退耕还林后全村均以民俗旅游接待为主业。平均海拔650m，属于唐行山脉，清水河流域。气候为温带季风气候，夏季凉爽，冬季寒冷。

图1 爨底下村区位分布

资料来源：景区调研。

爨底下村距今已有400多年历史，现保存有70余套明清时代的四合院民居，布局合理，结构严谨，颇具特色。门楼等级严格，门墩雕刻精美，砖雕影壁独具匠心，壁画楹联比比皆是。爨底下村发展乡村旅游，为当地居民带来了可观的经济利益，并拉动了与其相关产业的发展，同时也促进了产业结构的调整。目前，该村有九成的民俗接待户为食宿接待型，用于民俗接待的房屋大多为农民自家宅院，一家一院式格局，每户家庭年平均旅游收入为4万~8万元。

近年来，随着乡村振兴战略的逐步实施，北京城郊的乡村旅游目的地如雨后春笋般涌现出来，爨底下村面临着激烈的市场竞争，在众多的京郊乡村旅游目的地中，爨底下村以怎样的旅游形象呈现在游客心目中？游客对爨底下村乡村旅游的评价如何？

目前，网上点评成为游客记录真实的旅游经历和情感的重要载体，成为人们选择旅游目的地的重要依据。本文通过搜集和解读各大知名旅游网站上有关爨底下村的点评，挖掘出游客在游览过程中的真实心理，分析其旅游心得感悟，获得对于爨底下村的旅游形象感知。

二 旅游形象感知数据的获取

本文采用 Rost content mining 软件对爨底下村的网络评价进行分词统计，挖掘出有关旅游目的地的形象属性，遵循样本采集—数据处理—类目构建—词频统计—结果分析的设计步骤。前三步的过程构建出了类目表[①]。根据类目表可以对爨底下村旅游形象感知要素进行详细解读，再通过 Rost content mining 软件进行词频统计，参照得出的结果分析爨底下村旅游形象感知属性。

（一）样本选取

旅游网络点评记录众多，内容十分庞杂，为了获取有价值的信息，对于爨底下村网络点评样本的选取依据如下：

（1）点评发表的时间越近，参考价值越大，越能为爨底下村景区的旅游形象提供第一手的信息，因此将点评的选取时间定于 2016 年 1 月到 2016 年 12 月。

（2）由于互联网的虚拟本质，人们可以到旅游网站发布他们的旅游心得，这些点评会包括一些商业宣传和广告帖子。为了保证结果的真实性，

---

① 乌铁红、张捷、杨效忠：《旅游地形象随时间变化的感知差异——以安徽天堂寨风景区为例》，《地理研究》2008 年第 2 期。

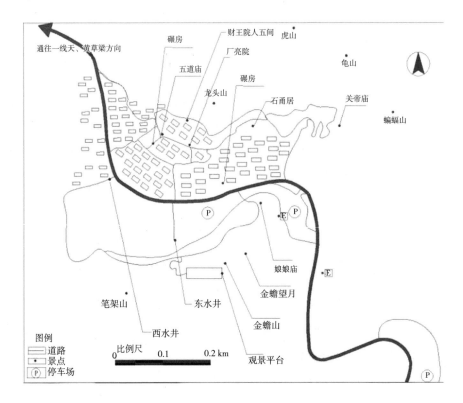

图2 暴底下村旅游景点分布

资料来源：景区调研。

对旅游目的地有旅行社和酒店广告性质的内容将删除。

（3）删除点评中没有表达真实情感而是从网上大段复制景区介绍性文字的内容，此类点评没有参考价值，不利于后续数据的搜集和分析。

（4）去除明显带有攻略性质的点评记录内容，因为这些内容失去真实性。

（5）点评的内容必须要全面，该有的要素都不能少，或者是具有客观的分析，或者是具有一定的情感色彩，不能是单纯简短的流水账，点评字数不少于300字。

（6）为了方便研究，排除记叙文以外的其他任何文体，筛选之后共得204篇点评。将这些文档存为后缀为.txt的文件，作为后续研究的基础。

（二）文本内容预处理

由于游客的表达水平、表达方式因人而异，为了对文本进行最大限度的提炼，本研究对所选的 204 篇点评记录进行文本内容的预处理，步骤如下：

（1）整合系列点评；

（2）合并同义词、近义词，统一地点、景点的名称，为建立自定义分词做铺垫；

（3）删除无关部分：将中文标点、英文单词、时间代词、量词、表情符号等与内容分析无关的部分依次剔除，这是词频分析的第一步；

（4）分词：在使用 Rost content mining 软件进行词频分析前，还需要参照文本内容，建立一个包括主要景点及地点的分词记录，作为高频词排序。

（三）建立分析类目

（1）游客的基本特征：包括客源地、出行方式、出游时间或季节、旅游次数、停留天数；

（2）认知形象：包括旅游吸引物、景区环境与氛围、接待服务与设施。

三　旅游形象感知数据分析

（一）游客基本特征分析

由表 1 可知，爨底下村的客源市场体现出明显的距离衰减规律。京津客源占据绝对优势；其他地区客源，距离北京越近的省份，在客源市场中的排名越靠前。这反映出爨底下村的对外交通覆盖网络需要高度密集型的支撑，更体现出其开拓远程市场的迫切性。

表1　爨底下村游客地理来源构成

单位：%

游客来源	占比	游客来源	占比
北京	49	长沙	2
天津	15	福州	2
苏州	9	成都	2
南京	4	广州	2
常州	4	泰州	2
厦门	4	太原	2
武汉	3	合计	100

资料来源：根据网络点评数据统计。

　　游客对于出行方式的选择日益自主化、多样化，与传统交通工具相比，公交车是出行工具的首选，占出行方式的63.41%，自驾游位居其次，占出行方式的36.59%，这反映出爨底下村作为城郊旅游目的地其交通的便捷性（见图3）。

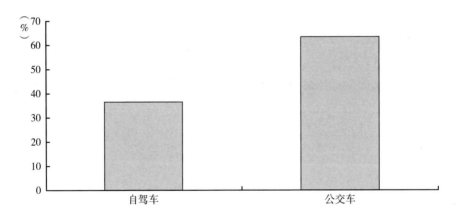

图3　爨底下村游客交通方式统计

资料来源：根据网络点评数据统计。

　　图4显示，春秋两季是爨底下村旅游接待的旺季，夏冬为淡季。这主要与北京冬寒夏热的气候相关。另外，根据网络点评的其他数据统计可知，来

爨底下村首次游玩的游客占第一位，占比较大，而回头客相对较少。游玩天数以一天居多，少部分的游客选择两天之行。

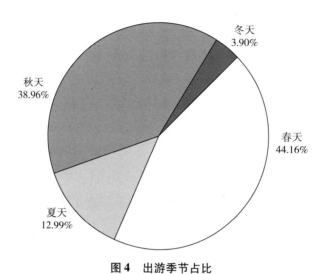

图4　出游季节占比

资料来源：根据网络点评数据统计。

（二）爨底下村的认知形象分析

表2　游客对爨底下村总体印象的网络点评高频词统计

单位：条

排序	词条	词频	排序	词条	词频
1	开车	18	9	险峻	16
2	美丽	18	10	龙头山	15
3	干净	18	11	石甬居	15
4	朴实	18	12	五道庙	15
5	古色古香	17	13	巍峨	15
6	春天	16	14	不错	15
7	四合院	16	15	水井	15
8	金蟾山	16	16	财王院	15

续表

排序	词条	词频	排序	词条	词频
17	红叶	14	24	观景台	14
18	农家菜	14	25	龟山	14
19	梦幻	14	26	白桦	14
20	大巴车	14	27	关帝庙	14
21	娘娘庙	14	28	瀑布	14
22	漂亮	14	29	自然	14
23	虎山	14	30	蝙蝠山	14

资料来源：根据网络点评数据统计。

从表 2 高频词统计分析可以看出，大多数游客喜欢春天出游，并以自驾游的方式去目的地，对爨底下村的印象大多用"朴实""美丽""干净""古色古香"等词来形容，进一步反映了爨底下村得到了游客的认同，具有发展的潜力。从"金蟾山""四合院""石甬居""五道庙""财王院"等词可知，这几个景点深受游客喜爱，并多用"巍峨""不错""险峻"对景点进行概括。

（三）语义网络分析

本研究采用 Rost content mining 分析软件中"语义网络分析"模块①，进一步分析高频词条背后的深刻含义。对数据进行分析整理后，形成语义网络图。图 5 中线条的疏密代表共现频率的高低，线条越密，表明共现次数越多，说明旅游参与者与这方面感知关联更加紧密②。分析表明：

①文本总体上以"古色古香""金蟾山""龙头山""开车""古朴""娘娘庙""爨底下村"等高频词为中心；说明游客主要以自驾游的方式出

---

① 肖亮、赵黎明：《互联网传播的台湾旅游目的地形象：基于两岸相关网站的内容分析》，《旅游学刊》2009 年第 3 期。

② 曹新向、李鹏：《基于网络的旅游调查分析方法及其应用初探》，《河南大学学报》（自然科学版）2008 年第 6 期。

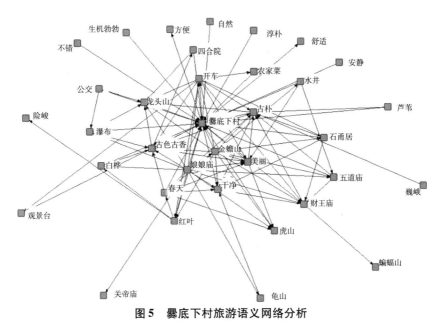

图5 爨底下村旅游语义网络分析

资料来源：根据网络点评数据统计。

行，并以金蟾山、龙头山、娘娘庙为主要旅游路线，"古色古香"作为爨底下村评价较高的词条，进一步说明爨底下村历史文化保存完好，有进一步开发的价值与潜力。

②"春天"辐射出的语义网络代表旅游季节，说明春天是爨底下村接待游客最多的季节，与"虎山""财王庙""石甬居""四合院""红叶""龟山""关帝庙""观景台""蝙蝠山"等词条关联紧密，说明这些景点受到了旅游者的高度关注。

③"干净""美丽""古朴""险峻""巍峨"等一系列词表明，旅游者对爨底下村的旅游规划及发展存在极高的期望值，在网评中多次运用积极情感的评价词条，也进一步表明爨底下村的旅游发展得到了旅游者多方面的支持和认可。

（四）旅游吸引物分析

爨底下村风景区的旅游吸引物分为自然风光和历史遗存两部分，相应

的，游客对其吸引物的认知也通过上述两类词的频数来衡量，主要以名词和形容词进行客观评价，如表3所示。

表3　爨底下村旅游景点评价词条统计

单位：条

序号	评价	频数	序号	评价	频数
1	仙境	18	16	连绵不绝	9
2	美不胜收	18	17	不错	9
3	古色古香	18	18	平坦	9
4	漂亮	18	19	淳朴	9
5	古朴	15	20	绝美	6
6	震撼	15	21	丰富	6
7	好看	15	22	气势磅礴	6
8	梦幻	15	23	险峻	6
9	景色宜人	12	24	陡峭	6
10	别有意境	12	25	生机勃勃	6
11	干净	9	26	形态各异	6
12	优美	9	27	荒凉	3
13	完美	9	28	成熟	3
14	安静	9	29	不方便	3
15	巍峨	9	30	短暂	3

资料来源：根据网络点评数据统计。

表3显示，除了"荒凉""不方便""短暂"外，其余词条均属于游客对旅游吸引物的积极评价，可见爨底下村的自然之美给绝大多数游客留下了极其深刻的印象。外省游客不远千里、长途跋涉为的就是体验爨底下村独有的风土人情，他们纷纷按照自己的表达方式对这些地点、景观给予赞美，分享心中的感受。举例来说，样本中光是表达美感的就出现了以"壮观""仙境""好看""震撼""巍峨""美不胜收""古色古香""梦幻""漂亮""别有意境""古朴"等为代表的词条，频数较高。综上所述，"古色古香""仙境""漂亮"共同构成了游客对景区内自然景观的核心认知，在地域分

布规律的作用下，游客在游览过程中首先体验到的是乡村古色古香的美而不是一些物质上的东西。

（五）景区环境与氛围分析

爨底下村除了旅游吸引本身的影响之外，景区内部的环境和气候的变化也对游客的评价产生影响。以景区环境和氛围作为统计样本，主要以生态环境、管理秩序这两个方面的词频为研究对象，有助于进一步了解旅游之外的情感因素，同时也有利于分析情感评价的形成原因（见表4）。

表4　爨底下村生态环境、管理秩序词频统计

单位：条

研究对象	词条	频数
生态环境	原生态	10
	连绵不绝	6
	干净	5
	荒凉	3
	露天垃圾	3
管理秩序	成熟	4
	规范	3
	文明	3

资料来源：根据网络点评数据统计。

景区内清新的空气、干净卫生的山路、贴近自然的保护方式、良好的生态环境主要得益于景区人性化的保护方式，这些潜移默化地引起游客心理上的共鸣。样本中关于对景区自身环境与氛围进行管理所实现的效果提及较少，只有"规范""文明""成熟"三小类。

（六）接待服务与设施分析

旅游胜地的接待服务和设施主要用于满足游客吃饭、生活、排队、购物、娱乐等基本要求，包括交通和相关服务。

表5　游客对爨底下村住宿设施和服务的评价

单位：条

序号	评价	频数	序号	评价	频数
1	贵	15	16	质　感	3
2	难　吃	12	17	齐　全	3
3	性价比高	9	18	周　到	3
4	整　洁	9	19	全　面	3
5	拥　挤	9	20	省　心	3
6	垃　圾	9	21	实　用	3
7	热　情	9	22	不　错	3
8	舒　适	6	23	便　宜	3
9	方　便	6	24	口味好	3
10	不　好	6	25	周　全	3
11	安　全	6	26	卫　生	3
12	干　净	6	27	可　口	3
13	诚　心	6	28	开　心	3
14	效率高	3	29	好　吃	3
15	物有所值	3	30	华　丽	3

资料来源：根据网络点评数据统计。

　　游客对酒店服务和设施的评价，主要围绕产品效用、消费环境和氛围、服务态度和行为三个方面进行，具体类型的服务和设施包含旅游时间、个人收入水平等多种因素。在表5词条频数中，游客整体感知的正面评价更加显著。因此，我们在肯定爨底下村的整体服务氛围的大前提下，着重分析在高效率、合理引导旅游者的出行、为旅游者的游览活动创造便利条件等方面的不足。

（七）游客情感分析

　　将样本中对旅游目的地旅游吸引物、接待设施与服务、景区环境与氛围、所在地氛围等各类形容词整理排序（见表6）。

表6　游客对爨底下村的情感意向高频词条统计

单位：条

序号	评价	频数	序号	评价	频数
1	愉快	27	16	快乐	9
2	难忘	21	17	忐忑	9
3	舒服	21	18	感激	8
4	挑战性	18	19	惊险	7
5	有意思	18	20	心惊胆战	5
6	有动力	16	21	恐怖	5
7	方便	15	22	坑人	3
8	开心	15	23	不平衡	3
9	意外	15	24	不便	3
10	成就感	12	25	煞风景	3
11	神清气爽	12	26	艰苦	3
12	美好	12	27	激动	3
13	心旷神怡	9	28	憧憬	3
14	值得	9	29	平心静气	3
15	兴奋	9	30	郁闷	3

资料来源：根据网络点评数据统计。

为了便于研究，我们先按照正面感知、中间感知、负面感知对众多词条进行分类。经汇总，涉及正面感知的词条共包括"愉快""感激""舒服""有意思""开心""挑战性""兴奋""快乐""成就感""难忘""值得""美好"等。游客的游览过程首先是追求美、挑战险的过程，这一过程注重的是外在美，随着行程的不断推进，游客潜意识中的自我意识被唤醒，触景生情、人景共生，然后就升华到思考、感触的阶段。其中正面评价词条频数较高，中间感知及负面评价较低，说明游客在风景区游览时处于享受阶段，然而对于少部分负面感知词条也应该重视，对景区的相关服务设施应该完善。

（八）游客的重游意向分析

经过认知形象和情感形象的相互作用，便形成了游客对旅游目的地的总

结性评价，这种整体性评价将对游客的反思、回顾、宣传、推荐乃至再次消费等游后行为产生深远影响。

表7　游客对爨底下村的重游意向分析

单位：条

重游意向	频数
明确表示重游	60
未明确表示重游	45
明确表示不重游	15

资料来源：根据网络点评数据统计。

表7显示，明确表示重游的游记60篇；未明确表示重游的45篇；明确表示不重游的15篇。明确表示重游意味着游客对爨底下村风景区整体形象的满意度较高，游后的反思、回顾有效转化为再消费行为的趋势较强，因此景区可以通过各类调研洞悉此类游客的深度需求，采取价格优惠激励手段充分调动其重游的积极性；未明确表示重游的影响因素很多，不过值得注意的是，本研究中北京市游客居多，所以分析此类游客的需求对于带动近郊的发展有积极意义；明确表示不重游意味着不会再来，对于这部分游客，要多沟通和了解他们内心真实的想法，通过提取他们有价值的建议，来对景区加以完善。

四　结论与建议

本文在参考相关学者研究成果的基础上，运用网络文本作为分析对象。通过在各大知名旅游网站收集相关点评记录，挖掘出有价值的内容。首先建立专业名词类目，再利用Rost content mining软件进行分词，提取高频词条，对初始概念进行归类，对高频特征词进行分析；其次对爨底下村旅游形象的属性频次进行统计，并进一步分析爨底下村旅游形象的消极感知因素，得出相关的结论如下：

（1）爨底下村的"景观"（景点、整体景观、自然景观和建筑风格构成）、"旅游服务"（包括住宿、景点、交通购物、旅游设施、讲解服务）给游客留下的印象最为深刻，这些也是旅游者旅游满意度的保障。相较之下，旅游者对爨底下村的"餐饮"感知较弱，说明在以饮食文化为主题的特色餐饮服务质量和服务标准上还有待提高。

（2）"旅游服务""主体体验""公共交通"是旅游者提及较多的消极感知要素。"旅游服务"频次最高，占了消极感知因素很大的比例。从旅游者的视角来看，旅游服务的满意度与旅游者期望值之间有差距，这种差距所蕴含的需求结构是强化爨底下村旅游竞争力的重要因素。因此，对于被游客多次抱怨的餐饮和住宿问题需要进行整治和优化。

为提升旅游者对旅游的体验评价，吸引更多旅游者来爨底下村旅游，应大力提升硬件形象要素水平，完善景区管理，规范纪念品开发，建设民俗特色饮食街，深层次挖掘民俗景点的内涵，增加旅游活动的参与性，加强景点管理，食宿价格要更加合理，提高服务质量、增加娱乐设施，以亲子自助游为突破口，针对京津冀客源市场，将爨底下村"家庭亲子游"打造成为主流旅游产品。

城乡社区篇

Urban and Ruval Community

B.19
北京老年人日间照料供需研究

李雪妍　段小彤*

摘　要：　中国处于人口老龄化快速发展阶段，北京作为首都和特大城市，老年人口多，养老机构少，收费水平高，养老问题日益成为一个突出的社会问题。日间照料是一种值得大力推广的养老方式。本文根据对日间照料供需两方面的调查，发现目前北京日间照料机构少，供需不匹配，很多老年人享受不到日间照料服务，针对这些问题，提出了有针对性的解决对策。

关键词：　北京　老年人　日间照料

---

* 李雪妍，区域经济学硕士，北京联合大学应用文理学院副教授，主要研究方向为城市与区域经济、老年人口等。段小彤，北京联合大学应用文理学院 2013 级本科生。

随着我国人口老龄化速度不断加快、家庭养老功能日益减弱、机构养老资源不足等问题的凸显，而像老年人日间照料中心、居家养老服务等依托于社区的养老服务模式的优势则日渐凸显出来。随着家庭日趋小型化，传统的家庭养老方式受到了严重的冲击。同时，社会还没有足够的经济准备为养老提供支持，无法承受养老机构的庞大开支。这些使我国面临着严峻的养老问题，因此必须尽快探索出一种适合我国国情的养老模式，才能积极应对老龄化挑战。

目前，北京市老龄化水平已超过全国平均值且老龄人口占全市人口的13.6%，老龄化问题严重。因此，如何在未富先老的社会和经济条件下满足老年人的养老需求，成为政府和学术界关注的问题。陈俊羽等一些学者提到：家庭空巢现象比比皆是，传统养老逐渐转变为"4－2－1"的核心家庭结构，改变传统的养老观念和老年人照顾模式，集合社会各种资源共同应对养老问题才是现在的重中之重。随着经济的发展和社会结构的变化，老年日托场所、日间照料已成为一种新兴的养老模式。针对我国情况，李懿和冯建光指出，中国的日间照料发展离不开两种重要的概念，分别是"孝文化"和"儒学思想"。尤其在儒家的理念中，孝便和养直接挂钩。中国的养老模式和中国的历史传统有着分不开的联系，观念上明确养老是家庭和子女的责任以及众多儿女工作时间无暇照顾老人的社会特点也成为日间照料中心开展的重要理由。

社区日间照料的开展与社会保障制度有着紧密的联系，穆光宗区分了社会养老、社会家庭养老和自我养老这三种基础的养老模式，并提出了养老模式需要丰富化且需要变革的走向。杜闻雯提道：社区老年日间照料是一种介于专业机构照料和居家养老照料之间的形式。无论是对于社会众多空巢独居老年人来说，还是针对一些子女工作繁忙、白天没有空闲时间照顾老人的家庭来说，社区老年日间照料服务都可以说是一种两者兼顾、两全其美的养老服务方式。随着我国人口老龄化进程的日渐加快，老年人口的数量规模日益膨胀，特别是高龄老年人口、空巢老年人口的快速增长，使得全社会对老年问题特别是养老问题尤为关注，因此社区老年日间照料这种养老服务模式也逐渐被重视。同时传统的家庭养老负担日益加重，使得社区日间照料成为解决养老问题的重要模式选择。香港的日间护理中心已经有 25 年的发展历史，

是现今香港社区养老模式中的中流砥柱。日间护理中心也就是狭义的日间照料中心，各项要求都非常系统，无论是生理上还是心灵上，都丰富了老人的生活，非常值得我们借鉴。

本文在问卷调查、深度访谈和个案分析的基础上，以居住在北京城市边缘地区的老年人作为重点研究对象，研究老年人对日间照料的需求特点以及这种新型养老方式目前存在的问题。

一 北京老年人日间照料需求

2017年3月，通过问卷调查研究老年人对日间照料方面的需求特征，重点选取了昌平区和海淀区的几个街道。调查问卷数据来源于昌平区县城的城北街道、城南街道，昌平区乡镇的回龙观镇霍营街道和海淀区的八里庄街道。调查对象为60岁以上的老年人，共发放问卷230份，回收有效问卷224份，有效率为97.4%。被调查者基本情况如表1所示。

（一）调查对象基本情况

表1 调查对象基本情况

单位：人，%

人员类别		人数	占比
性别	男	128	57.14
	女	96	42.86
年龄	60～64岁	24	10.71
	65～69岁	57	25.45
	70～74岁	78	34.82
	75～79岁	44	19.64
	80～84岁	12	5.36
	85岁以上	9	4.02
身体状况	优秀	43	19.20
	良好	103	45.98
	一般	64	28.57
	较差	14	6.25

	人员类别	人数	占比
居住地	市区	75	33.48
	郊区县城	121	54.02
	郊区农村	28	12.50
家庭人均收入	1000 元以下	11	4.91
	1001~2000 元	36	16.07
	2001~3000 元	48	21.43
	3001~4000 元	94	41.96
	4001~5000 元	29	12.95
	5000 元以上	6	2.68

数据显示，被调查者男女比例比较均衡，但男性稍高于女性；年龄集中在 65~74 岁，健康状况为良好和一般的老年人比例最大；家庭所在地以市区和郊区县城为主。家庭人均收入 3000~4000 元是最多的，低于 1000 元和高于 5000 元所占比例相对较小。因此，被调查老年人相对来说年龄适中，比较健康，思维清晰，收入中等，居住在昌平区或海淀区，基本能够代表城市边缘区老年人。

（二）老年人对日间照料的需求倾向分析

调查老年人希望日间照料中心提供哪些服务项目。除人人都需要的就餐等生活需求外，把日间照料中心提供的服务项目大致分为四类，分别是教育类、娱乐类、休闲类和健康类。

1. 老年人对日间照料服务项目的需求

调查显示，在教育类服务里，最受欢迎的是养生知识讲堂，有 107 人选择，其次是电子产品学习。在娱乐类里，选择棋牌室的最多，有 96 人，其次是图书阅览室。在休闲类里，选择按摩的有 77 人是最多的，其次是温泉泡澡。在健康类里，选择各种运动训练的有 77 人，其次是针灸推拿（见图 1）。

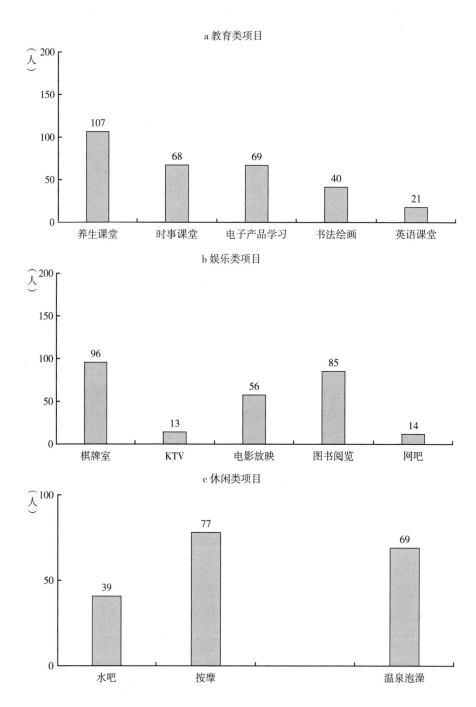

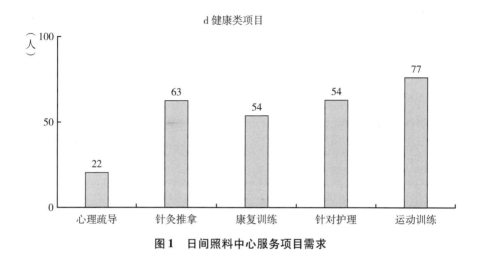

图1 日间照料中心服务项目需求

从图1的调查结果可以看出，老年人对日常照料还是有较多需求的，因此各类服务选项都有一些老年人选择，特别是适合老年人的服务项目。相对来说，KTV、网吧、英语课堂类的服务，选择人数很少，说明这些项目还是不太适合老年人需求。

2. 愿意参加日间照料中心的原因

对于"您愿意参加日间照料中心的原因"，老年人选择"距离较近"占比最大，其次是"有专业的护理人员"和"娱乐设施完善"（见图2）。距离较近是相对于其他距离较远的养老机构来说的，可见老年人还是希望不要离家太远，这也是中国人的传统观念，即使需要别人照顾，也不希望去较远的养老机构，那样感觉和家人彻底隔离了。可见，现今老年人对养老的需求已经不仅仅停留在生理上的护理，精神上的慰藉以及知识学习上也有很大的需求。

（三）不同群体老年人需求差异分析

1. 家庭收入与养老方式的关系

调查显示，老年人的家庭收入与选择养老的方式存在着明显的相关性。通过对老年人倾向的养老方式和其家庭月均收入的交叉分析可以看出，

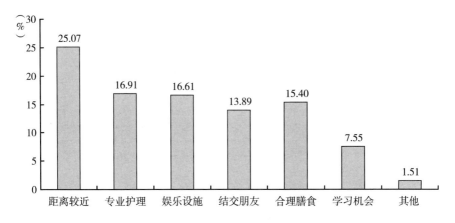

图2　愿意参加日间照料中心的原因

家庭月均收入在1000元以下以及1001～3000元的老年人明显倾向于居家养老；而家庭月均收入在3001～5000元的老年人养老方式开始向养老机构和社区养老倾斜，这说明有一定经济能力的老年人更愿意花钱买服务；而家庭月均收入5000元以上的老年人倾向于社区养老的比例相对较高，这些老年人多在市区生活，他们也相对更加了解日间照料这种社区养老方式，比较去养老机构的成本和服务之后，他们选择社区养老的更多（见表2）。

表2　老年人家庭月均收入与养老方式的关系

单位：%

类别	1000元以下	1001～2000元	2001～3000元	3001～4000元	4001～5000元	5000元以上
居家养老	95.47	92.55	83.65	65.32	50.45	50.22
社区养老	1.02	2.43	5.40	19.21	14.35	32.66
养老机构	3.51	5.02	10.95	15.47	35.20	17.12

2. 年龄与参与社区活动的关系

社区活动是以社区为单位为老年人提供日间照料服务的另一种形式，它更偏重于满足老年人的精神需求，而不是物质需求。

调查显示，老年人参与社区活动的积极性与年龄有着明显的相关性。随着年龄的增长，愿意参加社区活动的老年人越来越少，年龄越轻的老年人越愿意投身于社区活动中。其中，65岁以下老年人经常参与社区活动的比例将近56%；70~74岁的老年人有半数是偶尔参与社区活动；而85岁以上的老年人有一半以上几乎不参加社区活动（见表3、图3）。这是因为不同年龄的老年人身体机能不同，年龄较大的老年人无法参与需要较大体力的社区活动。因此，如何满足这部分老年人的精神需求成为一个值得关注的问题。

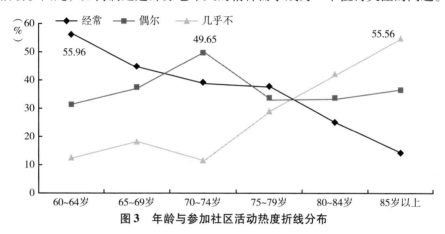

图3　年龄与参加社区活动热度折线分布

表3　不同年龄的老年人参加社区活动热度比例

单位：%

类别	60~64岁	65~69岁	70~74岁	75~79岁	80~84岁	85岁以上
经常	55.96	44.43	38.63	37.33	25.00	11.11
偶尔	31.40	37.52	49.65	33.02	33.33	33.33
几乎不	12.64	18.05	11.72	29.65	41.67	55.56

三　北京日间照料供给分析

（一）北京日间照料机构覆盖情况

根据2018年1月北京市民政局副局长、新闻发言人李红兵在"以人民为中心做好首都民政工作"新闻发布会上公布的资料，截至2017年底，全

市16区区级养老服务指导中心已建成并运营6家，正在建设中9家，完成选址并在完善建设方案1家，共建设街乡镇养老照料中心252个，社区养老服务驿站380个（其中农村幸福晚年驿站140个）。目前，石景山区、西城区已基本完成养老服务体系布局的全覆盖。

可见，北京市的目标是打造基于社区养老照料中心和养老服务驿站的区域养老服务联合体。从目前的建设情况看，西城区和石景山区基本完成，其他区正在逐步完善中。

（二）老年人对日间照料场所供给的感知

本次问卷调查中也设计了一些问题来调查老年人对日间照料场所供给的主观感受。

1. 郊区老年人对身边日间照料场所的感知

调查显示，64%的老年人不清楚有此类机构，占比最大；其次，有15%的老年人知道所在社区有日间照料场所，此外，知道街道内有日间照料场所的占比为12%，知乡镇内有日间照料场所的占比为9%。可见，郊区的大多数老年人没有接触或感受到日间照料的服务（见图4）。

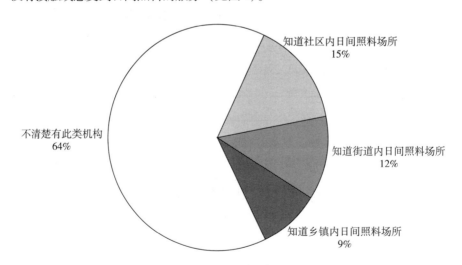

图4 老年人对日间照料场所供给的感知

2. 老年人对日间照料场所的感知与老年人居住地关系

通过对居住地和日间照料供给感知的交叉分析可以看出，居住地离市区越远，了解日间照料的老年人越少。市区的老年人有 55.68% 了解日间照料，这说明他们身边的日间照料中心较多，而在郊区农村，有 66.98% 的老年人不清楚有此类机构（见表 4）。

表 4　老年人对日间照料的感知与老年人居住地的关系

单位：%

类别	市区	郊区县城	郊区农村
社区内	55.68	43.64	23.22
街道内	32.15	24.65	6.52
乡镇内	10.05	11.17	3.28
不清楚有此类机构	2.12	20.54	66.98

注：调查时间为 2017 年 3 月。

四　北京日间照料案例分析

为进一步了解城市边缘区老年人日间照料服务的现状，我们选择了两个典型案例进行深入调查，同时深度访谈了几位居住在郊区的老年人。

（一）秋实家园社区日间照料站

北京市昌平区城南街道秋实家园社区日间照料站建于 2012 年，针对老年人开展的项目有：老年食堂、日间照料室、日间活动室。该日间照料站为政府支持政府拨款建设，与社区服务站一起设立在秋实家园社区中。

该日间照料站老年食堂设有四套桌椅，有挂牌，15 平方米左右，有碗筷消毒柜和冰箱、电饭煲、微波炉。每餐 5 元钱可享受"三菜一汤"的饮食规格。现场调查得知，老年人对伙食比较满意。日间照料室，有挂牌，15 平方米左右，室内有五张单人床，两套大座椅，一间厕所浴室，一个按摩椅。调查期间正值午间休息，无老人在照料室内享受服务。日间活动室组织

老年人进行活动，开设每周一、三、五的舞蹈队，每周二、四、六的合唱队和乐器队。活动室内每日有人打扫，干净整洁。

调查了解到，该日间照料站除老年食堂收费外，其余项目均为公益项目。平日老年食堂除老人就餐外，一些社区内的年轻人以及社区工作者也在老年食堂就餐，膳食合理且便宜，深受大家喜爱，但除老年食堂外，日间照料室的使用很少。

（二）昌平区社区服务中心霍营分中心

霍营分中心成立于 2016 年 9 月份，是政府提供一定启动资金和办公场所的社区服务中心，隶属于昌平区民政局，主要为老年人和小孩提供服务。由于现在社区内老年人空闲时间较多，所以老年人在社区活动中参与力度很大。

霍营分中心愿意承担社区养老的责任，霍营社区的老年人参与社区活动的积极性也很高，70 岁以上的老年人尤其喜欢身体理疗以及修脚按摩等项目，有老年人表示如果有半个月开展一次的有偿服务也一定会参加。

（三）深度访谈老年人对日间照料的需求

1. 张奶奶对日间照料的需求

张奶奶家住秋实家园，今年 80 岁了，两年前老伴去世，目前她靠每月 2000 元左右的退休金生活。她在老伴去世之前和老伴一同在秋实家园日间照料站的老年食堂用过餐，她特别夸奖了老年食堂的伙食，老年食堂午餐晚餐都提供"三菜一汤"，合理膳食荤素搭配，主食都较为柔软，符合老年人的口味。但老伴去世后她就没再去过老年食堂，原因在于一个人用餐较为孤单。

访谈问到"若日间照料站开展新的项目您是否参加"，张奶奶回答，如果项目免费就积极参加，有收费就不参加，问到原因时，张奶奶直言不讳地回答，现在社区内没有专人专管照料站，也没有给日间照料站负责人单独的管理费用，所以也无人大力宣传更别说把其他的服务项目搞起来了。

通过这次访谈可以看出，郊区的日间照料中心服务开展得并不完善，存在无专人专管，除食堂外无其他服务项目，以及资金投入少等问题。

2. 段爷爷对日间照料的需求

段爷爷居住在昌平区十三陵街道，是一位热爱艺术的老人，他的铜版刻、葫芦烫画、写意山水画都曾得过国家奖项，是一位老艺术家。段爷爷展示了他的日常生活。他说老伴的腿脚不好，非常希望在社区里能有一个或几个吃饭的地方。访谈中提到了日间照料中心的老年食堂，他非常感兴趣。另外他表示在报纸上看到其他城市开展社区日间照料非常羡慕和渴望，认为日间照料服务应该在乡镇开展起来，让从城市回到乡镇生活的老年人也可以参加日间照料场所的活动项目。

段爷爷对日间照料的需求很大，和秋实家园社区的老年人形成鲜明的对比，这也与老年人的家庭收入有关。段爷爷的退休金每月 4000 元左右，他认为若拿出 1000～1500 元的费用每月投入到日间照料中心的服务项目中是非常乐意的，这体现了日间照料的开展与老年人的收入有着密切的联系。

五　北京老年人日间照料问题分析

（一）　郊区老年人很难享受到日间照料服务

从前面的调查分析中可知，目前，郊区的老年人很难享受到日间照料服务，一方面是由于郊区日间照料机构少；另一方面是由于郊区老年人收入较低。

1. 北京日间照料场所分布不均

北京城区是日间照料场所分布最为密集的地点，随着距离市中心越来越远，日间照料场所的分布就越来越少，越来越分散。调查发现，城区的养老照料中心不仅数量多，除了依托于敬老院等机构的日间照料机构外，还有很多独立的日间照料机构。而郊区的养老照料中心多与社区服务中心或敬老院相结合，覆盖面不够广，所以很多郊区老年人享受不到日间照料服务。

2. 郊区老年人收入较低

从前面的分析可知，日间照料机构的部分项目需要收费，并非完全公益项目。在城市中，老年人收入相对较高，愿意在日间照料中心花钱买服务，投入度相对较高。而在郊区乡镇，能够接受日间照料中心养老概念的老年人集中在 50 ~ 79 岁，他们的每月家庭收入集中在 1000 ~ 5000 元内，相比城区，郊区乡镇老年人对新型养老模式接受的能力比较低，并且有多数人不知道日间照料养老的概念，投入程度很低，愿意在日间照料中心花钱买服务的老年人也相对较少。

（二）日间照料的需求与供给不匹配

从前面的需求分析可知，不同年龄段的老年人对社区日间照料中心项目的需求也是不同的，例如 50 ~ 59 岁的老年人更喜欢教育类和健康类服务活动，60 ~ 69 岁年龄段的老年人选择娱乐休闲类的较多，70 岁以上的老人选择休闲和健康类的项目比较多，但是北京现在的日间照料中心主要是以医疗护理为主，其余为辅。而郊区的日间照料场所大多因为场地问题照料设施缺乏，服务项目更少，这也使得日间照料场所的服务供给和老年人的需求不匹配。

（三）老年人对日间照料的信任与接受问题

调查显示，老年人尤其是郊区乡镇的老年人恐惧日间照料场所过于商业化以及每一项业务都需要单独交费等，导致老年人对日间照料场所的信任度很低，由于现阶段的老年人都是从苦日子过渡到现今的社会，大部分老年人对财产的观念还比较保守，不愿意在日间照料中心消费，日间照料项目甚至被一小部分老年人认为是一种浪费，这也反映了老年人对日间照料服务的接受问题。

（四）日间照料资金缺乏，开展困难

通过前面的个案分析可知，一方面，一些有场地的日间照料场所，

由于缺乏资金投入，服务项目无法开展，人员积极性不高，间接地影响到周围老年人的参与度和信任度；另一方面，有些机构有积极性，也有能力，很想开设日间照料场所，但缺少资金或缺少场地等，致使项目无法启动。

六　对策建议

（一）解决日间照料收费问题

1. 日间照料中心降低收费标准

老年人都已经退休，在不愿意给儿女添加负担的同时，不舍得在自己身上花太多的钱来买服务，因此，从不多的退休金里拿出 1000 ~ 2000 元是大多数老年人的消费底线。大多数老年人一方面很需要日间照料服务；另一方面又没有那么高的经济实力，所以，日间照料场所收费标准不宜太高。

2. 通过积分换服务方式补贴老年人

调查得知，一些低收入老年人不愿去日间照料中心享受各种服务的原因之一是觉得收费较高。针对这一问题，可以通过积分换服务的方式给老年人以补贴，具体操作就是老年人或其子女可以在方便的时间去社区做义工，为其他老人服务，通过服务换取积分，再用积攒的积分去照料中心换取服务。这样，老年人可以在相对年轻的时候，积累一些积分，当自己年龄更大时或身体不好时再用这些积分换取服务。

（二）解决日间照料供需不匹配问题

1. 各区应加大日间照料机构建设力度

目前在我国，居家养老还是占比最大的养老方式，说明大多数老年人还是偏向自己生活或者与儿女生活在一起，这也给社区日间照料机构提供了很多机会。针对北京各区日间照料机构分布不均衡的问题，各区要加大日间照

料机构建设力度，特别是相对偏远的区更应加大建设力度，让更多的郊区乡镇老年人享受到日间照料服务。

2. 针对不同社区老年人制订不同的开展计划

笔者在进行问卷调查期间，在乡村对个别老年人进行了深度访谈，关于乡村社区内开展日间照料服务，个例分析中的段爷爷非常感兴趣，在笔者问到他希望开展怎样的日间照料项目时，他说希望村里能有老年饭桌，能有棋牌室或者修脚的地方。对比对城市调查问卷的统计，城市的老年人更喜欢教育类的项目而乡村的老年人大多数在年轻时没有接受很多的文化教育，他们的需求也大多数停留在吃、玩和休息方面。在建设日间照料中心时，面对不同的社区和不同的老年人，应制订不同的项目计划，提供有针对性的服务。

（三）解决老年人信任与接受问题

1. 政府加大干预力度

政府应扶持建立日间照料基金，小范围地扩充日间照料经济来源，降低日间照料项目的收费，形成资金链良性循环，降低日间照料成本。将日间照料成果纳入乡镇街道一级官员政绩考核。建立健全相关法律法规，从制度上确保老年人的权益。政府牵头调动相关公益组织的积极性，例如乡镇社区服务中心，提供义工服务，降低用人成本，提高服务人员素质。政府工作人员定期回访日间照料老年人家属，从家属方面落实对日间照料场所的信任和接受问题。

2. 加大日间照料的宣传力度

针对老年人不太信任日间照料机构的问题，可以加大社区内部宣传力度，社区工作人员上门宣传；开展主题体验日，让老年人免费享受服务，或开展更长时间的免费尝试免费试用等活动；举办日间照料老年人专题讲座，拉近服务人员与老年人家属之间的距离；发动干休所老干部，从老年人角度进行宣传；面对行动不便的老人，着重向儿女宣传日间照料中心的方便快捷性，加强儿女对日间照料中心的认知和了解。

（四）解决资金不足问题

1. 加大对日间照料场所的投入，用优惠政策吸引民间资本

根据本文调查问卷问题"您不愿意参加日间照料中心的原因是什么"，统计结果显示，选项"性价比并不高"和"场地所有项目均需收费"占比分别为25.55%和22.71%。这体现出日间照料场所普及不开很大一部分原因在于老年人接受不了过高的收费标准，在收入低又要满足老年人需求的情况下，一方面政府要加大资金投入，另一方面政府也可以制定多种优惠政策，吸引第三方民间组织愿意投入到日间照料事业中来。

2. 加大对民办机构的监督力度

政府要支持、鼓励民营机构或企业参与日间照料服务，以解决资金不足问题，但同时，政府对民办社区日间照料机构应加大监管力度。另外监督日间照料机构，不能以盈利为目的，应把养老服务作为第一要义，把完善日间照料养老设施、提高社区养老服务整体水平作为最终目标。对不良商家要坚决撤销其资格。

参考文献

1. 丁华、徐永德：《北京市社会办养老院入住老人生活状况及满意度调查分析报告》，《北京社会科学》2007年第3期。
2. 陈俊羽、徐桂华：《日托中心养老现状影响因素研究进展》，《中国老年学杂志》2016年第12期。
3. 李懿、冯建光：《基于中国传统文化的社区老年日间照料中心服务研究》，《继续医学教育》2013年第1期。
4. 穆光宗：《中国传统养老方式的变革和展望》，《中国人民大学学报》2000年第5期。
5. 邵丹：《社区老年人日间照料中心的作用及规划研究——以香港长者日间护理中心为例》，《中国城市规划学会·多元与包容——2012中国城市规划年会论文集》，2012。

B.20
北京郊区单位社区的社区养老问题研究

——以北京燕山石化为例

张 艳 马睿君*

摘 要： 在北京城市工业化战略下建设和发展起来的郊区工业单位大院经过半个多世纪的发展，单位社区的社区养老问题日益凸显。本文选择北京郊区燕山石化这一转型中的单位社区为研究对象，它既体现了单位社区的特殊性，又体现出向城市型社区转型发展的普遍性。通过对社区老年居民的一手问卷调查数据、社区居委会及部分老年居民的深度访谈资料、社区内部及周边公共服务设施和建成环境的实地观察数据，以及社区建设的历史资料等的定量和定性相结合的分析，细致分析了老年人的健康状况与就医需求、就餐状况与社区老年餐服务需求、休闲活动与社交需求、对社区养老服务主体与内容的需求等内容，以期为更好地推进社区养老，发挥单位社区在社区治理方面的优势营造良好的"退休者社区"，提供能够满足老年人日常生活需求的社区养老服务政策建议。

关键词： 单位社区 社区养老 退休者社区 燕山石化 北京郊区

---

* 张艳，人文地理学博士，北京联合大学北京学研究所副教授，主要研究方向为城市社会与行为地理、城市与区域规划；马睿君，北京联合大学应用文理学院城市科学系人文地理与城乡规划专业本科生。

一　社区养老问题现状

　　社区养老是指以家庭养老为主、社区机构养老为辅，在为居家老人照料服务方面，又以上门服务为主、托老所服务为辅的整合社会各方力量的养老模式。社区养老的特点在于，让老人住在自己家里，在继续得到家人照顾的同时，由社区有关服务机构和人士为老人提供上门服务或托老服务。中国人传统的观念是"养儿防老"，也就是居家养老。然而，随着人口老龄化的快速发展、老年人寿命的延长带来的人口结构变化、计划生育政策的实施、快速城市化及家庭规模小型化等趋势，在未富先老的社会背景下，传统的家庭养老模式面临严峻挑战。社区养老这种以社区为单位整合社会各方力量的养老模式便更为方便可行。

　　目前，我国传统的家庭养老模式已经转型，北京市老年人的空巢家庭比例超过1/2，城市居民在健康状态下约80%选择独自生活，而独立生活有困难时近1/2的老年人倾向于选择机构养老。老年人对社区居家养老的了解和认可度十分有限，养老机构总量不足的矛盾十分突出，特别是面向失能和半失能老人的养老机构床位存在大量缺口。基于生命周期的测算，2020年失能和半失能老人在机构和社区养老的合理比例分别为35%和30%。当前，应该引导更多的70岁以下的低龄老人选择社区支持的居家养老方式①。社区养老服务应包括家庭养老、临时托管服务、健康知识培训、文化与体育相结合的社区活动，也应该考虑人才储备以及单位人员的可持续发展。特别是单位型社区养老服务要突出以人为本的思想，以老有所养、老有所学、老有所教、老有所医、老有所乐、老有所为为宗旨，积极探索退休职工的工作主体、内容、方法，建立完善

---

① 高晓路、颜秉秋、季珏：《北京城市居民的养老模式选择及其合理性分析》，《地理科学进展》2012年第10期。

的管理服务体系①。

单位社区是 1949 年以来中国城市社会管理与空间组织的最基本单元。如果说胡同四合院构成了 1949 年以前的老北京城市空间，那么单位大院则构成了 1949～1978 年的新北京城市空间。新中国成立以来，在北京城市工业化战略下建设和发展起来的郊区工业单位大院，如首钢，京棉一、二、三厂，东西两侧郊区"一黑一白"布局工业，形成典型的工业单位大院，历经半个多世纪的发展正面临着严重的老龄化问题②。单位职工在单位制度下过度依赖于单位，因地缘、业缘关系形成强烈的社会网络和单位情结而不愿意搬离单位社区，从而形成老年人的"单位残留"③。尽管单位可能不复存在，但当大量单位退休职工步入老龄阶段，并且"残留"在单位大院中，单位社区的社区养老问题则凸显出来。

因此，本文通过对燕山石化这一单位社区的老年退休职工的一手调查研究，分析单位退休职工对社区养老服务的实际使用情况及其对单位型社区养老服务的需求，并以此对现有单位社区的社区养老服务提出合理化建议，以期促进社区和谐稳定发展。

二 调查社区与调查样本基本特征

（一） 燕山石化的社区发展历程与老龄化现状

燕山石化社区属于典型的城郊"自己完备型"单位型社区。由于燕山石化社区的地理位置位于北京西南郊区，单位自给自足的管理方式为社区养老服务的建构打下了良好的基础。北京燕山石化于 1967 年建厂，直到 1998 年企业都无偿为燕山石化的职工进行福利分房。从 2004 年开始，企业与个

① 王文静：《国有企业退休职工养老问题研究》，山东师范大学博士学位论文，2015。
② 张艳、柴彦威：《北京现代工业遗产的保护与文化内涵挖掘——基于城市单位大院的思考》，《城市发展研究》2013 年第 2 期。
③ 柴彦威等：《中国城市老年人的活动空间》，科学出版社，2010。

人集资建房。燕山石化职工住宅原来归企业行政管理部管理，2009 年 6 月改为由土地房地产管理中心管理，相应地物业管理的主要单位也由原企业物业管理分公司管理转为由生活社区服务管理中心管理。2010 年，燕山石化共有职工房改房 578 栋，30645 套，其中，职工购买 26975 套、租用 1474 套、借住 1405 套，办公用房 297 套、空房 494 套。此外，企业有周转房 2247 套，集资建房 99 栋、5220 套。企业提供的住宅主要分散在迎风一带：迎风（含迎风一里至六里）、杏花（杏花东、西里）、宏塔（即北庄南里）、富燕新村（含富燕新村一区到四区）、幸福新村、凤凰亭（含凤凰亭南、北、东里）等；东风一带：东风（含东风南、北、东里）、羊耳峪（含羊耳峪南里、羊耳峪里、羊耳峪北里）等；燕化星城（含健德一里至四里）等，共形成三个大型的企业单位生活区（见图 1）。此外，企业在北京市城区内共有住房 24 栋 1206 套，分散在西城区、宣武区、海淀区、朝阳区以及昌平区等地。2007 ～ 2010 年，燕山石化公司加快职工住房条件改善，对毗邻装置区的向阳生活区（不含周转房）共 18 栋 1029 套住房整体搬迁到富燕新村。

燕山地区从行政管理单元来看，共包括向阳街道、东风街道、迎风街道、燕化星城街道，其分别成立于 1975 年、1976 年、1983 年和 1996 年。街道成立的时间也反映出燕山石化单位大院住房建设和居住区配套的发展历程，以及市场化改革过程中企业和地方关系的演变历程。根据第六次人口普查数据，向阳街道、东风街道、迎风街道、燕化星城街道中 60 岁以上的老年人口比例分别为 13.19%、14.35%、14.13% 和 23.58%，远高于北京市平均水平。本文的研究对象是东风南里社区，其属于东风生活区。其所在的东风街道于 1976 年 7 月 29 日成立，是燕山地区行政面积最大的街道，依山傍水，以生态住宅区为主，是燕山地区的"老牌"街道。社区的建筑形式以多层为主。小区空间布局为圆形，中间靠南边主要街道两侧设有商业店铺及菜市场和广场等便民休闲场所及配套设施等。到 2016 年末，在燕山石化东风南里社区居住的退休职工为 5270 人左右，占全东风社区（含东风东、南、北里）总人数的 24% 左

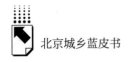

右，70 岁以上的人员占到 2730 人，总体男性略大于女性。其居住状况多数为 2 人或者 1 人家庭。

（二）调查样本社会经济属性特征

本次调查得到了燕山石化社区居委会和退休办的大力支持，在居委会工作人员的协助和配合下，在燕山石化社区展开调查。问卷调查对象主要是燕山石化社区 60 岁及以上的退休职工，采取偶遇抽样的方式，共发放问卷 343份，实际有效样本 325 份。问卷中涉及退休职工个人基本信息、住房信息、健康与医疗状况、日常休闲活动与活动场所、对社区养老服务的认知与需求等。

经统计，有效样本中退休职工男性比例占到 56%，女性占到 44%（见表 1）。室内访谈主要集中在居委会，而室外访谈范围比较广，包括小区楼下公园、健身广场等（见表 2）。

表 1　调查样本基本属性

项目	指标项	样本数	比例(%)
性别	男	182	56
	女	143	44
年龄（岁）	60~70	167	51.38
	71~80	107	32.92
	大于80	51	15.69
健康状况	很好	18	5.54
	较好	89	27.38
	一般	127	39.08
	较差	86	26.46
	很差	5	1.54
婚姻状态	已婚	159	48.92
	离婚	37	11.38
	丧偶	126	38.77
	未婚	3	0.92
教育程度	初中以下	159	48.92
	高中	98	30.15
	大专以上	68	20.92

表 2　访谈样本基本属性

访谈样本编号	样本基本情况	访谈时间、地点
DFNL1	65 岁，男，退休职工，与子女同住，健康状况一般，已婚	健身广场
DFNL2	67 岁，女，退休职工，与子女不同住，保姆照顾，有脑溢血病史，丧偶	小区楼下公园
DFNL3	82 岁，男，退休职工，与子女同住，血栓导致半身不遂，丧偶	访谈对象家中

三　燕山石化社区老年人日常生活与养老需求

（一）燕山石化社区老年人的健康情况与就医需求

根据 325 位退休职工的问卷统计，仅 5.5% 的老人回答健康情况很好，27.4% 的老人认为自己健康情况比较好，39.1% 的老人认为自己健康情况一般，26.5% 的老人认为自己健康状况较差，1.5% 的老人认为自己健康状况非常差。超过一半的老人都回答自己存在其他脏器官、心脏方面的问题，此外视力、听力、骨骼、胃部问题也成为老年人常见的健康问题（见图 1）。有 65.2% 的老人回答自己患有慢性病，高血压、冠心病、腰椎间盘突出和骨质疏松等为老年人常见的慢性病，尤其对于 80 岁以上的高龄老年人来说超过 50% 的老人都回答患有呼吸道疾病（见图 2）。由此说明在呼吸道疾病高发的季节，尤其应该关注高龄老年人的身体状况和就医需求。

此外，19.1% 的被调查老人回答疾病会影响到自己的日常生活，22.2% 的老人回答去年一年住过院。在问及过去一年中在哪些医院看过病时，几乎所有的老人都回答去过三级甲等医院（见图 3），而去过社区医院看病的老人不到一半，其中 80 岁以上高龄老年人中仅有 27.3%。从实地调研中了解到，燕山地区目前两所大型三甲医院分别是房山区中医

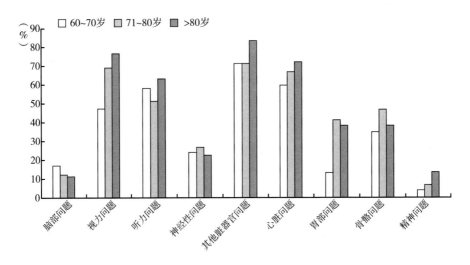

图1　被调查老年人存在的健康问题

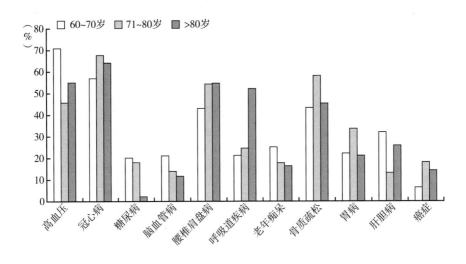

图2　被调查老年人存在的慢性病

医院燕山分院和北京燕山医院，而这两所大型医院距离调查社区的平均距离分别为6.8公里和5.1公里，但乘坐公交车单程出行时间平均在40分钟以上。

针对问卷中老年人对自身健康状况及就医便利性的评价，进一步对不同

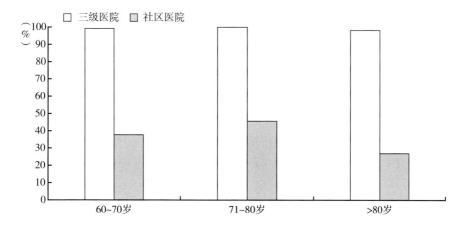

图3 被调查老年人的就医选择

年龄的老年人进行方差分析，发现高龄老年人自评的健康状况显著最差（方差为 4.55，在 95% 的置信水平上显著）。此外，71~80 岁及 80 岁以上老年人对就医便利性评价得分总体低于 60~70 岁的老年人，但是统计上并不显著（见表3）。因此，在提供社区养老服务时应特别关注高龄老年人的就医需求和就医便利性。

表3 被调查老年人健康状况与就医便利性评价

类别	自评健康状况			就医便利性评价		
	样本数	均值	标准差	样本数	均值	标准差
60~70 岁	167	3.14	0.911	167	3.00	1.098
71~80 岁	107	3.18	0.833	107	2.70	1.199
大于80 岁	51	2.75	0.956	51	2.96	1.183
全体	325	3.09	0.903	325	2.90	1.150
方差分析	4.550(0.011)			2.322(0.1)		

注：问卷中自评健康状况选项为"很好、较好、一般、较差、很差"，对就医便利性的评价为"很满意、比较满意、一般、不满意、很不满意"，分别赋值为 5、4、3、2、1。

但是城市医疗服务的供给状况对老年人的求医活动产生了重要影响。在现行城市老年医疗保障制度的影响下，老年人对城市医疗服务供给的选择余地大大缩小，在一定程度上也加长了老年人求医的出行距离。在相对自由的

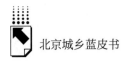

竞争条件下老年人倾向利用距离社区较近的医疗服务，在相同的距离范围内倾向于利用等级较高的医疗服务。

通过访谈进一步了解到，退休职工都知道燕山石化社区医院的资源有限，所以非常希望社区的医疗机构能够提供上门服务，例如对慢性病、非急性病的定期监测及诊疗。此外，希望可以提供附近三甲医院和社区医院的接送服务。由于燕山石化社区依山而建，西北部都是山区，所以去社区医院的路坡度较大，很多年纪大的退休职工腿脚不便，在路上耽误的时间很长。而周围最近的三甲医院距燕山石化社区单程公交车出行也要 40 分钟以上。此外，调查表明 60% ~70% 的老人都不会使用智能手机、电脑等智能终端，他们往往不会进行网上预约挂号，有时候到了医院仍要等一个多小时，早高峰往往又挤不上车或挤上车没有座位，存在就医出行困难的问题。因此，燕山石化社区退休职工急需医院的接送服务。

（二）燕山石化老年人的就餐活动与社区老年餐服务需求

随着老年人年纪越来越大，子女又不在身边的离退休职工在老年餐和医疗方面上的生理需求最大。对燕山石化推行的老年餐车的调查结果显示，82.6% 以上经常在食堂用餐的退休职工认为老年餐车的菜品不能满足自身要求，希望可以提高老年餐车服务水平。通过调查问卷可以了解到，80 岁以上的老年人由于身体状况更差，自己或配偶做饭的比例仅为 40% 多，远低于 60 ~70 岁及 71 ~80 岁的老年人 60% ~70% 可以自己或配偶做饭。80 岁以上老年人更多需要其他人帮助做饭，其中 37% 由小时工帮助做饭，约 17% 由子女帮助做饭（见图 4）。这一方面可以看出高龄老年人对于就餐服务需求更大；另一方面也反映出子女对于老人日常生活照料的比例并不高。

被调查老年人对社区老年餐服务的需求仅为 30% ~40%，并且 80 岁以上老年人的需求更低（见图 5）。进一步询问老年人对社区老年餐订餐形式的需求，发现 71 ~80 岁及 80 岁以上老年人选择每月固定订餐和饭前随时订餐的比例差不多是 1∶1，而近 60% 的 60 ~70 岁老年人更加倾向于饭前随时

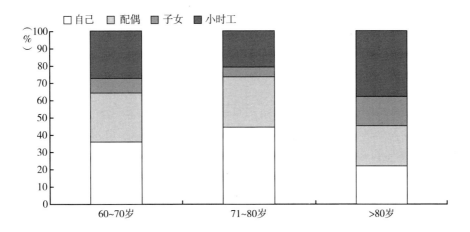

图 4　被调查老年人家中做饭任务分配

订餐（见图 6）。此外，70% 以上的老年人认为 10 ~ 15 元每人每餐的标准更为合适。

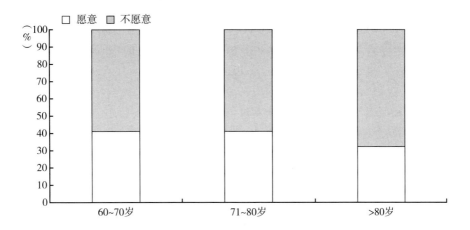

图 5　被调查老年人对社区老年餐服务的需求

（三）老年人的休闲活动与社交需求

被调查的 60 ~ 70 岁老年人的休闲活动最为丰富，超过 70% 的老年人都有的休闲活动有散步、聊天，超过 50% 的老年人常听广播看电视，超过

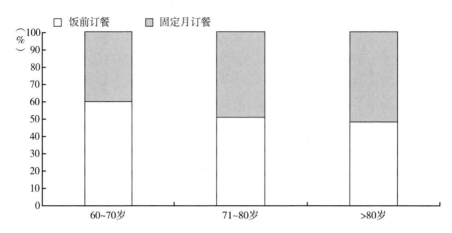

图6　被调查老年人对社区老年餐订餐形式的需求

40%的老年人常旅游、唱歌，超过30%的老年人常跳舞、玩棋牌麻将和烧香念佛等。71~80岁的老年人，最常从事的休闲活动也是散步、聊天和听广播看电视，此外旅游、唱歌、跳舞、种花养宠物的比例也比较高。但是对于80岁以上的老年人而言，由于身体状况的客观制约，外出休闲活动越来越少，听广播看电视是70%的老年人最主要的休闲活动，此外散步、聊天、种花养宠物、烧香念佛也是其主要的休闲活动（见图7）。

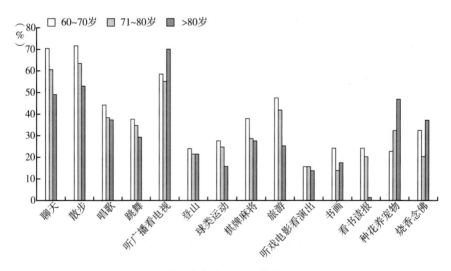

图7　被调查老年人主要的休闲活动

就主要的活动场所来说，60～70岁的老年人更多去公园、棋牌室休闲娱乐，而71～80岁和80岁以上的老年人更多在楼前空地、市民广场、家附近商场超市等场所活动（见图8）。可见，随着年龄增大，老年人休闲活动内容变少，同时休闲活动的场所也更加局限。

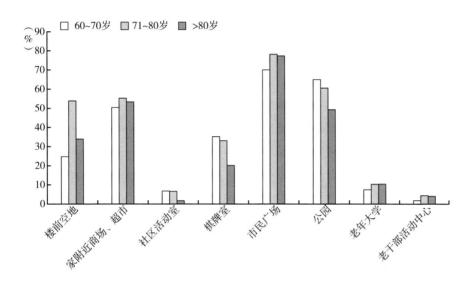

图8 被调查老年人主要的活动场所

此外，通过问卷了解，最经常陪伴老年人的活动同伴并非子女，更多的是孙子女或者老伴，这反映出计划生育政策下独生子女对老年父母的陪伴和照料面临困境。子女陪伴老人的比例和同小区居民陪伴老人的比例相当。此外，对于80岁以上的高龄老年人来说，更多地需要亲戚的陪伴（见图9）。

（四）老年人对社区养老服务主体与内容的需求

燕山石化从1970年成立以来，长期存在"大企业、小政府""单位办社会"的管理体制，尽管随着20世纪80年代以来市场化改革的不断推进，企业逐步将诸多的社会服务与管理职能交由地方政府，但企业单位仍然在地方治理中发挥重要的作用。退休老职工的"单位情结"和"单位依恋"仍

北京城乡蓝皮书

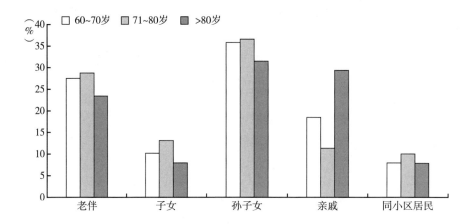

图9 被调查老年人主要的活动同伴

然根深蒂固。问卷中，20%～35%的老年人仍然认为单位应该是社区养老服务提供的主体，50%～65%的老年人认为应该由政府和单位一起来提供社区养老服务，而仅有10%左右的老年人认为社区养老服务应该由政府来提供（见图10）。

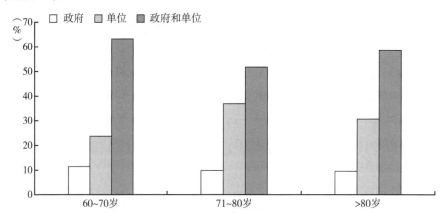

图10 老年人对社区养老服务主体的需求

当问及老年人对社区养老服务的理解时，生活照料服务排名第一，超过80%的老年人都认为生活照料服务应该是社区养老服务中最为重要的内容。此外，精神慰藉服务排名第二，约50%～70%的老年人选择此项内容，这

也从侧面反映出老年人日常生活缺乏子女陪伴的孤独感。此外，30% ~ 40%
的老年人选择了康复保健服务和体育健身服务。值得注意的是，近50%的
71 ~ 80 岁及 80 岁以上的老年人选择了文化教育服务，说明随着年龄增大，
老年人身体活动能力下降，更加需要社区提供丰富的文化教育服务来满足精
神上的需求（见图11）。

　　为推进社区服务水平提档升级，燕山石化社区推行"一卡通"、"一号
通"和"一站式"社区服务。但是实际运行过程中并没有得到老年人的认
可，相比于硬件上服务设施的提升，老年人更加需要人文和精神上的关怀。

　　比起这些我更希望能有服务人员可以定期进家看看我们老人家的真
实情况，检查有没有安全隐患，哪怕就简单地聊聊天儿也好。要不保姆
不在的时候，我倒在家里可能都没人知道。

——访谈样本 DFNL2

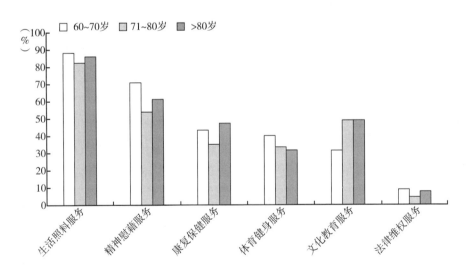

图11　老年人对社区养老服务内容的需求

　　燕山石化社区的一部分退休职工对自我实现的需求很高，他们很怕自己
是不被需要的人，所以很多人愿意参加老年大学，或者学一些新的东西，比

如舞蹈、舞剑、书画等，希望能够充实自己的生活。

我在年轻的时候就喜欢好奇这东西，但那时候没钱，也不舍得花这份钱，现在孩子都有出息了，我也没什么事儿，就把这从前的爱好捡起来了。现在每次燕山石化东风居委会组织活动都会叫上我，我就负责给大家照相、修照片，有时候居委会也会给大家洗出来。我觉得我现在的价值比以前上班的时候还大，并且这也算实现了我年少时的梦想了……

——访谈样本 DFNL1

四　燕山石化社区养老存在的问题及解决思路

基于我国的基本国情，以家庭养老和社区服务相结合，来兴办老年设施、走社区养老的道路已成为应对中国城市老龄化问题的必然选择。诸如燕山石化这样的大型单位，曾经在北京工业现代化战略和国民经济发展方面发挥了重大的作用。随着北京经济结构和城市功能的调整，制造业单位的生产功能已经逐步向京津冀周边地区转移，但单位体制下建设形成的单位居住区仍然并将长期存在于城市之中，并且也面临非常严峻的老龄化问题，成为城市老龄人口相对集聚的"老年人社区"。此外，单位制度时期，受"大单位、小政府""单位办社会"管理体制的影响，单位老年人对单位有着非常深的"单位情结"和"单位依恋"，往往不愿意迁出单位，单位社区已经成为他们日常生活中重要的地域单元和社会网络。因此，单位社区的社区养老问题，是当今城市规划与管理面临的重要问题，应得到高度的重视。

本文通过对燕山石化单位社区老年人的日常生活与社区养老服务需求的问卷调查，详细分析了老年人的健康状况与就医需求、就餐状况与社区老年餐服务需求、休闲活动与社交需求、对社区养老服务主体与内容的需求等内容，并以此对单位社区的社区养老问题提出以下对策建议。

首先，应该充分发挥单位在社区养老服务中的优势。一方面，应鼓励地方政府与单位加强合作，针对老年人的日常活动需求，在就医、就餐等方面提供优质的服务。例如，可以利用单位食堂与政府补贴一起来提供社区老年餐预订和配送服务。单位也可以在社区养老服务人员方面提供更多的支持。另一方面，可以通过单位社区基于业缘、地缘而长期形成的"单位情结"，单位工会与社区合作为老年人组织丰富的休闲娱乐活动、文化教育活动，动员更多老年人参加。

其次，在社区养老服务的内容方面，应该更注重软件方面服务水平的提高，尤其是应该更加关注高龄老年人、空巢老年人等在就餐、就医、休闲等方面的需求，主动提供优质的上门服务和定期监管。

最后，社区养老服务除了基本的生活照料服务外，更应该增加情感慰藉、文化教育等文化和精神方面的优质服务，通过举办丰富的文化活动以及上门服务，提高老年人晚年的生活质量。也可以发挥单位工会的力量，组织单位职工的青少年社团定期与老年人进行联谊、慰问等志愿活动，动员更多的群体来关注老年人的生活。

（注：本文除已标明的数据外，其余数据均来自作者调研。）

B.21
莲花庵村生态价值评估

季 虹 赵雪婷*

摘　要： 北京市农村经济研究中心 2017 年委托中科绿洲（北京）生态
工程技术有限公司针对房山区史家营乡莲花庵村进行生态价
值评估，结果显示该村农田、水域、森林、草地四大生态系
统生态价值为 2.18 亿元/年。课题组以此为基础建议北京市
重启全市生态价值评估，并在相应的层次上建立其合适的生
态管理系统和预警系统。

关键词： 莲花庵村　生态价值评估　生态管理系统

　　2017 年，北京市农研中心选取房山区莲花庵村作为农宅利用试点。为
了更科学直观地体现村落生态系统的市场价值，提升集体经济组织在农宅开
发利用过程中同社会资本合作时的话语权，明确村域生态环境的开发利用红
线，根据其承载力制订合理的开发利用规划，试点工作组委托中科绿洲
（北京）生态工程技术有限公司对莲花庵村进行生态价值评估。要求受托方
对莲花庵村生态环境进行梳理，根据其特点对其生态环境的经济价值进行评
估，对村落整体生态环境的未来发展和承载力进行预估。

　　北京市房山区莲花庵村位于京西百花山脚下，海拔高度 954 米，总面积
8.2 平方公里，总人口 1358 人，属革命老区，距北京 110 公里，是京郊典

---

* 季虹，北京市农村经济研究中心城乡发展处处长，副研究员；赵雪婷，北京市农村经济研究
中心城乡发展处主任科员，经济师，中国农业大学硕士研究生。

型的资源型生态旅游村。

村内现有农田面积 75 亩,森林面积 7844 亩,草地面积 1583 亩,水域面积 10.05 亩,果园面积 930 亩,共计 10442.05 亩。主要种植物有玉米、土豆、梨和杏等。村内现以旅游接待为主要产业,运营有百花山景区,2016 年接待游客 3 万人次,村内人均年收入 1.36 万元。

本次生态价值评估针对莲花庵村的四大生态系统(农田、水域、森林、草地)进行,经测算,该村生态价值为 2.18 亿元/年,其中农田生态系统生态功能价值 67.74 万元/年,草地生态系统生态功能价值 122.96 万元/年,森林生态系统生态功能价值 21517.54 万元/年,水域生态系统生态功能价值 46.66 万元/年。其中森林生态系统生态功能价值占到总价值的 98.71%。

具体评估如下所述。

一 农田生态系统价值评估

农田生态系统价值评估主要对莲花庵村内的农产品生产价值、大气调节价值、涵养水源价值和保育土壤价值等进行评估。

1. 农产品生产功能价值

农产品生产功能价值指农业生产活动中获得的有食用价值的产品,如高粱、稻子、花生、玉米、小麦以及土特产等。现莲花庵村主要农产品为玉米、土豆、梨和杏。采用市场价值法对其进行评估,结果为 42.76 万元/年。

2. 大气调节功能价值

大气调节功能价值主要包括植物固碳和释氧的功能。农田生态系统中只考虑了各类作物在生长期间所提供的调节大气成分功能,至于收获物中碳进入各种生态系统转化中的汇效应或源效应不在考虑之内。经评估,莲花庵村的大气调节功能生态价值为 22.87 万元/年。

3. 涵养水源功能价值

涵养水源的功能主要是土壤非毛管孔隙的作用。相对于裸露地表,农作物会增强其保水能力,其含水率较高。首先,根据水量平衡法计算出农田系

统土地的蓄水量。其次，运用影子工程法定量评价农田生态系统涵养水源功能价值，经评估，莲花庵村涵养水源功能生态价值为0.57万元/年。

4. 保育土壤功能价值

对于农田生态系统来说，因其凋落物量较小，从生物库方面考虑农田生态系统的养分持留，能动态地表示农田系统维持营养物质循环的功能。参考影子价格法，采用有机质持留法对农田生态系统保持的有机质物质量进行量化，而后运用机会成本法将农田系统土壤有机质持留量价值化，从而评价农田生态系统保持土壤肥力、积累有机质的价值。经评估，莲花庵村保育土壤功能生态价值为1.54万元/年。

综上分析，莲花庵村农田生态系统总价值为67.74万元/年。其中包括区域内农产品生产功能价值、涵养水源功能价值、保育土壤功能价值和大气调节功能价值等，其中农产品生产价值所占比重最大。

二 草地生态系统价值评估

草地生态系统价值评估主要从草产品价值、吸收CO_2释放O_2功能价值、土壤保持功能价值、涵养水源功能价值、生物多样性价值与草地生态系统的娱乐和文化功能价值等方面展开。

1. 草产品价值

草产品价值即为具有食用价值和药用价值的牧草价值，采用市场价值法来计算，其价值为26.39万元/年。

2. 吸收CO_2释放O_2功能价值

草地生态系统中的能量来自太阳能，植物通过光合作用和呼吸作用吸收CO_2释放O_2，并且还可以净化空气、美化环境。据测算，该部分价值为13.39万元/年。

3. 土壤保持功能价值

草地生态系统对防止土壤风力侵蚀、减少地面径流、防止水力侵蚀具有显著作用。本评估分别从两个方面计算莲花庵村草地生态系统的土壤保持价值：减少土地损失价值、减少泥沙淤积损失价值。经测算，土地损失价值为0.03万元/年，减少泥沙淤积价值为0.43万元/年。

4. 涵养水源功能价值

完好的天然草地不仅具有截留降水的功能，而且比空旷裸地有较高的渗透性和保水能力，对涵养土地中的水分有着重要的意义。据测定，在相同的气候条件下，草地上土壤含水量较裸地高出95%以上。依据测算，莲花庵村草地生态系统涵养水源的价值为4万元/年。

5. 生物多样性价值

生物多样性是指从分子到景观各种层次生命形态的集合。草地生态系统不仅为各类生物物种提供了繁衍生息的场所，而且还为生物进化及生物多样性的产生与形成提供了条件。利用草地生态系统单位面积生物多样性的成本与草地面积的乘积来计算。莲花庵村草地生态系统生物多样性的价值为23.72万元/年。

6. 娱乐和文化功能价值

草地生态系统的娱乐和文化功能是指人们通过精神感受、知识获取、主观印象、消遣娱乐和美学体验从生态系统中获得的非物质利益，如草地生态系统独特的自然景观、气候特色及其生态旅游资源。经测算，莲花庵村草地生态系统的娱乐和文化功能价值为55万元/年。

综上所述，草地生态系统总价值为122.96万元，其中，娱乐和文化功能价值所占比重最大。

三 森林生态系统价值评估

森林生态系统服务功能主要包括：林产品生产功能、涵养水源功能、保育土壤功能、固碳释氧功能、营养物质循环功能、净化大气环境功能、防护林功能、生物多样性保护功能和森林游憩服务功能等。

1. 林产品生产功能价值

林产品的生产功能价值是指森林生态系统给人们的生活带来的直接影响

和便利，体现在提供各种木材及林副产品上。有机物生产价值主要体现在木材的产量上。据测算，该部分价值为 754.56 万元/年。

2. 涵养水源功能价值

涵养水源是森林生态系统的重要功能之一。具体表现在森林通过乔、灌、草及枯枝落叶对大气降水进行截留储存和净化，其对防洪抗涝也有着重要影响。本评估选择调节水量和净化水质两个方面的指标来评估其价值。据测算，该部分价值为 1044.86 万元/年。

3. 保育土壤功能价值

选择固定土壤和保持土壤肥力两个指标对森林保育土壤功能价值进行评估。据测算，该部分价值为 319.80 万元/年。

4. 固碳释氧功能价值

固定二氧化碳、释放氧气是森林的重要功能之一，维持着大气中碳、氧元素的平衡。植被固碳功能是通过光合作用来实现，而土壤固碳则是通过土壤中的微生物和动物来实现。所以，固碳功能价值评估包含植被固碳和土壤固碳两个方面。据测算，该部分价值为 979.61 万元/年。

5. 营养物质循环功能价值

森林积累营养物质功能是指植物对营养的吸收主要通过根系和空气，营养物质通过植物细胞进入体内，植物将各种营养存储在相应的器官中，通过各种物质和能量循环使植物达到生长和营养积累的目的。据测算，该部分功能价值为 17874.54 万元/年。

6. 净化大气环境功能价值

净化大气环境功能是指森林生态系统能够吸收空气中的大量有害物质（如二氧化硫、氮氧化物），同时提供多种对人类身体健康有益物质（如空气负离子）的功能。经测算，该部分功能价值为 171.17 万元/年。

7. 防护林功能价值

防护林主要分水土保持林、防风固沙林、农田防护林和牧场防护林四类，而在公布的自然保护区内防护林主要有农田防护林、水土保持林和防风固沙林，其中水土保持林的价值已经在前面计算过，因此本评估中核算森林防护的价值主要是计算农田防护林和防风固沙林的价值。经测算，该部分功能价值为47.21万元/年。

8. 生物多样性保护功能价值

森林生态系统为各种动植物的生长及生活提供了环境。复杂的生态系统对各种生物具有一定的保护作用，能够使物种保持多样性。选用保育作用作为评估保护物种多样价值的指标。经测算，该部分功能价值为261.48万元/年。

9. 森林游憩服务功能价值

森林游憩服务功能的价值为森林生态系统为人类提供休闲和娱乐场所所产生的价值，经测算，该部分功能价值为220万元/年。

经评估，项目区域的森林生态系统总价值为21673.23万元/年。

四　水域生态系统价值评估

水域生态系统价值评估主要是对供水功能、涵养水源功能、调节洪水功能、水质净化功能、文化科研功能、休闲娱乐功能等方面的价值开展评估。

1. 供水功能价值

供水功能价值一般采用市场价值法进行评估，用用水量与供水市场单位价格的乘积表示。经测算，该部分功能价值为6.85万元/年。

2. 涵养水源功能价值

水域除了为人类提供可直接利用的水以外，还是一个天然的储水容器，有存储、补充和调节径流的效果，减少了许多贮水工程或引水工程的建设破坏，间接地起到了保护生态环境的作用。经评估，该部分功能价值为0.90万元/年。

3. 调节洪水功能价值

水域生态系统具有巨大的渗透及蓄水能力，可滞后汇流时间，起到消减洪峰的作用。经评估，该部分功能价值为2.77万元/年。

4. 水质净化功能价值

河流、水库和湖泊等水源都有一定的自净能力，系统自身能够通过一系列物理和生物化学反应来净化由径流带入河流的污染物，减缓污染物质的危害，减轻河流水体的纳污负荷，起到净化水质的作用。经评估，该部分功能价值为 1.08 万元/年。

5. 文化科研功能价值

水域生态系统所承载的不但有自然意义上的环境价值，而且还有文化意义上的教育价值。水域生态系统丰富的动植物群落等在科研中有着很重要的地位，它们为教育和科学研究提供了对象、材料和试验基地。经评估，该部分功能价值为 0.27 万元/年。

6. 休闲娱乐功能价值

休闲娱乐功能其主要体现在观赏功能和娱乐功能两个方面。经评估，该部分功能价值为 34.79 万元/年。

综上所述，水域生态系统总价值为 46.66 万元/年，其中，休闲娱乐功能价值所占比重最大。

五　对北京市乡村振兴的几点建议

1. 充分认识开展生态价值评估的重要意义

首先，乡村振兴战略实施过程中，生态价值评估更加直观地肯定了第一产业活动带来的生态价值及服务价值；其次，生态价值评估将有效避免自然资源的过度消耗和生态系统的破坏；最后，开展生态价值评估有助于制定符合人类福利和可持续发展的指标体系。建议以开发单元或乡镇为单位建立生态预警系统，以区为单位建立完善的生态价值评估管理系统，全市层面整体重启生态价值评估。

2. 以开发单元或乡镇为单位建立生态预警系统

党的十九大提出实施乡村振兴战略，北京市近期也将出台乡村振兴战略三年行动计划。接下来，针对全市的保留村会制订更加详细的村域规划，建议在新一轮规划制订时，充分考虑生态承载力，以开发单元或乡镇为单位，依据生态红线建立生态预警系统。

3. 以区为单位建立完善的生态价值评估管理系统

近年来，随着经济发展、人口及其需求的不断增加和人们生活水平的不断提高，市场上对生态系统产品的需求越来越大，使得京郊有限的田、水、林、草等资源过量消耗，其生态系统的服务功能大大减退。因此，亟待以区县为单位建立完善的京郊生态系统评价体系，对田、水、林、草等资源实行有效的管理，维持其健康发展和生态效益的持续发挥。

4. 尽早重启对全市的生态价值评估

从资源、资产和生态系统的角度看，农田、水域、森林、草地等资源具有一定的再生性。京郊的生态系统是一类特殊的资源，不仅能够产生经济效益，而且能够产生社会效益和生态环境效益。因此应尽早重启全市范围内的生态价值系统评估，摸清京郊的生态资源家底，以科学直观的体现京郊生态系统的价值。

❖ 皮书起源 ❖

"皮书"起源于十七、十八世纪的英国，主要指官方或社会组织正式发表的重要文件或报告，多以"白皮书"命名。在中国，"皮书"这一概念被社会广泛接受，并被成功运作、发展成为一种全新的出版形态，则源于中国社会科学院社会科学文献出版社。

❖ 皮书定义 ❖

皮书是对中国与世界发展状况和热点问题进行年度监测，以专业的角度、专家的视野和实证研究方法，针对某一领域或区域现状与发展态势展开分析和预测，具备原创性、实证性、专业性、连续性、前沿性、时效性等特点的公开出版物，由一系列权威研究报告组成。

❖ 皮书作者 ❖

皮书系列的作者以中国社会科学院、著名高校、地方社会科学院的研究人员为主，多为国内一流研究机构的权威专家学者，他们的看法和观点代表了学界对中国与世界的现实和未来最高水平的解读与分析。

❖ 皮书荣誉 ❖

皮书系列已成为社会科学文献出版社的著名图书品牌和中国社会科学院的知名学术品牌。2016 年，皮书系列正式列入"十三五"国家重点出版规划项目；2013~2018 年，重点皮书列入中国社会科学院承担的国家哲学社会科学创新工程项目；2018 年，59 种院外皮书使用"中国社会科学院创新工程学术出版项目"标识。

中国皮书网

（网址：www.pishu.cn）

发布皮书研创资讯，传播皮书精彩内容
引领皮书出版潮流，打造皮书服务平台

栏目设置

关于皮书：何谓皮书、皮书分类、皮书大事记、皮书荣誉、
皮书出版第一人、皮书编辑部

最新资讯：通知公告、新闻动态、媒体聚焦、网站专题、视频直播、下载专区

皮书研创：皮书规范、皮书选题、皮书出版、皮书研究、研创团队

皮书评奖评价：指标体系、皮书评价、皮书评奖

互动专区：皮书说、社科数托邦、皮书微博、留言板

所获荣誉

2008 年、2011 年，中国皮书网均在全
国新闻出版业网站荣誉评选中获得"最具
商业价值网站"称号；

2012 年，获得"出版业网站百强"称号。

网库合一

2014 年，中国皮书网与皮书数据库端
口合一，实现资源共享。

权威报告·一手数据·特色资源

皮书数据库
ANNUAL REPORT(YEARBOOK)
DATABASE

当代中国经济与社会发展高端智库平台

所获荣誉

- 2016年，入选"'十三五'国家重点电子出版物出版规划骨干工程"
- 2015年，荣获"搜索中国正能量 点赞2015""创新中国科技创新奖"
- 2013年，荣获"中国出版政府奖·网络出版物奖"提名奖
- 连续多年荣获中国数字出版博览会"数字出版·优秀品牌"奖

成为会员

　　通过网址www.pishu.com.cn访问皮书数据库网站或下载皮书数据库APP，进行手机号码验证或邮箱验证即可成为皮书数据库会员。

会员福利

- 使用手机号码首次注册的会员，账号自动充值100元体验金，可直接购买和查看数据库内容（仅限PC端）。
- 已注册用户购书后可免费获赠100元皮书数据库充值卡。刮开充值卡涂层获取充值密码，登录并进入"会员中心"—"在线充值"—"充值卡充值"，充值成功后即可购买和查看数据库内容（仅限PC端）。
- 会员福利最终解释权归社会科学文献出版社所有。

数据库服务热线：400-008-6695
数据库服务QQ：2475522410
数据库服务邮箱：database@ssap.cn
图书销售热线：010-59367070/7028
图书服务QQ：1265056568
图书服务邮箱：duzhe@ssap.cn

S 基本子库
SUB DATABASE

中国社会发展数据库（下设 12 个子库）

全面整合国内外中国社会发展研究成果，汇聚独家统计数据、深度分析报告，涉及社会、人口、政治、教育、法律等 12 个领域，为了解中国社会发展动态、跟踪社会核心热点、分析社会发展趋势提供一站式资源搜索和数据分析与挖掘服务。

中国经济发展数据库（下设 12 个子库）

基于"皮书系列"中涉及中国经济发展的研究资料构建，内容涵盖宏观经济、农业经济、工业经济、产业经济等 12 个重点经济领域，为实时掌控经济运行态势、把握经济发展规律、洞察经济形势、进行经济决策提供参考和依据。

中国行业发展数据库（下设 17 个子库）

以中国国民经济行业分类为依据，覆盖金融业、旅游、医疗卫生、交通运输、能源矿产等 100 多个行业，跟踪分析国民经济相关行业市场运行状况和政策导向，汇集行业发展前沿资讯，为投资、从业及各种经济决策提供理论基础和实践指导。

中国区域发展数据库（下设 6 个子库）

对中国特定区域内的经济、社会、文化等领域现状与发展情况进行深度分析和预测，研究层级至县及县以下行政区，涉及地区、区域经济体、城市、农村等不同维度。为地方经济社会宏观态势研究、发展经验研究、案例分析提供数据服务。

中国文化传媒数据库（下设 18 个子库）

汇聚文化传媒领域专家观点、热点资讯，梳理国内外中国文化发展相关学术研究成果、一手统计数据，涵盖文化产业、新闻传播、电影娱乐、文学艺术、群众文化等 18 个重点研究领域。为文化传媒研究提供相关数据、研究报告和综合分析服务。

世界经济与国际关系数据库（下设 6 个子库）

立足"皮书系列"世界经济、国际关系相关学术资源，整合世界经济、国际政治、世界文化与科技、全球性问题、国际组织与国际法、区域研究 6 大领域研究成果，为世界经济与国际关系研究提供全方位数据分析，为决策和形势研判提供参考。

法律声明